IBK 기업은행 최종 합격을 위한
추가혜택

JN419225

본 교재 인강
30% 할인쿠폰

B2K9DAB96355E000

이용방법 해커스잡 사이트(ejob.Hackers.com) 접속 후 로그인 ▶
사이트 메인 우측 상단 [나의 정보] 클릭 ▶
[나의 쿠폰 - 쿠폰/수강권 등록]에 위 쿠폰번호 입력 후 강의 결제 시 사용

* 쿠폰 유효기간: 2026년 12월 31일까지(ID당 1회에 한해 등록 가능)
* 본 교재 인강 외 이벤트 강의 및 프로모션 강의에는 적용 불가, 쿠폰 중복 할인 불가합니다.

전공필기 강의
20% 할인쿠폰

K2C8DABCF665D000

이용방법 해커스잡 사이트(ejob.Hackers.com) 접속 후 로그인 ▶
사이트 메인 우측 상단 [나의 정보] 클릭 ▶
[나의 쿠폰 - 쿠폰/수강권 등록]에 위 쿠폰번호 입력 후 강의 결제 시 사용

* 쿠폰 유효기간: 2026년 12월 31일까지(ID당 1회에 한해 등록 가능)

IBK 기업은행
면접 기출 문제(PDF)

E5CCD9048R4SH4F

이용방법 해커스잡 사이트(ejob.Hackers.com) 접속 후 로그인 ▶
사이트 메인 중앙 [교재정보 - 교재 무료자료] 클릭 ▶
교재 확인 후 이용하길 원하는 무료자료의 [다운로드] 버튼 클릭 ▶
위 쿠폰번호 입력 후 다운로드

* 쿠폰 유효기간: 2026년 12월 31일까지

---

* 이 외 쿠폰 관련 문의는 해커스 고객센터(02-537-5000)로 연락 바랍니다.

무료 바로 채점 및 성적 분석 서비스

이용방법 해커스잡 사이트(ejob.Hackers.com) 접속 후 로그인 ▶
사이트 메인 상단 [교재정보 - 교재 채점 서비스] 클릭 ▶ 교재 확인 후 채점하기 버튼 클릭

* 사용 기간: 2026년 12월 31일까지(ID당 1회에 한해 이용 가능)

▲ 바로 이용

금융권 취업의 바이블

해커스공기업 금융권 자소서/면접
단과강의 수강생수 1위

심연은

심연은 선생님의 강의는 우선 재미있습니다.
딱딱한 금융권 자소서 강의라는 선입견을 깨고, 재미있게 수강할 수 있었습니다.
강의 수강 전에는 단순히 기업 검색해서 복사, 붙여넣기로 자소서를 쓰던 제가
기업의 입장에서 원하는 합소서를 쓸 수 있게 되었습니다.
무엇보다, 각 기업에 맞는 정확한 질문의 답을 제시해준다는 점에서
매우 도움이 되었습니다.

해커스잡 합격후기 중

[1위] 해커스공기업 금융권 자소서/면접 단과강의 매출인원 기준(~2023.11.09)

NCS 수리 3초컷

해커스잡
누적 수강생 수 1위

김소원

김소원 선생님의 PSAT 기출로 끝내는 NCS 교재가 많은 도움이 되었습니다.
NCS를 실전에 적용하기 위해서는 많은 문제를 푸는 것도 필요하다고 생각합니다.
특히, 양질의 문제로 연습하며 체화하는 것이 필요한데,
김소원 선생님의 강의와 교재가 이를 연습하는 데 최적화되어 있고,
이론과 문제를 이해하기 쉽게 설명해주셔서 많은 도움을 받았습니다.

해커스잡 합격후기 중

[1위] 해커스잡 오프라인/온라인 강의 누적 수강생 수 기준(2015년 6월~2024년 12월)

해커스
IBK기업은행
NCS+직무수행능력
실전모의고사

해커스

IBK 기업은행 필기시험,
어떻게 준비해야 하나요?

「해커스 IBK 기업은행 NCS+직무수행능력 실전모의고사」로 대비하면 됩니다.

최신 출제 경향을 반영한 실전모의고사 3회분과

독학이 가능할 정도로 쉽고 상세한 해설을 담은 '**약점 보완 해설집**',

그리고 직무수행능력 최종 점검을 도와주는 '**직무수행 핵심개념정리**'까지

「해커스 IBK 기업은행 NCS+직무수행능력 실전모의고사」는

단기간에 IBK 기업은행 필기시험에 확실히 대비할 수 있도록 하였습니다.

이 책을 통해 IBK 기업은행 채용에 대비하는 수험생 모두

합격의 기쁨을 누리시기를 바랍니다.

해커스 NCS 취업교육연구소

목차

실전모의고사 문제집

실전모의고사 **약점 보완 해설집** (책 속의 책)

IBK 기업은행 면접 기출 문제 (PDF)

해커스잡 사이트(ejob.Hackers.com) 접속 후 로그인 사이트 메인 중앙 [교재정보-교재·무료자료] 클릭
▶ 교재 확인 후 이용하길 원하는 무료자료의 다운로드 버튼 클릭하여 이용

최신 경향이 반영된 실전모의고사로 전략적으로 대비한다!

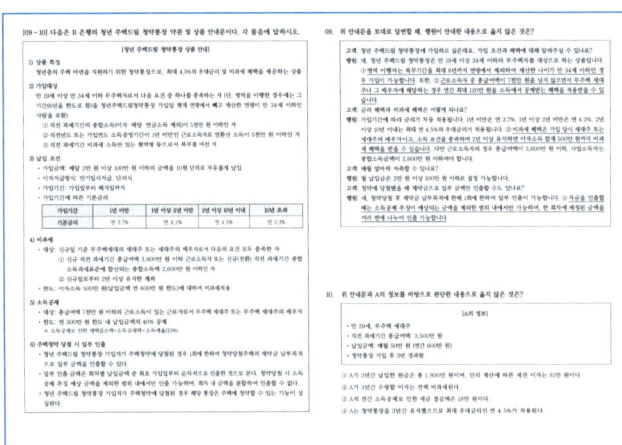

실전모의고사(3회분)

교재 수록 모의고사는 총 3회분으로, 가장 최근 시험의 출제 경향이 반영된 실전모의고사로 구성하여 IBK 기업은행 필기시험에 완벽하게 대비할 수 있다.

3일 완성 학습 플랜

하루에 1회씩 실전모의고사를 모두 풀고 난 후 해설을 통해 틀린 문제와 풀지 못한 문제를 다시 한번 꼼꼼히 확인하고, 부록으로 제공되는 직무수행 핵심개념정리를 학습함으로써 단기간에 효과적으로 IBK 기업은행 필기시험을 대비할 수 있다.

	날짜	학습 내용
1일	__월 __일	□ 1회 풀이 및 채점 □ 1회 복습
2일	__월 __일	□ 2회 풀이 및 채점 □ 3회 복습
3일	__월 __일	□ 3회 풀이 및 채점 □ 3회 복습 □ 직무수행 핵심개념정리 학습

* 심화 학습을 원한다면, 해커스잡 사이트(ejob.Hackers.com)에서 유료로 제공하는 본 교재 동영상강의를 수강하여 심화 학습할 수 있다.

기간별 맞춤 학습 플랜

본 교재에서 제공하는 '기간별 맞춤 학습 플랜'에 따라 학습하면 혼자서도 단기간에 전략적으로 IBK 기업은행 필기시험에 대비할 수 있다.

2 상세한 해설로 완벽하게 정리한다!

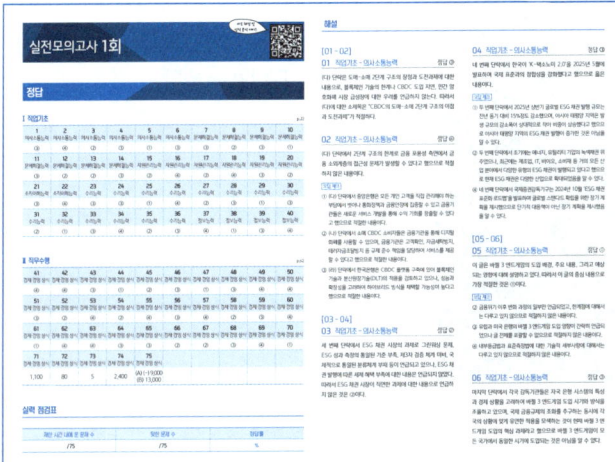

약점 보완 해설집

문제집과 해설집을 분리하여 보다 편리하게 학습할 수 있으며, 모든 문제에 대해 상세하고 이해하기 쉬운 해설을 수록하여 체계적으로 학습할 수 있다.

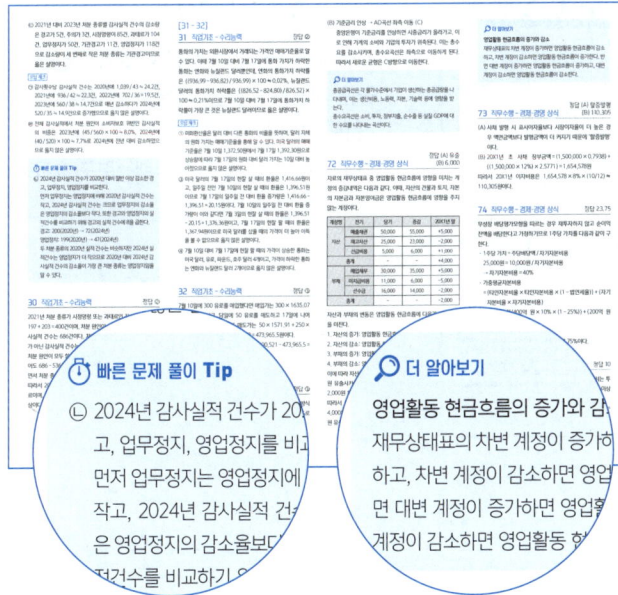

빠른 문제 풀이 Tip & 더 알아보기

복잡한 수치의 계산 문제를 빠르게 푸는 방법을 익힐 수 있는 '빠른 문제 풀이 Tip'과 관련 이론 및 개념까지 폭넓게 학습할 수 있는 '더 알아보기'로 실력을 확실히 높일 수 있습니다.

3 IBK 기업은행 필기시험 준비에 최적화된 자료를 활용한다!

IBK 기업은행 면접 기출 문제

해커스잡 사이트(ejob.Hackers.com)에서 제공하는 'IBK 기업은행 면접 기출 문제'로 면접까지 대비할 수 있다.

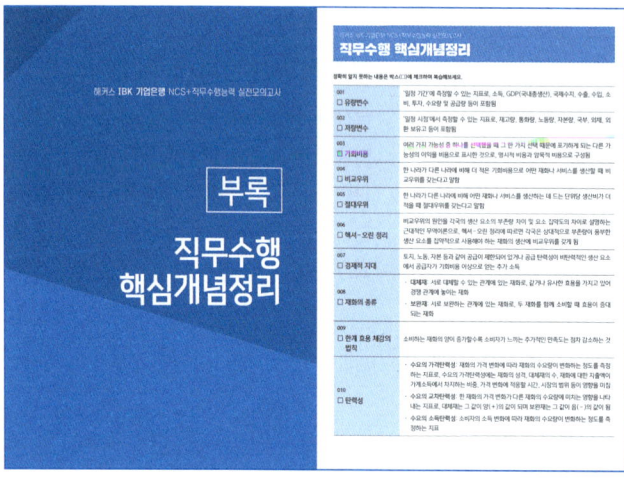

직무수행 핵심개념정리

시험에 출제되었던 개념이나 출제 가능성이 높은 개념을 정리한 '직무수행 핵심개념정리'를 교재 내에 수록하여, 출제 범위가 넓어 준비하기 까다로운 직무수행능력도 효과적으로 대비할 수 있다.

4 동영상강의를 활용한다!

본 교재 인강

해커스잡사이트(ejob.Hackers.com)에서 유료로 제공되는 본 교재 동영상강의를 통해 교재 학습 효과를 극대화할 수 있다.

전공필기 인강

해커스잡사이트(ejob.Hackers.com)에서 유료로 제공되는 전공필기 동영상강의를 통해 추가적으로 직무수행능력에 대비할 수 있다.

※ 자신에게 맞는 일정의 학습 플랜을 선택하여 매일 그날에 해당하는 학습 분량을 공부하고, 학습 완료 여부를 □에 체크해보세요.

3일 완성 학습 플랜

하루에 1회씩 실전모의고사를 모두 풀고 난 후 해설을 통해 틀린 문제와 풀지 못한 문제를 다시 한번 꼼꼼히 확인하고, 부록으로 제공되는 직무수행 핵심개념정리를 학습함으로써 단기간에 효과적으로 IBK 기업은행 필기시험을 대비할 수 있다.

	날짜	학습 내용
1일	__월 __일	□ 1회 풀이 및 채점 □ 1회 복습
2일	__월 __일	□ 2회 풀이 및 채점 □ 2회 복습
3일	__월 __일	□ 3회 풀이 및 채점 □ 3회 복습 □ 직무수행 핵심개념정리 학습

* 심화 학습을 원한다면, 해커스잡 사이트(ejob.Hackers.com)에서 유료로 제공하는 본 교재 동영상강의를 수강하여 심화 학습할 수 있다.

5일 완성 학습 플랜

하루에 1회씩 실전모의고사를 모두 풀고 난 후 전 회차를 다시 복습하고, 부록으로 제공되는 직무수행 핵심개념정리를 학습함으로써 IBK 기업은행 필기시험에 빈틈없이 대비할 수 있다.

	날짜	학습 내용
1일	__월 __일	□ 1회 풀이 및 채점
2일	__월 __일	□ 2회 풀이 및 채점
3일	__월 __일	□ 3회 풀이 및 채점
4일	__월 __일	□ 1~3회 복습
5일	__월 __일	□ 직무수행 핵심개념정리 학습

* 심화 학습을 원한다면, 해커스잡 사이트(ejob.Hackers.com)에서 유료로 제공하는 본 교재 동영상강의를 수강하여 심화 학습할 수 있다.

IBK 기업은행 소개

1 비전

최고의 서비스를 혁신적으로 제공하는 글로벌 초일류 금융그룹

2 경영방향

가치금융
관련된 모두의 가치를 높임

튼튼한 은행		반듯한 금융	
시장선도	내실경영	고객신뢰	사회책임
중소 성장지원 강화 미래성장동력 확보 기술 생태계 활성화 그룹 시너지 제고	선제적 리스크 관리 지속적 균형성장 최고의 디지털 경쟁력 실질적 글로벌 성과	고객 최우선 경영 금융소비자 보호 내부통제 고도화 금융사고 제로	포용적 금융 금융접근 편의성 제고 기업시민 역할 수행 글로벌 ESG 실천

행복하고 보람있는 조직
·공정한 인사   ·균등한 기회   ·역량있는 인재 ·일과 삶의 균형 ·신뢰와 화합   ·활기찬 조직

3 IBK 핵심가치

신뢰와 책임	신뢰와 책임으로 언제나 바른 길을 가겠다는 IBK의 마음가짐
열정과 혁신	열정과 창의적 사고로 혁신을 추구하는 IBK의 일하는 방식
소통과 팀웍	서로 소통하며 팀웍을 중요하게 생각하는 IBK 문화를 구현

4 CI

IBK 기업은행

사각형 기울어진 것	· 정적인 형태에서 벗어나 앞으로 나가고자 하는 역동성과 진취성을 표현 · Young IBK 정신 중 바로 '도전정신'을 의미
사각형 내부	· IBK를 도형화하여 디자인한 것 · 고객과 함께 하늘을 열어가는 큰 새의 날개처럼 밝은 미래를 열어간다는 약속을 의미 · 파란색의 하늘과 구름은 기존 CI의 장점을 보존한 것으로 성공, 희망, 미래를 의미하며, Young IBK의 정신 중 바로 '창의'를 의미
'I'자	· 바로 고객 자신을 의미 · 지금까지의 고객 개념이 3인칭이었다면 이제부터는 바로 "나"인 1인칭이라는 신개념 창조 · 모든 것에 우선하는 바로 "나", 즉 고객을 최우선으로 하겠다는 IBK의 철학을 상징 · 국민 4천8백만 명의 눈높이에 맞춰 '나를 위해 존재하는 은행', '나의 성공을 약속하는 은행'으로 거듭나겠다는 의미
'B'자	· 하늘 높이 날면서 먼 곳까지도 두루 살피는 큰 새를 형상화한 것으로 'Win-Wing'이라는 애칭을 보유 · "Win"은 고객의 성공, 희망, 미래를 열어가는 '성공 날개'가 되겠다는 약속을 상징 · "Wing"은 Global Leading Bank로서 고객과 함께 힘차게 비상하겠다는 약속을 상징 · "Win-Wing"의 가운데 붉은색 삼각형은 끊임없는 고객과 은행의 교류와 발전, 전진을 의미하며, Young IBK 정신 중 '열정'을 상징

IBK 기업은행 채용 소개

1 모집 시기

· IBK 기업은행 신입행원 채용은 2025년 기준 상반기와 하반기에 각 1회씩 시행되었다. 모집 시기는 변동 가능성이 있다.

2 지원 자격 및 우대 사항

지원 자격	· 학력, 연령, 성별 등 제한사항 없음 · 남성의 경우 병역필 또는 면제자 · 채용 확정 후 전일 근무 가능한 자 　※ 졸업, 재학, 이직 절차, 군 전역 등의 사유로 입행 유예 불가 · 당행 인사규정 「채용의 제한」 대항자 등이 아닌 자
우대 사항	· 공통우대(전 채용분야 해당) 　– 「장애인 고용촉진 및 직업재활법」에 의한 장애인 필기·실기·면접 20% 가점 　– 「국가유공자 등 예우 및 지원에 관한 법률」 등 상의 취업지원대상자 필기·실기·면접 5% 또는 　　10% 가점 　– 변리사, 변호사(韓), 보험계리사, CFA, KICPA 자격증 소지자 필기 15% 가점 　– 감정평가사, 관세사, 노무사, 변호사(美), 세무사, 정보관리기술사, ADP, AICPA, CISA, 　　CISSP, DAP, FRM(GARP), SQLP 자격증 소지자 필기 10% 가점 　– 빅데이터분석기사, 정보처리기사, 정보보안기사, ADsP, CDCS, CFP, CIFS, DAsP, SQLD 자 　　격증 소지가 필기 5% 가점 　– 한국사능력검정시험 1급, 영업점컴플라이언스오피서(은행) 자격증 소지자 필기 3% 가점 　– IBK 기업은행 우수인턴 필기 10% 가점 　※ 자격증의 경우 택1 · 디지털·IT 분야 별도우대: 디지털·IT 관련 계열 석/박사 학위수여자 또는 졸업자(졸업예정자, 수료 　자 불가) 　– 석사: 필기 10% 가점 　– 박사: 필기 15% 가점

※ 2025년 하반기 채용 기준

3 채용전형 절차

서류접수 ▶ 서류심사 ▶ 필기시험 ▶ 실기시험 ▶ 면접시험

서류심사

· 합격인원: 적부심사 통과자 전원
· 평가방법: 적부심사(채용분야별 입행지원서 내용의 불량·불성실* 검증)
  * 은행명 오류, 표절, 무관·반복·부족한 답변, 블라인드 저촉 등

필기시험

· 합격인원: 분야별 채용 예정 인원의 8배수(디지털, IT 분야: 10배수)
  ※ 분야별 고득점 순(단, 만점의 40% 미만 득점자는 제외)
· 시험시간: 15시~17시(120분)
· 평가항목: 직업기초능력, 직무수행능력

실기시험

· 합격인원: 채용예정인원의 약 1.7배수(분야별 고득점 순)
· 평가방법: 공통* 및 개별** 프로그램 바탕 실무역량, 의사전달력, 논리력, 협동심, 윤리의식 등의 평가항목을 기준으로 종합평가(평가위원 점수합계)
  * (공통) 개인발표, 토론, 인터뷰
  ** (금융일반) 팀 프로젝트 / (디지털, IT) 코딩테스트
※ 실기시험 전 AI역량검사 및 인성검사(온라인) 실시 → 미완료 지원자는 실기시험 응시 불가

면접시험

· 합격인원: 채용예정인원의 1배수(분야별 고득점 순)
· 평가방법: 多대多 질의응답을 통해 인성, 윤리의식, 직무·조직적합도 등의 평가항목을 기준으로 종합평가(평가위원 점수합계)

IBK 기업은행 필기시험 분석

1 필기시험 구성

분야	과목별 문항 및 배점	출제범위	
		직업기초	직무수행
금융일반	직업기초 (객관식 40문항, 60점) 직무수행 (객관식 30문항, 30점) (주관식 5문항, 10점)	의사소통, 문제해결, 자원관리, 조직이해, 수리, 정보	경제·경영 관련 직무상식, 시사
디지털			데이터베이스, 빅데이터, AI, 블록체인, 시사
IT			전산학, 시사

※ 배점(100점): 금융일반, 디지털, IT: 1.5점(직업기초), 1점(직무수행 객관식), 2점(직무수행 주관식)
※ 2025년 하반기 채용 기준

2 출제경향

직업기초

대부분의 문제가 PSAT형으로 출제되었으며, 전반적인 체감 난도가 높은 편이었다.
모든 문제가 자료 1개당 2~3문항을 제시하는 세트형으로 출제되었다.
문제해결, 자원관리, 수리 문제의 비중이 높았으며, 특히 계산량이 많고 정확한 계산을 요구하는 문제가 다수 출제되었다.

직무수행

경제·경영·금융 전반에 걸친 다양한 소재의 문제가 출제되었으며, 체감 난도가 높은 편이었다.
재무제표와 같이 전공자가 아니라면 쉽게 풀기 어려운 문제가 일부 출제되었다.

3 필기시험 대비 학습 전략

출제 범위에 해당하는 문제를 충분히 풀어본다.

최근 IBK 기업은행 필기시험의 출제 경향을 살펴보면 시험 구성, 난도 등은 조정되었으나, 출제 범위는 2024년 상반기부터 변동 없이 고정적으로 출제되고 있다. 따라서 출제 범위에 해당하는 문제를 중점적으로 학습해야 한다.

IBK 기업은행과 관련된 소식을 주기적으로 확인한다.

IBK 기업은행 필기시험에는 금융 관련 정책, IBK 기업은행 시행 예정 정책 등 IBK 기업은행과 관련된 자료나 업무 시 겪을 수 있는 상황이 제시되는 경우가 많다. 따라서 IBK 기업은행에서 공개하는 문서나 보도자료를 주기적으로 확인하여 배경지식을 쌓는 것이 도움이 된다.

직무수행 시험은 미리 준비한다.

IBK 기업은행 필기시험은 직무수행능력 35문항이 출제된다. 세부 전공 관련 이론을 지엽적으로 묻는 문제가 출제되며, 일반적으로 기사 수준의 문제가 출제된다. 따라서 세부적인 내용까지 꼼꼼히 암기 및 학습하여 직무수행 시험에 대비해야 한다.

시간 관리 연습을 한다.

문항 수 대비 풀이 시간이 짧은 편이기 때문에 실제 시험에서 모든 문제를 풀어내기 위해서는 평소에도 실전처럼 제한 시간을 두고 문제 푸는 연습을 해야 한다. 또한, 취약한 부분이 있다면 반복 학습을 통해 자신만의 풀이법을 터득하여 문제 풀이 시간을 단축할 수 있도록 해야 한다.

실전모의고사

1회
실전모의고사

[1] 본 실전모의고사는 직업기초(NCS)와 직무수행 75문항을 120분 이내에 풀이하는 것으로 구성되었으며, 시험 구성에 따른 출제 범위는 다음과 같습니다.

- 직업기초(40문항): 의사소통능력, 수리능력, 문제해결능력, 자원관리능력, 조직이해능력, 정보능력
- 직무수행(35문항): 경제 · 경영 관련 직무상식, 시사

[2] 문제 풀이 시작과 종료 시각을 정한 후, 실전처럼 모의고사를 풀어보세요.

시   분 ~   시   분(총 75문항/120분)

- 해커스ONE 애플리케이션의 학습 타이머를 이용하여 더욱 실전처럼 모의고사를 풀어볼 수 있습니다.
- 객관식(1~70번) 문제는 모의고사 마지막 페이지 또는 해설집의 '무료 바로 채점 및 성적 분석 서비스' QR 코드를 스캔하여 응시인원 대비 본인의 성적 위치를 확인해 볼 수 있습니다.

[01~02] 다음 글을 읽고 각 물음에 답하시오.

한국은행은 중앙은행 디지털화폐(CBDC: Central Bank Digital Currency) 도입을 위한 로드맵을 구체화하고 있다. CBDC는 현금과 동일한 법정화폐로서 중앙은행이 직접 발행하는 디지털 형태의 화폐를 의미한다. 2020년부터 시작된 국내 CBDC 연구는 현재 도매-소매 2단계 구조를 중심으로 진행되고 있으며, 이는 국제결제은행(BIS)이 권고하는 표준 모델과도 일치한다.

(가) 도매 CBDC는 중앙은행과 금융기관 간의 거래에 활용되는 단계이다. 이 단계에서 한국은행은 일반 상업은행과 특수은행 등 금융기관에게 직접 CBDC를 발행하며, 해당 금융기관들은 한국은행에 개설된 준비금 계좌에 CBDC를 보유하게 된다. 도매 단계의 주요 목적은 금융기관 간 대규모 자금 이체와 증권결제, 외환거래 등 금융시장 인프라의 디지털화에 있다. 이는 기존 한은금융망(BOK-Wire)을 대체하거나 보완하는 형태로 설계되며, 결제 완결성과 시스템 안정성이 핵심 고려사항이다.

(나) 소매 CBDC는 일반 대중이 직접 사용하는 디지털 화폐를 의미하며, 금융기관을 통해 최종 사용자에게 유통된다. 소비자들은 금융기관을 통해 CBDC 전자지갑을 개설하고 기존 현금이나 예금을 CBDC로 교환하여 사용할 수 있다. 이 과정에서 금융기관은 고객확인(KYC), 자금세탁방지(AML), 테러자금조달방지(CFT) 등 규제 준수 책임을 담당하며, 사용자 인터페이스와 추가 서비스 개발을 통해 차별화된 서비스를 제공할 수 있다. 또한 소매 CBDC는 오프라인 결제 기능을 포함하여 통신망 접속이 불가능한 상황에서도 사용 가능하도록 설계될 예정이다.

(다) 이러한 도매-소매 2단계 구조는 여러 측면에서 이점을 제공한다. 우선 중앙은행은 모든 개인 고객을 직접 관리해야 하는 부담에서 벗어나 통화정책과 금융안정에 집중할 수 있다. 금융기관들은 기존 금융 인프라와 고객 관리 경험을 활용하여 효율적인 CBDC 유통 체계를 구축할 수 있으며, 새로운 서비스 개발을 통해 수익 기회를 창출할 수 있다. 특히 이 구조는 중앙은행의 통화정책 집행력을 유지하면서도 금융 혁신과 민간 참여를 촉진하는 균형점을 제공한다. 그러나 2단계 구조에는 일부 한계와 도전과제도 존재한다. 금융기관 간 서비스 표준화 및 상호운용성 확보가 필요하며, 금융 포용성 측면에서 금융 소외계층의 접근성 문제가 발생할 수 있다. 또한 중앙은행의 직접적인 통제력이 상대적으로 감소하여 시스템 위기 상황에서 즉각적인 대응이 제한될 가능성이 있다. 특히 프라이버시와 관련하여 기관별로 상이한 데이터 관리 정책이 적용될 경우, 사용자 정보 보호에 일관성이 저하될 우려가 있다.

(라) 한국은행은 CBDC 플랫폼 구축에 있어 블록체인 기술과 분산원장기술(DLT)의 적용을 검토하고 있으나, 성능과 확장성을 고려하여 하이브리드 방식을 채택할 가능성이 높다. 이는 중앙화된 원장 관리와 분산형 기술의 장점을 결합한 형태로, 대용량 트랜잭션 처리와 시스템 안정성을 동시에 확보하기 위함이다. 또한 최근 발표된 CBDC 법적 프레임워크 연구에 따르면, 한국은행법 개정을 통해 CBDC 발행 근거를 명확히 하고, 금융실명제 및 전자금융거래법 등 관련 법규의 정비가 필요하다고 분석되었다.

글로벌 동향을 살펴보면, 중국은 이미 디지털 위안화(e-CNY)를 일부 지역에서 시범 운영 중이며, 유럽중앙은행은 디지털 유로 프로젝트를 2단계 구조로 진행하고 있다. 미국 연방준비제도는 상대적으로 신중한 접근을 취하고 있으나, 민간 스테이블코인 규제와 함께 CBDC 연구를 병행하고 있다. 이러한 국제적 흐름 속에서 한국은행은 2025년까지 기술 검증과 법적 기반을 마련하고, 시범 운영 결과에 따라 단계적 도입을 검토할 계획이다.

01. 윗글의 (가)~(라)에 대한 소제목으로 적절하지 않은 것은?

① (가): 도매형 CBDC를 통한 금융기관 간 결제시스템 혁신과 한은금융망의 대체 및 보완

② (나): 소매형 CBDC 도입에 따른 개인 사용자 접근성 강화와 금융기관의 중개자 역할 확대 전망

③ (다): 블록체인 기술의 한계로 인한 CBDC 도입 지연과 민간 암호화폐 시장의 급성장 우려

④ (라): 하이브리드 기술 플랫폼 검토와 CBDC 발행을 위한 법적 기반 구축의 필요성 연구

02. 윗글을 통해 추론한 내용으로 가장 적절하지 않은 것은?

① 도매-소매 2단계 구조는 금융기관의 수익 창출 기회를 제공하면서 중앙은행의 부담을 경감시킬 수 있다.

② 소매 CBDC 시스템에서는 금융기관이 고객 신원 확인과 불법 자금 세탁 방지 등의 규제 준수를 담당하며, 일반 사용자는 이들 기관을 통해 디지털 화폐를 이용하게 된다.

③ 한국은행은 CBDC 플랫폼에 순수 블록체인만이 아닌 하이브리드 기술 방식을 적용할 가능성이 크다.

④ CBDC 도입으로 금융 소외계층의 디지털 화폐 접근성 문제는 해소되어 금융 포용성이 확대될 것이다.

[03-04] 다음 글을 읽고 각 물음에 답하시오.

전 세계 금융시장은 지속가능성이라는 새로운 패러다임으로 급격히 재편되고 있으며, 그 중심에는 ESG(환경·사회·지배구조) 채권이 자리하고 있다. 2025년 기준 ESG 채권 시장은 양적 성장을 넘어 질적 고도화 단계에 진입했다는 평가가 지배적이다. ESG 채권은 기존의 전통적 채권 발행 체계에 지속가능성이라는 가치를 접목한 혁신적 금융상품으로, 친환경 프로젝트 지원을 위한 녹색채권(Green Bond), 사회적 가치 창출 프로젝트 지원을 위한 사회적채권(Social Bond), 이 두 가지 목적을 모두 추구하는 지속가능채권(Sustainability Bond), 그리고 발행기관의 전사적 ESG 목표 달성과 연계된 지속가능연계채권(Sustainability-linked Bond) 등으로 분화되어 있다.

국제자본시장협회의 최신 보고서에 따르면, 2025년 상반기 글로벌 ESG 채권 발행 규모는 약 4,800억 달러 수준으로 추정되며 2024년 상반기 대비 15%정도 감소했다. 아시아 태평양 지역은 2024년 연간 기준 전체 발행의 약 28%를 차지한 한편 2025년 상반기 글로벌 감소세 속에서도 감소폭이 상대적으로 작아 그 비중은 약 30%로 소폭 상승해 지역적 편중 현상이 점차 해소되고 있음을 보여준다. 주목할 만한 점은 ESG 채권의 섹터별 다양화가 급속히 진행되고 있다는 점이다. 초기에는 에너지, 유틸리티 기업의 녹색채권 위주였으나, 최근에는 제조업, IT, 바이오, 소비재 등 거의 모든 산업 분야에서 다양한 유형의 ESG 채권이 발행되고 있으며, 이는 ESG 경영이 특정 산업을 넘어 보편적 기업 경영의 필수 요소로 자리 잡았음을 방증한다.

그러나 ESG 채권 시장의 급격한 성장은 다양한 구조적 문제를 동반하고 있다. 가장 큰 문제는 그린워싱(Greenwashing)으로, 실제로는 환경 개선 효과가 미미한 사업에 자금을 사용하면서도 마치 친환경적인 것처럼 포장하는 행위를 말한다. 이러한 문제를 해결하기 위해 ESG 채권의 표준화와 투명성 강화가 요구되고 있다. 또한 ESG 성과를 측정하는 통일된 기준이 부족하여 투자자들이 ESG 채권의 실질적 효과를 판단하기 어려운 점도 문제로 지적된다. 이와 함께 제3자 검증 및 인증 체계의 미비는 ESG 채권 시장의 신뢰성을 저해하는 요소로 작용하고 있으며, 국제적으로 통일된 분류체계 부재로 인해 지역 간, 국가 간 ESG 채권의 상호 비교가 어렵다는 문제점도 존재한다.

이러한 구조적 한계를 극복하기 위해 국제 금융 커뮤니티는 다양한 노력을 기울이고 있다. 국제증권감독기구는 2024년 10월 'ESG 채권 표준화 로드맵'을 발표하며 글로벌 스탠다드 확립을 위한 장기 계획을 제시했고, 금융안정위원회는 2025년 3월 '지속가능금융 데이터 플랫폼' 구축 계획을 발표하여 ESG 데이터의 일관성과 접근성 개선을 도모하고 있다. 한국에서도 금융위원회와 환경부 공동으로 'K-택소노미 2.0'을 2025년 5월에 발표하며 국제 표준과의 정합성을 강화했다.

ESG 채권 시장은 단순한 금융상품의 등장을 넘어 자본시장의 근본적 변화를 의미한다. 전통적으로 재무적 성과만을 추구하던 자본시장이 환경·사회적 가치를 통합적으로 고려하는 방향으로 진화하고 있으며, 이는 '자본주의의 재정의'라는 거시적 흐름과 맞닿아 있다. 다만, 이러한 패러다임 전환이 지속가능하기 위해서는 시장 참여자들의 전문성 강화, 정보 비대칭 해소, 그리고 글로벌 협력 체계 구축이 필수적이며, 이는 ESG 채권이 단기적 트렌드를 넘어 금융시장의 새로운 표준으로 자리잡기 위한 선결 조건이라 할 수 있다.

03. 윗글에서 ESG 채권 시장이 직면한 과제에 관한 내용으로 언급되지 않은 것은?

① 제3자 검증 및 모니터링 체계 미흡

② ESG 채권 발행에 따른 세제 혜택 부족

③ 국제적으로 통일된 분류체계 필요성

④ 표준화된 기준 부족으로 인한 그린워싱 우려

04. 윗글의 내용과 일치하는 것은?

① 2025년 상반기 글로벌 ESG 채권 발행은 줄어든 반면 아시아 태평양 지역의 ESG 채권 발행은 증가했다.

② 현재 ESG 채권은 에너지와 유틸리티 분야에 집중되어 발행되고 있다.

③ 2025년 한국은 국제 표준과의 정합성 강화를 위해 K-택소노미 2.0을 발표하였다.

④ 국제증권감독기구는 ESG 채권 시장의 과제 해결을 위한 단기적 대응책을 제시했다.

[05 - 06] 다음 글을 읽고 각 물음에 답하시오.

바젤 3 엔드게임은 국제결제은행(BIS) 산하 바젤은행감독위원회가 2017년 12월에 최종 합의한 은행 자본규제 개혁안이다. 이는 2007~2008년 글로벌 금융위기 이후 은행 시스템의 안정성을 높이기 위해 시작된 바젤 3 규제 체계의 완성판으로, 2025년까지 점진적으로 도입될 예정이다. 바젤은행감독위원회는 이러한 개혁을 통해 은행 자본의 질과 양을 개선하고, 은행 간 규제 적용의 일관성을 높이며, 금융 시스템의 복원력을 강화하고자 한다.

바젤 3 엔드게임의 주요 내용은 크게 세 가지로 나눌 수 있다. 첫째, 신용리스크 산출 방식의 개선이다. 내부등급법에 제약을 가하여 은행이 자체적으로 개발한 모형을 통한 위험 측정의 자율성을 제한하고, 표준화된 접근법의 위험 민감도를 높여 보다 정확한 리스크 측정을 유도한다. 둘째, 운영리스크 측정 방식의 표준화이다. 기존의 다양한 측정 방식을 표준측정법으로 단일화하여 은행별 차이를 줄이고 비교 가능성을 제고한다. 셋째, 자본하한의 도입이다. 이는 내부모형을 사용하는 은행이 산출한 위험가중자산이 표준모형으로 계산한 값의 72.5% 미만이 될 수 없도록 하는 규제로, 은행들의 자의적인 리스크 산정과 이를 통한 자본 요구량 축소를 방지하는 데 목적이 있다.

이러한 바젤 3 엔드게임의 도입으로 글로벌 대형 은행들은 자본 확충 필요성이 높아졌으며, 리스크 관리 체계를 고도화해야 하는 과제를 안게 되었다. 유럽은행감독청의 분석에 따르면, 유럽 지역 은행들은 평균적으로 최소 자기자본 요구량이 약 9.4% 증가할 것으로 예상된다. 특히 내부모형에 많이 의존하던 유럽과 일본의 은행들은 상대적으로 큰 영향을 받을 것으로 예상되는 반면, 이미 높은 자본비율과 보수적인 리스크 관리를 유지하고 있는 미국 은행들은 상대적으로 영향이 적을 것으로 전망된다.

바젤 3 엔드게임 도입의 영향은 은행권에 국한되지 않고 실물경제로도 파급될 수 있다. 금융 당국들은 이 규제가 은행 시스템의 안정성을 높이고 위기 발생 가능성을 낮추는 효과가 있을 것으로 기대한다. 특히 금융위기 이후 도입된 일련의 규제 개혁으로 인해 은행들은 위기 상황에서도 신용 공급을 유지할 수 있는 충분한 자본 버퍼를 확보하게 될 것이다. 그러나 규제 대응을 위한 비용 증가로 인해 은행들의 수익성 악화와 대출 축소 가능성도 제기되고 있어, 실물경제에 미치는 영향을 주의 깊게 모니터링할 필요가 있다.

각국 감독기관들은 자국 은행 시스템의 특성과 경제 상황을 고려하여 바젤 3 엔드게임 도입 시기와 방식을 조율하고 있다. 미국은 2022년 9월 '바젤 3 엔드게임' 최종안을 발표했고, 유럽연합은 2023년에 관련 법안을 승인했으며, 아시아 지역 국가들도 단계적 도입을 준비 중이다. 이처럼 국제 금융규제의 조화를 추구하는 동시에 각국의 상황에 맞게 유연한 적용을 모색하는 것이 현재 바젤 3 엔드게임 도입의 핵심 과제라고 할 수 있다.

05. 윗글의 중심 내용으로 적절한 것은?

① 바젤 3 엔드게임의 도입 배경, 주요 내용 및 예상되는 영향

② 글로벌 금융위기 이후 국제 금융규제의 변화 과정과 한계점

③ 유럽과 미국 은행 시스템의 바젤 3 엔드게임 대응 방식 차이와 도입 영향 비교

④ 내부등급법과 표준측정법의 기술적 차이점과 위험가중자산 산출 방식

06. 윗글의 내용과 일치하지 않는 것은?

① 바젤 3 엔드게임은 은행별 위험 측정의 자율성을 제한하고 표준화를 강화하는 방향으로 설계되었다.

② 자본하한은 내부모형으로 산출한 위험가중자산이 표준모형의 72.5% 이상이 되도록 하는 제도이다.

③ 바젤 3 엔드게임은 모든 국가에서 동일한 시기에 도입되어 국제 금융규제의 조화를 이룰 예정이다.

④ 미국 은행들은 이미 높은 자본비율과 보수적인 리스크 관리를 실행 중이어서 새 규제의 영향이 상대적으로 제한적일 것이다.

[07 – 08] 다음은 ○○기업의 전통시장 온누리상품권 특판 안내 공문의 일부이다. 각 물음에 답하시오.

제목	2025년 하반기 전통시장 활성화를 위한 온누리상품권 특별할인 판매 안내
수신	각 부서장 및 직원

1. 결론
전통시장 활성화 및 지역경제 살리기 일환으로 온누리상품권 특별할인 판매를 아래와 같이 실시합니다.

2. 판매 개요
　가. 판매 기간: 2025년 8월 1일 ~ 2025년 9월 30일
　나. 판매 대상: 모든 직원
　다. 1인당 구매 한도
　　(1) 모바일상품권 한도: 월 70만 원
　　(2) 지류상품권 한도: 월 30만 원
　　(3) 통합 한도(모바일 + 지류 합산): 월 100만 원
　라. 할인율
　　(1) 모바일상품권: 구매금액의 10% 할인
　　(2) 지류상품권: 구매금액의 5% 할인
　　(3) 특별 할인: 모바일상품권과 지류상품권에 할인을 적용한 후 총 구매금액이 50만 원 초과 시 추가 3% 할인 적용
　　(4) 우수 구매자 혜택: 전월 구매실적 80만 원 이상 직원은 당월 모든 구매에 2% 추가 할인
　마. 구매 절차
　　(1) 신청방법: 전자결재시스템 내 '온누리상품권 신청서' 작성 후 부서장 승인
　　(2) 결제방법: 신청서 승인 후 3일 이내 계좌이체 또는 급여공제
　　(3) 수령방법
　　　– 모바일상품권: 결제 확인 후 1일 이내 등록 휴대폰 번호로 발송
　　　– 지류상품권: 결제 확인 후 3일 이내 부서 담당자 일괄 배부

3. 할인 적용 특례
　가. 복수 할인 적용 시 할인율은 (1)~(4) 순차적으로 적용
　　(예시: 10% 할인 후 금액에서 3% 추가 할인)
　나. 전월 구매실적은 7월 구매분부터 적용 (7월 실적은 8월 구매 시 반영)

4. 유의사항
　가. 부서별 총 구매 한도는 전체 부서원의 80%가 최대로 구매할 때의 금액과 동일한 금액으로 설정
　나. 신청 마감일인 매월 25일까지 미결제 시 자동 취소
　다. 온누리상품권 사용처 확대를 위해 지역 가맹점 10% 확대 목표 달성 시, 차기 특판 행사에서 할인율 2% 상향 조정 예정
　라. 구매 취소는 배송 전 단계에서만 가능하며, 배송 이후에는 불가

5. 문의
총무팀 김영희 대리 (내선: 5678)

첨부: 온누리상품권 가맹점 목록 1부

07. 위 안내문을 토대로 판단한 내용으로 옳은 것은?

① 전월 구매실적이 85만 원인 직원이 모바일상품권 70만 원을 구매할 경우, 총 15% 할인을 적용받는다.

② 7월에 온누리상품권을 구매하지 않은 직원이 8월에 모바일상품권 60만 원과 지류상품권 30만 원을 구매할 경우 모든 할인혜택을 받을 수 있다.

③ 개인 구매 한도가 남아 있더라도 할인된 온누리상품권을 사지 못하는 경우가 있을 수 있다.

④ 온누리상품권 사용처 확대 목표가 달성되면 2025년 9월 특판 행사의 할인율이 상향 조정된다.

08. 전월 구매실적이 85만 원인 직원이 모바일상품권 60만 원과 지류상품권 20만 원을 동시에 구매하려 할 때, 할인 적용 후 결제 금액은? (단, 1원 단위는 절삭한다.)

① 693,500원   ② 693,930원   ③ 708,100원   ④ 715,400원

[09~10] 다음은 I 은행의 창공(創工) 스타트업 육성 프로그램 안내문의 일부이다. 각 물음에 답하시오.

[창공(創工) 스타트업 육성 프로그램 안내]

1. 프로그램 개요
- I 은행에서 주관하는 스타트업 육성 프로그램으로, 혁신적인 아이디어와 기술을 보유한 초기 스타트업을 발굴하여 성장을 지원하기 위함

2. 지원 대상 및 분야
- 대상: 설립 7년 이내 기술 기반 스타트업 (법인 기준)
- 분야: 핀테크, 인공지능(AI), 빅데이터, 사물인터넷(IoT), 블록체인, 메타버스 등

3. 지원 내용 및 혜택

창업 공간 지원	– 서울 마포구 I 은행 창공 거점: 최대 20개 팀, 12개월 무상 제공 – 지방 거점(대전, 부산, 광주): 각 10개 팀, 최대 18개월 무상 제공
자금 지원	– 선발 기업당 각 2,000만 원의 시드머니(Seed Money) 지원 – 프로토타입 개발비: 실제 개발 비용의 70%, 최대 1,500만 원 지원
사업 연계 지원	– 사내 테스트베드 기회 제공 – 유관 기업 및 기관 네트워킹 지원 – 투자자 연계 IR 데모데이 개최(분기별 1회)

4. 지원금 사용 규정
- 지원금 사용 증빙 내역 및 분기별 사업 진행 상황 보고서 제출 필수
- 목적 외 사용 시 지원금 환수 및 프로그램 퇴출

허용 항목	시제품 개발 및 고도화 비용, 마케팅 및 홍보 비용, 인건비(총 지원금의 30% 이내), 지식재산권 출원 및 등록 비용
불허 항목	사무실 임대료 및 관리비, 대표자 급여, 주류 및 유흥 관련 비용, 단순 재료비 및 소모품비

5. 선발과정 및 기준

서류평가(1차)	70점 이상인 경우 통과

▼

현장실사(2차)	합격/불합격 심사

▼

대면평가(3차)	사업계획 발표(10분) 및 질의응답(15분)

- 최종 평가 점수 = 서류평가 점수(40%) + 대면평가 점수(60%) + 가산점
- 최종 합격 기준 점수는 90점 이상이며, 최종 선발 기업은 지원센터별 선발규모 내에서 고득점 순으로 결정
- 가산점 항목 및 점수는 아래와 같고, 중복 적용 가능
  1) 금융서비스와 연계성: 상(5점), 중(3점), 하(1점)
  2) 특허 보유: 건당 2점, 최대 6점
  3) 사회적 가치
     - 일자리 창출 기여도: 상(2점), 중(1점)
     - ESG 경영 실천: 상(2점), 중(1점)

09. 위 안내문을 근거로 판단할 때, 다음 중 지원금 사용이 가능한 경우를 모두 고르면?

> ㉠ A 기업은 총 지원금 2,000만 원 중 800만 원을 개발자 3명의 인건비로 사용하려 한다.
> ㉡ B 기업은 총 지원금 2,000만 원 중 제품 홍보 영상 제작에 500만 원, 인건비에 500만 원, 시제품 개발 비용에 1,000만 원을 사용하려 한다.
> ㉢ C 기업은 프로토타입 개발 비용 2,000만 원 중 1,400만 원을 I 은행 창공 지원금으로 충당하려 한다.
> ㉣ D 기업은 사무실 관리비 300만 원, 시제품 고도화 비용 1,000만 원, 홍보 및 마케팅 700만 원으로 지원금을 사용하려 한다.

① ㉠, ㉡   ② ㉠, ㉣   ③ ㉡, ㉢   ④ ㉢, ㉣

10. 다음은 I 은행 마포센터에 지원한 4개 기업의 평가 결과이다. 마포센터에 최대 2개의 기업을 선발할 때, 최종 선발 기업은?

[갑~정 기업의 평가 결과]

기업	서류평가 점수	대면평가 점수	핀테크 연계성	특허 보유 건수	일자리 창출 기여도	ESG 경영 실천
갑	85점	92점	상	2건	중	상
을	90점	88점	중	3건	상	상
병	80점	95점	상	1건	상	중
정	88점	90점	중	4건	중	중

① 갑, 을   ② 갑, 병   ③ 을, 정   ④ 병, 정

[11-12] 다음은 Y 은행 스마트 자산관리 적립 프로그램 안내문의 일부이다. 각 물음에 답하시오.

[스마트 자산관리 적립 프로그램 안내]

1. 스마트 자산관리 적립 프로그램이란?
- 고객의 장기 자산형성을 돕기 위한 금융상품으로, 정기적인 적립을 통해 목표 자금을 효율적으로 마련할 수 있도록 설계된 혁신적인 자산관리 솔루션

2. 기본 권리 정보
- 본 프로그램의 청구권은 원금상환일로부터 7년 동안, 재가입자의 청구권은 지급일로부터 5년 동안 행사하지 않으면 민법상 시효 규정에 따라 소멸함
- 시효가 완성된 프로그램의 처리절차는 시효가 완성된 권리의 처리절차와 동일하게 적용됨

3. 상품 가입조건
- 대상: 개인 및 기업고객 (비거주 외국인 제외)
- 계좌 제한: 1인(기업)당 1계좌
- 계약기간: 1~5년 (월 단위 선택)
- 납입횟수: 최대 1,200회

4. 기본 약정이율

계약기간	12개월 이상 24개월 미만	24개월 이상 36개월 미만	36개월 이상
약정이율	4.20%	4.35%	4.50%

5. 중도해지 시 적용 이율
- 산출방식: 약정이율 × 경과비율 인정률
- 경과비율은 경과개월수를 전체 계약개월수로 나눈 값으로 산출하며, 경과비율별 인정률은 아래와 같음

경과비율	인정률	경과비율	인정률
10% 미만	5%	10% 이상 20% 미만	10%
20% 이상 40% 미만	20%	40% 이상 60% 미만	40%
60% 이상 80% 미만	60%	80% 이상	80%

6. 만기 후 적용 이율

경과기간	만기 후 1개월 이내	만기 후 1개월 초과~6개월 이내	만기 후 6개월 초과
적용 이율	만기시 이율의 50%	만기시 이율의 30%	만기시 이율의 20%

7. 추가 정보
- 이자산출방식: 월납입금액 × (약정이율 × 실제예치개월수 / 12)를 모든 납입회차에 대해 합산한 금액
- 양도/담보설정: 가능
- 주의사항
  - 금융기관 신규한도 조정 시 가입 제한 가능
  - 만기 전 해지하는 경우 이자 산출 시 약정이율이 아닌 중도해지이율 적용
  - 양도·양수 시 보유기간에 따른 이자소득세 원천징수 (이자는 만기 일시지급)

11. 위 안내문을 보고 Y 은행에 근무하는 직원이 고객들의 질문에 답변한 내용으로 가장 적절하지 않은 것은?

① Q: 스마트 자산관리 적립 프로그램의 청구권 행사 기간과 소멸시효에 대해 자세히 알고 싶습니다.

　A: 네, 고객님. 저희 프로그램의 청구권은 재가입자가 아니라면 상환기일로부터 7년간 유효하며, 이 기간 내에 청구권을 행사하지 않으시면 민법상 시효 규정에 의하여 자동으로 소멸됩니다.

② Q: 제가 이 상품에 가입하는 것을 고려 중이고 계약기간을 2년 3개월로 설정하고 싶은데, 이 경우 적용되는 금리와 만기 후 적용되는 금리에 대해 알려주실 수 있을까요?

　A: 네, 고객님. 2년 3개월, 즉 27개월로 계약을 체결하시는 경우에는 24개월 이상 36개월 미만 구간에 해당하여 4.35%의 이율이 적용됩니다. 그리고 만기 이후 금리는 해지 시점에 따라 달라집니다. 예를 들어 만기 후 1개월 이내 해지 시에는 만기 시 이율의 50%가 적용됩니다.

③ Q: 만기일이 지난 후에 바로 찾지 못하고 약 5개월 정도 지난 후에 예금을 인출하게 될 것 같은데, 이 경우 적용되는 이율은 어떻게 되나요? 그리고 세금 문제는 어떻게 처리되는지도 궁금합니다.

　A: 네, 고객님. 만기일로부터 5개월이 경과한 시점에 인출하시면 만기 시 이율의 30%가 감소하게 됩니다. 세금의 경우 양수·양도 시 보유기간에 상응하는 이자소득세가 원천징수되며, 이자는 만기에 일시 지급됩니다.

④ Q: 계약 중간에 급하게 자금이 필요해서 해지해야 할 상황이 생길 경우, 중도해지이율이 어떻게 계산되는지 알고 싶습니다.

　A: 네, 고객님. 중도해지 시에는 계약 기간 대비 경과 기간의 비율에 따라 인정률이 달라집니다. 예를 들어 36개월 계약에서 15개월 경과 시, 경과비율은 약 42%로 40% 이상 60% 미만 구간에 해당하여 약정이율의 40%가 인정됩니다.

---

12. A는 스마트 자산관리 적립 프로그램에 가입하여 매월 30만 원씩 36개월 만기로 적립하기로 계약했으나, 22개월 차 적립 직후 긴급 자금이 필요해 중도해지를 결정했다. 이때 A가 중도해지 시 수령하게 될 원금과 이자의 총합은?

① 6,614,855원　　② 6,770,775원　　③ 6,771,135원　　④ 6,915,815원

[13-14] 다음은 ○○시 친환경 전기 자동차 보조금 지원 안내문의 일부이다. 각 물음에 답하시오.

[친환경 전기 자동차 보조금 지원 안내]

1. 사업목적

친환경 전기 자동차 보급 확대를 통한 대기환경 개선 및 탄소중립 실현

2. 신청 절차

구매계약 체결	전기차량 구입 희망자는 제조·수입사 방문하여 구매계약 체결

▼

보조금 지원 신청	구매계약 체결자는 전기차 제조·수입사에 보조금 지원신청서 제출 전기차 제조·수입사는 보조금 지원신청서를 모두 취합하여 ○○시에 지원 신청 단, 자격 부여 통보일로부터 2개월 이내 출고(차량대금 납부 및 세금계산서 발급·제출) 가능한 차량에 한하여 신청 가능

▼

보조금 지원 자격 부여	신청 후 제조사로부터 영업일 기준 7일 이내 접수된 차량인수서 확인 후 지원 자격 부여

▼

보조금 지원 가능 확인 요청	제조사는 차량 출고 후 10일 이내 구매보조금 지원 가능 여부를 ○○시에 확인 요청

▼

보조금 지원 대상자 확정	지원 대상자는 접수순이 아닌 출고·등록순으로 선정함 지원 대상자 확정 통보일로부터 10일 이내 출고가 되지 않을 경우 선정 취소 또는 후순 위 변경 가능

▼

보조금 지급 신청	차량 출고등록 완료 후 10일 이내 보조금 지급 신청서 및 증빙서류 제출

▼

보조금 지급	검토 후 결격사유 없으면 제조·수입사 지정 계좌로 보조금 지급

3. 지원내용

1) 기본 보조금

기본 보조금 = 국비 보조금 + 시비 보조금

구분		국비 보조금	시비 보조금
전기 승용차	중/대형	580만 원	50만 원
	소형	530만 원	40만 원
	초소형	200만 원	25만 원
전기 화물차	소형	1,050만 원	300만 원
	경형	770만 원	240만 원

※ 전기차는 차량 가격에 따라 기본 보조금이 차등 지원됨(5.3천만 원 미만 기본 보조금의 100% 지원, 5.3천만 원 이상 8.5천만 원 미만 기본 보조금의 50% 지원, 8.5천만 원 이상 미지원)

예) 6,000만 원의 소형 전기 승용차 구매시 국비 보조금과 시비 보조금의 합인 570만 원의 50%만 지원 가능하므로 총 지원금은 285만 원임

2) 추가 보조금

전기 승용차	• 만 19세~34세 청년이 생애 첫 전기 승용차를 구매시 기본 보조금의 20% 추가 지급 • 다자녀 가구 보조금 　자녀 2명: 100만 원, 자녀 3명: 200만 원, 자녀 4명 이상: 300만 원 추가 지급 • 노후 전기 승용차 폐차 후 재구매시 20만 원 추가 지급 • 택시용 전기 승용차 구매시 250만 원 추가 지급 (중소기업 택시법인만 해당)
전기 화물차	소상공인, 자영업자가 전기차 구매시 기본 보조금의 30% 추가 지급

13. 위 안내문을 토대로 판단한 내용으로 옳은 것을 모두 고르면?

> ㉠ 전기 자동차 보조금 신청은 차량 구매계약을 체결한 후에 가능하며, 자격 부여가 통보된 날짜로부터 2개월 이내에 출고 가능한 차량으로 제한된다.
> ㉡ 개인 택시사업자가 전기 택시를 구매하는 경우 250만 원의 보조금을 추가로 지원받을 수 있다.
> ㉢ 친환경 전기 자동차 보조금은 차종에 따라 차등 지원되며, 접수 순서에 따라 대상자를 선정한다.
> ㉣ 소상공인이 3,000만 원의 소형 전기 화물차를 구매하는 경우 총 1,755만 원의 보조금을 받을 수 있다.

① ㉠, ㉡　　　　　② ㉠, ㉣　　　　　③ ㉡, ㉣　　　　　④ ㉢, ㉣

14. ○○시에 거주하는 A, B, C가 친환경 전기 자동차 보조금 지원대상자로 확정되었을 때, A, B, C가 받을 수 있는 지원금의 총액은?

> A: 만 25세 청년으로 7,000만 원의 중형 전기 승용차를 처음으로 구매하는 경우
> B: 자녀 3명이 있는 다자녀 가정에서 4,500만 원의 소형 전기 승용차를 구매하는 경우
> C: 만 34세 회사원으로 노후 전기 화물차 폐차 후 8,500만 원의 중형 전기 승용차를 재구매하는 경우

① 1,148만 원　　　② 1,168만 원　　　③ 1,211만 원　　　④ 1,231만 원

[15 – 16] 다음은 하늘정원 콘서트홀 대관 안내문의 일부이다. 각 물음에 답하시오.

[하늘정원 콘서트홀 대관 안내]

1. 시설 이용
   1) 기본 대관 시간은 4시간이며, 1시간 단위로 연장 가능
   2) 이용요금 = 기본 요금 + 추가 요금
   3) 이용 목적별 이용요금이 상이함
      – 일반 대관: 이용요금의 100% 적용
      – 공연 대관: 이용요금의 120% 적용
      – 촬영 대관: 이용요금의 150% 적용

2. 대관 요금

구분	수용 가능 인원	기본 요금		추가 요금(1시간당)
		평일(월~금)	주말/공휴일	
소공연장	최대 100명	400,000원	600,000원	80,000원
대공연장	최대 300명	800,000원	1,200,000원	150,000원

3. 부대시설 이용요금
   1) 음향 장비: 기본 100,000원 (전문 엔지니어 지원 시 150,000원 추가)
   2) 조명 장비: 기본 120,000원 (전문 엔지니어 지원 시 180,000원 추가)
   3) 프로젝터(스크린 포함): 80,000원
   4) 냉난방비: 냉방 시 시간당 40,000원, 난방 시 시간당 60,000원

4. 문의 및 환불 규정
   1) 문의: skygardencs@skygarden.co.kr
   2) 환불 금액: 이용요금에서 취소 수수료를 제외한 금액
   3) 취소 수수료

이용일 15~30일 전	이용일 8~14일 전	이용일 4~7일 전	이용일 당일~3일 전
이용요금의 30%	이용요금의 50%	이용요금의 80%	이용요금의 100%

15. 위 안내문을 토대로 판단한 내용으로 옳은 것은?

   ① 평일에 소공연장을 공연 목적으로 4시간 대관하고 해당 시간 동안 냉방을 사용할 경우 총 600,000원을 지불해야 한다.

   ② 평일에 대공연장을 촬영 목적으로 5시간 대관할 경우 1,425,000원을 지불해야 한다.

   ③ 주말에 소공연장을 일반 목적으로 6시간 대관 예약 후 이용일 6일 전에 대관을 취소할 경우 환불받을 수 있는 금액은 15만 원 미만이다.

   ④ 주말에 대공연장을 일반 목적으로 5시간 이용하고 음향 장비와 프로젝터를 사용할 경우 총 1,430,000원을 지불해야 한다.

16. A 기획사는 하늘정원 콘서트홀을 다음과 같이 대관하려고 한다. 이에 따라 A 기획사가 지불해야 할 총 비용은? (단, 냉방은 대관 시간 내내 사용한다.)

   - 7월 15일(금): 공연 목적으로 소공연장 대관(오후 2시~오후 7시), 음향 장비 및 전문 엔지니어 지원, 냉방 사용
   - 7월 17일(일): 촬영 목적으로 대공연장 대관(오전 10시~오후 3시), 조명 장비 및 전문 엔지니어 지원, 냉방 사용
   - 7월 20일(수): 일반 목적으로 대공연장 대관(오후 6시~오후 11시), 프로젝터 사용, 냉방 사용

   ① 4,625,000원   ② 4,681,000 원   ③ 4,745,000원   ④ 4,781,000원

[17~18] 다음은 T 시 청년 창업가 육성 지원사업 안내문과 지원자 정보이다. 각 물음에 답하시오.

[청년 창업가 육성 지원사업 안내]

T 시는 청년 창업 지원을 위해 2025년도 청년 창업가 육성 지원사업을 운영하고 있다. 올해는 총 2개 분야(IT/소프트웨어, 서비스/콘텐츠)에서 지원 대상자를 선발할 예정이며, 선발 인원은 분야별 각각 1명이다.

1. 평가 항목 및 가중치
   - 선발 기준은 다음과 같이 항목별 점수와 가중치를 곱해 합산한 평가 점수에 분야별로 가산점 및 감산점을 적용한 최종 점수가 가장 높은 지원자를 우선 선발한다.
   - 단, 동점일 경우 사업계획서 점수가 높은 지원자를 우선 선발하며, 사업계획서 점수도 동일할 경우 기술력 점수가 높은 지원자를 우선 선발한다.

구분	사업계획서	시장성	기술력	발표역량
가중치	30%	30%	20%	20%

2. 가산점 부여 조건
   - 특허/실용신안 보유한 경우 평가 점수에 5점 가산
   - 관련 분야 경력 2년 이상인 경우 평가 점수에 4점 가산
   - 청년 취약계층(기초생활수급자, 차상위계층 등)의 경우 평가 점수에 3점 가산
   - 가산점은 중복 적용 가능하되 최대 10점까지만 인정

3. 감산점 부여 조건
   - 지난 2년 내 동일 지원사업 수혜 이력이 있는 경우 평가 점수에 2점 감산

[지원자 정보]

지원자	지원분야	사업계획서 점수	시장성 점수	기술력 점수	발표역량 점수	특이사항
A	IT/소프트웨어	86점	88점	92점	85점	특허 보유
B	서비스/콘텐츠	90점	91점	83점	90점	특허 보유
C	서비스/콘텐츠	90점	85점	99점	92점	실용신안 보유, 동일 지원사업 수혜이력 (2023년)
D	IT/소프트웨어	87점	78점	88점	91점	기초생활수급자, 관련 경력 5년
E	IT/소프트웨어	88점	82점	70점	86점	차상위계층, 관련 경력 2년, 실용신안 보유

17. 위 안내문을 토대로 판단한 내용으로 옳은 것은?

① IT/소프트웨어 분야에 최종 선발된 지원자는 E이다.

② 시장성 점수가 가장 높은 지원자는 최종 점수도 가장 높다.

③ 서비스/콘텐츠 분야에 최종 선발된 지원자는 C이다.

④ 최종 선발된 지원자의 기술력 점수는 모두 85점 이상이다.

18. 다음과 같이 평가 항목의 가중치와 가산점 부여 조건이 변경되었을 때, IT/소프트웨어 분야와 서비스/콘텐츠 분야에 선발되는 지원자를 알맞게 연결한 것은? (단, 이외의 조건은 동일하다.)

1. 평가 항목별 가중치

구분	사업계획서	시장성	기술력	발표역량
가중치	40%	25%	20%	15%

2. 가산점 부여 조건

(기존) 관련 분야 경력 2년 이상인 경우 평가 점수의 4점 가산

→ (변경안) 관련 분야 경력 3년 이상인 경우 평가 점수의 4점 가산

	IT/소프트웨어	서비스/콘텐츠
①	A	C
②	E	B
③	A	B
④	D	C

[19 – 20] 다음은 유 과장의 출장 시 교통수단별 이동 정보에 대한 자료이다. 각 물음에 답하시오.

서울 지사에 근무하는 유 과장은 부산에서 개최되는 전시회에 참가하기 위해 서울에서 부산으로 출장을 계획하고 있다. 유 과장이 선택할 수 있는 교통수단과 관련 정보는 다음과 같다. 전시회는 14시부터 시작한다.

1. 교통수단별 정보

구분	이동 경로	비용	거리	속력
자가용	자택 → 전시회장	연비: 14km/L 휘발유 가격: 1,750원/L 고속도로 통행료: 11,500원	400km	80km/h
회사 차량	자택 → 서울 지사 → 전시회장	연비: 12km/L 휘발유 가격: 1,750원/L 고속도로 통행료: 9,000원	360km	90km/h
기차	자택 → 서울역 → 부산역	59,800원	325km	130km/h
고속버스	자택 → 서울 터미널 → 부산 터미널	34,500원	390km	104km/h
비행기	자택 → 김포공항 → 김해공항	59,500원	300km	360km/h

※ 1) 모든 이용요금은 편도 기준이다.
   2) 자가용 및 회사 차량을 이용하는 경우 15,000원의 주차비가 별도로 부가된다.
   3) 자택에서 서울 지사, 서울역, 서울 터미널, 김포공항까지는 지하철을 이용하며, 소요 시간은 각각 10분, 20분, 30분, 40분이다.
   4) 지하철 편도 요금은 1,500원이다.

2. 도착지에서 전시회장까지의 택시 요금 및 소요 시간

구분	부산역	부산 터미널	김해공항
택시 요금	12,000원	13,500원	11,500원
소요 시간	25분	30분	25분

※ 도착지에서 전시회장까지는 반드시 택시를 이용한다.

3. 교통수단별 자택 출발 시각

구분	자가용	회사 차량	기차	고속버스	비행기
출발 시각	08:20	09:00	09:50	08:50	11:45

19. 유 과장이 전시회에 가장 빨리 도착하기 위해 선택해야 할 교통수단은?

① 자가용   ② 회사차량   ③ 기차   ④ 고속버스

1회

2회

3회

해커스 IBK 기업은행 NCS+직무수행능력 실전모의고사

20. 위 자료와 다음 대화를 바탕으로 유 과장이 선택할 교통수단의 편도 요금은?

> 강 부장: 유 과장, 이번 부산 전시회 출장 준비는 잘 되고 있나?
> 유 과장: 네, 부장님. 현재 교통편과 숙소를 검토 중입니다.
> 강 부장: 그런데 방금 전시회 주최 측으로부터 연락이 왔는데, 첫날 전시회 시작 시간이 30분 앞당겨졌다고 하네.
> 유 과장: 아, 그렇군요. 그러면 교통편을 다시 검토해야겠습니다.
> 강 부장: 그리고 경영지원팀에서 이번 출장 비용을 최대한 절감해달라는 요청이 있었어. 가장 저렴한 교통수단을 선택하도록 해.
> 유 과장: 네, 알겠습니다. 비용을 고려하면서도 전시회 시작 시간에 맞출 수 있는 교통편을 선택하겠습니다.

① 71,800원   ② 73,300원   ③ 76,500원   ④ 78,000원

[21 – 22] 다음은 K회사의 결재규정이다. 각 물음에 답하시오.

제2조 (결재권한) ① 결재권한은 직급에 따라 다음과 같이 구분한다.

직급	결재권한
대표이사	5,000만 원 이상의 지출 결재, 인사발령
본부장	1,000만 원 이상 5,000만 원 미만의 지출 결재, 신규사업 승인, 부서간 이동 승인
팀장	500만 원 이상 1,000만 원 미만의 지출 결재, 팀 내 업무분장
과장	100만 원 이상 500만 원 미만의 지출 결재
대리 이하	100만 원 미만의 지출 품의

제3조 (결재경로) ① 모든 결재는 직속상관을 거쳐 최종 결재권자에게 상신한다.
② 결재문서는 담당자 → 팀장 → 본부장 → 대표이사 순으로 진행한다.
③ 전자결재시스템을 통한 결재를 원칙으로 하되, 시스템 장애 시 서면결재로 대체할 수 있다.
제4조 (전결사항) ① 전결권자는 그 직위에 해당하는 업무를 최종 결재할 수 있는 권한을 갖는다.
② 대표이사는 특정 사안에 대해 전결권을 위임할 수 있다.
③ 본부장은 부서 내 업무에 대한 전결권을 가진다.
제5조(대결사항) ① 결재권자의 부재 또는 유고시 다음의 순서로 대결할 수 있다.
  1. 결재권자의 차상위자가 대결한다.
  2. 결재권자의 직속 하위자 중 선임자가 대결할 수 있다.
② 대결자는 결재 문서에 "대결" 표시를 명확히 하여야 한다.
③ 대결로 처리된 업무라도 다음 사항은 반드시 결재권자의 사후 확인을 받아야 한다.
  1. 인사 관련 사항
  2. 1천만 원 이상의 예산 집행
  3. 회사의 중요 정책 결정에 관한 사항
④ 긴급을 요하는 사안으로 결재권자와 연락이 불가능한 경우, 대결 후 24시간 이내에 결재권자에게 보고해야 한다.
제6조 (특별규정) ① 법적 분쟁 가능성이 있는 사안은 반드시 법무팀의 검토를 받아야 한다.
② 회사 기밀이 포함된 사안은 보안담당자의 확인을 거쳐야 한다.
③ 예산초과가 예상되는 사안은 재무팀의 검토의견을 첨부해야 한다.
제7조 (결재기한) ① 일반 결재는 접수일로부터 3영업일 이내에 처리한다.
② 긴급 결재는 당일 처리를 원칙으로 한다.
③ 결재권자가 정당한 사유 없이 기한 내 결재하지 않을 경우, 차상위 결재권자에게 통보할 수 있다.

21. 위 결재규정을 근거로 판단할 때, 적절한 행동을 한 사람을 모두 고르면?

> ⊙ 김 사원은 850만 원의 비품 구매를 위해 최 팀장과 정 본부장의 결재를 받았다.
> ⊙ 이 과장은 450만 원의 출장경비 지출을 직접 결재하였다.
> ⊙ 대표이사가 출장으로 부재 중일 때 정 본부장이 중요 인사발령 건을 대결한 후 대표이사에게 사후 확인을 받았다.
> ⊙ 최 팀장은 4,000만 원 규모의 프로젝트를 긴급상황이라 판단하고 '결재' 표시한 후 정 본부장에게 사후보고 하였다.

① ⊙, ⊙   ② ⊙, ⊙   ③ ⊙, ⊙   ④ ⊙, ⊙

22. 위 결재규정을 근거로 판단할 때, 김 대리가 취해야 할 행동으로 가장 적절한 것은?

> K 회사 마케팅팀의 김 대리는 2,000만 원 규모의 신규 광고 캠페인을 기획했다. 이 캠페인은 회사의 기밀정보를 일부 포함하고 있으며, 예산 초과가 예상되는 상황이다. 광고 집행 기한이 촉박하여 긴급하게 결재를 받아야 하는데, 현재 마케팅 본부장은 해외출장 중으로 3일간 연락이 어려운 상태이다.

① 본부장이 부재중이므로 차상위 결재권자인 마케팅팀 팀장에게 결재를 통보할 수 있다.

② 법무팀의 검토를 받은 후 본부장의 결재를 기다려야 한다.

③ 본부장이 부재중이므로 김대리가 대결처리하고 사후에 보고할 수 있다.

④ 보안담당자와 재무팀의 검토의견을 첨부하여 대표이사의 결재를 받아야 한다.

[23 – 24] 다음은 B 국의 행정정보 처리 건수에 관한 자료이다. 각 물음에 답하시오.

[공개 유형별 행정정보 처리 건수]

(단위: 건)

구분	2020년	2021년	2022년	2023년	2024년
전부공개	156,270	174,210	191,040	223,890	257,050
부분공개	52,460	67,750	75,760	82,300	93,470
비공개	29,730	33,870	38,850	36,720	38,950
전체	238,460	275,830	305,650	342,910	389,470

[비공개 사유별 행정정보 처리 건수]

(단위: 건)

구분	2020년	2021년	2022년	2023년	2024년
개인정보 보호	16,070	18,670	20,230	21,360	22,470
국가안보	4,760	4,800	6,220	7,350	8,960
재판관련 정보	5,060	6,230	7,380	5,880	5,070
기타	3,840	4,170	5,020	2,130	2,450

23. 다음 중 위 자료에 대한 설명으로 옳지 않은 것을 모두 고르면?

> ㉠ 2021년 이후 비공개 건수가 전년 대비 감소한 해에 재판관련 정보로 인한 비공개 건수의 전년 대비 감소율은 20% 이상이다.
> ㉡ 2021년 이후 부분공개 건수는 비공개 건수의 매년 2배 이상이다.
> ㉢ 제시된 기간 중 부분공개 건수가 가장 많은 해에 비공개 건수도 가장 많다.
> ㉣ 2023년 전체 행정정보 처리 건수에서 전부공개 건수가 차지하는 비중은 전년 대비 감소하였다.

① ㉠, ㉡   ② ㉠, ㉢   ③ ㉡, ㉣   ④ ㉢, ㉣

24. 다음 중 위 자료를 바탕으로 만든 그래프로 옳지 않은 것은?

① [연도별 전체 행정정보 처리 건수]

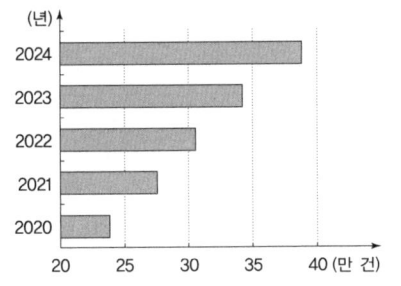

② [개인정보 보호로 인한 비공개 처리 건수의 전년 대비 증가량]

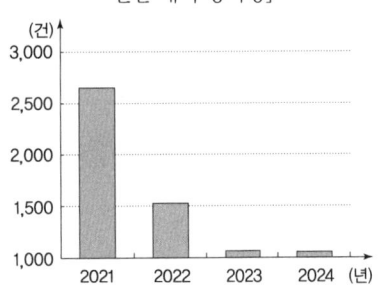

③ [연도별 비공개 처리 건수 중 국가안보로 인한 비공개 처리 건수의 비중]

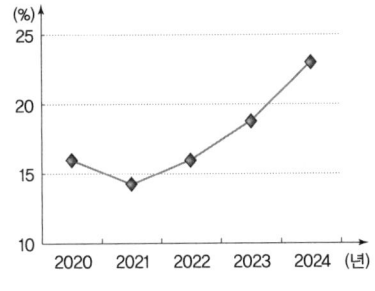

④ [2020년 유형별 행정 정보 처리 건수 구성비]

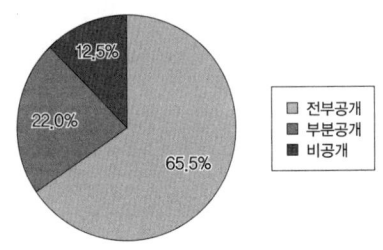

[25 – 26] 다음은 E 국의 공공데이터 활용 및 개방 현황에 관한 자료이다. 각 물음에 답하시오.

[분야별 공공데이터 활용 건수]

(단위: 건)

구분	2021년	2022년	2023년	2024년
교통	12,587	15,276	18,934	22,456
환경	8,060	9,875	12,340	14,250
보건/복지	10,234	12,987	15,743	16,945
문화/관광	7,850	9,453	11,283	13,075
행정/재정	15,685	17,543	19,878	22,345
기타	5,428	6,734	6,553	7,945
합계	59,844	71,868	84,731	97,016

[기관별 공공데이터 개방 건수]

(단위: 건)

구분	2021년	2022년	2023년	2024년
중앙행정기관	18,465	22,730	24,959	27,543
지방자치단체	24,376	28,540	32,785	36,342
공공기관	15,682	14,940	19,876	21,735
전체	58,523	66,210	77,620	85,620

25. 위 자료를 바탕으로 보고서를 작성하였다. 다음 중 보고서의 설명 중 옳지 않은 것을 모두 고르면?

> ㉠ 2023년 공공데이터 전체 개방 건수는 77,620건으로 전년 대비 약 13.2% 증가하였다. 이는 정부의 '데이터 기반 행정 활성화' 정책과 공공기관의 적극적인 데이터 공개 노력의 영향으로 볼 수 있다. 특히 ㉡ 중앙행정기관의 경우 2024년 공공데이터 개방 건수가 전년 대비 2,500건 이상 증가하며 공공데이터 개방을 선도하고 있다. 공공데이터 활용 건수는 2021년 59,844건에서 2024년 97,016건으로 약 62.1% 증가했다. 특히 주목할 만한 점은 ㉢ 기타를 제외한 모든 분야에서 공공데이터 활용 건수가 2021부터 2024년까지 지속적으로 증가했다는 것이다. ㉣ 교통 분야의 경우 2024년 공공데이터 활용 건수의 3년 전 대비 증가율이 다른 분야에 비해 가장 높게 나타났으며, 이는 대중교통 정보, 교통량 데이터 등 실생활에 밀접한 데이터에 대한 수요가 꾸준히 증가하고 있음을 반영한다. 정부는 공공데이터 개방 확대와 품질 향상을 위한 다양한 정책을 추진할 계획이다.

① ㉠   ② ㉠, ㉣   ③ ㉡, ㉢   ④ ㉡, ㉣

26. 2022년 이후 환경 분야 공공데이터 활용 건수의 전년 대비 증가율이 가장 큰 해에 문화/관광 분야의 공공데이터 활용 건수와 행정/재정 분야의 공공데이터 활용 건수의 전년 대비 증가량의 차이는?

① 175건   ② 255건   ③ 485건   ④ 505건

[27-28] 다음은 I 지역의 결제수단별 거래액과 유형별 디지털 결제 시장점유율에 대한 자료이다. 각 물음에 답하시오.

[결제수단별 연간 거래액]

(단위: 억 원)

구분	2019년	2020년	2021년	2022년	2023년
현금결제	874,500	702,340	568,220	482,760	415,940
카드결제	1,124,620	1,345,780	1,482,350	1,625,470	1,782,640
모바일결제	326,780	458,920	687,430	942,350	1,026,400
계좌이체	582,380	586,460	695,280	755,640	924,290
기타	58,720	82,500	75,720	68,780	62,650
전체	2,967,000	3,176,000	3,509,000	3,875,000	4,211,920

[유형별 디지털 결제 시장점유율]

(단위: %)

구분	2019년	2020년	2021년	2022년	2023년
은행	48.6	45.6	42.4	39.7	37.5
카드사	32.8	28.1	30.4	28.6	27.2
핀테크 기업	14.5	19.2	23.1	27.8	31.4
빅테크 기업	2.8	6.6	3.9	3.6	3.1
기타	1.3	0.5	0.2	0.3	0.8

※ 디지털 결제는 카드결제, 모바일결제, 계좌이체의 합계를 의미함

27. 다음 중 위 자료에 대한 설명으로 옳지 않은 것은?

① 2020년 은행의 디지털 결제 시장점유율은 카드사와 핀테크의 디지털 결제 시장점유율 합계보다 작다.

② 2019년 대비 2023년의 계좌이체 거래액 증가량은 모바일결제 거래액 증가량의 절반 이상이다.

③ 현금결제 거래액의 전년 대비 감소액은 2022년이 2023년보다 크다.

④ 2023년 전체 거래액에서 모바일결제 거래액이 차지하는 비중은 25% 미만이다.

28. 제시된 기간 동안 디지털 결제 거래액이 처음으로 3,000천억 원을 넘은 해에 디지털 결제 거래액에서 계좌이체 거래액이 차지하는 비중은 약 얼마인가? (단, 소수점 둘째 자리에서 반올림하여 계산한다.)

① 18.5% ② 19.6% ③ 22.7% ④ 24.5%

[29 – 30] 다음은 A~E 국의 국가별 곡물 국내 생산량 및 식량자급률에 관한 자료이다. 각 물음에 답하시오.

[국가별 곡물 국내 생산량]

(단위: 백만 톤)

구분	2020년	2021년	2022년	2023년	2024년
A 국	120.6	126.8	132.4	137.9	135.2
B 국	75.4	78.9	80.7	69.5	86.9
C 국	45.6	48.3	46.9	51.2	54.5
D 국	310.2	302.7	320.5	336.4	348.5
E 국	196.8	205.3	218.6	210.7	218.9

[국가별 곡물 식량자급률]

※ 식량자급률(%) = (국내 생산량 / 국내 소비량) × 100

29. 다음 중 위 자료에 대한 설명으로 옳지 않은 것은?

① 제시된 기간 동안 곡물 국내 생산량은 매년 A 국이 C 국의 2.5배 이상이다.

② 2024년 곡물 식량자급률의 전년 대비 증감폭이 가장 큰 국가는 D 국이다.

③ 제시된 기간 동안 곡물 국내 생산량이 많은 순서에 따른 국가별 순위는 매년 같다.

④ 2022년 곡물 국내 생산량의 2년 전 대비 증가율이 가장 높은 국가는 E 국이다.

30. 제시된 국가 중 2023년 곡물 식량 자급률이 세 번째로 큰 국가의 2024년 곡물 국내 소비량의 전년 대비 증가율은 약 얼마인가? (단, 소수점 둘째 자리에서 반올림하여 계산한다.)

① 11.5%   ② 13.0%   ③ 15.5%   ④ 16.0%

[31 – 32] 다음은 P 지역의 비대면 의료서비스 이용 실태에 관한 자료이다. 각 물음에 답하시오.

[진료과목별 비대면 진료 상담 건수]

(단위: 천 건)

구분	2021년	2022년	2023년	2024년
내과	834	1,156	1,845	1,685
소아과	412	679	975	1,031
정신건강의학과	778	938	1,054	1,084
피부과	354	555	925	1,412
가정의학과	298	487	782	950
이비인후과	215	343	517	624
안과	142	218	319	374
기타	267	415	615	760
합계	3,300	4,791	7,032	7,920

[연령대별 비대면 진료 이용률 및 만족도]

(단위: %)

구분	2021년		2022년		2023년		2024년	
	이용률	만족도	이용률	만족도	이용률	만족도	이용률	만족도
20대 이하	24.3	78.5	32.7	81.2	42.5	83.7	46.8	85.2
30대	28.7	76.2	38.4	79.5	48.2	82.4	53.6	84.1
40대	22.5	72.8	31.6	75.9	41.8	79.3	46.5	82
50대	18.4	68.7	25.7	73.4	34.5	77.2	38.9	79.5
60대	12.6	63.5	19.8	68.2	28.3	72.5	32.4	75.3
70대 이상	7.2	58.4	13.5	62.7	19.4	65.3	23.7	65.7
평균	19.0	69.7	27.0	73.5	35.8	76.7	40.3	78.6

※ 1) 만족도: 비대면 진료 이용자 중 '만족' 또는 '매우 만족'으로 응답한 비율
  2) 평균 이용률과 평균 만족도는 각각 연령대별 이용률과 만족도를 산술 평균한 결과임

31. 다음 중 위 자료에 대한 설명으로 옳은 것은?

①2021년 330만 건이었던 전체 비대면 진료 상담 건수는 2024년 792만 건으로 140% 증가하였으며, 2021년부터 2024년까지 비대면 진료 상담 건수는 모든 진료과목에서 지속적인 증가세를 보였다. 진료과목별로 살펴보면, 2024년 내과가 가장 많은 상담 건수를 차지하고 있으며, 그 뒤를 피부과, 정신건강의학과, 소아과 순으로 따르고 있다. 특히 ②피부과의 경우 비대면 진료 상담 건수가 2022년부터 2024년까지 전년 대비 매년 50% 이상의 증가율을 보였는데, 이는 시각적 진단이 가능한 피부 질환의 특성이 비대면 진료에 적합하기 때문으로 분석된다.

연령대별 비대면 진료 이용률은 모든 연령층에서 꾸준히 상승하는 추세를 보였다. ③2021년 전체 평균 이용률은 19.0%였으나, 2024년에는 2.5배 이상 증가하였다. 특히 30대의 이용률이 가장 높아 2024년 기준 53.6%에 달하며, 20대 이하와 40대가 그 뒤를 이었다. 만족도 측면에서도 모든 연령층에서 꾸준한 상승세를 보였다. ④2024년 기준 20대 이하의 만족도는 다른 연령대 대비 가장 높았고, 70대 이상은 65.7%로 상대적으로 낮았지만 2021년에 비해 8.3%p 상승했다.

32. 다음 중 위 자료를 바탕으로 만든 그래프로 옳지 않은 것은?

① [연도별 내과와 정신건강의학과 비대면 진료 상담 건수 합]

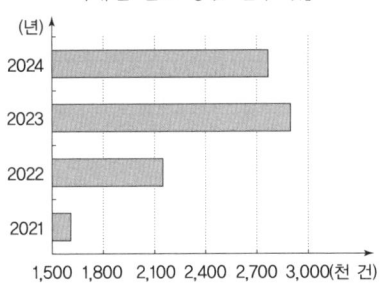

② [전체 비대면 진료 상담건수의 전년 대비 증가율]

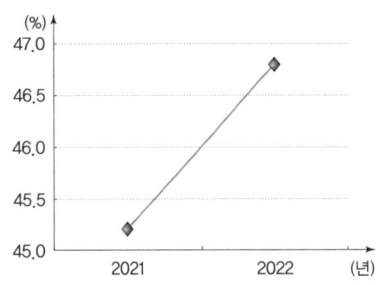

③ [연도별 40대의 비대면 진료 이용률]

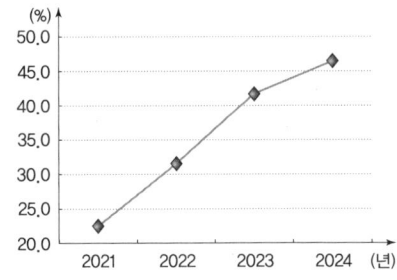

④ [2022년 비대면 진료 이용자 중 '만족' 또는 '매우 만족'으로 응답하지 않은 비율]

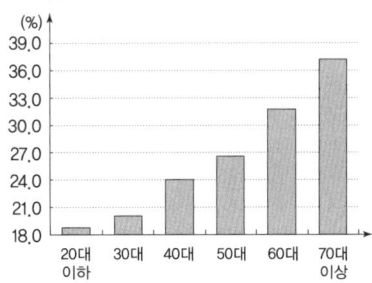

[33 – 34] 다음은 S 국의 기업 클라우드 서비스 도입 현황에 관한 자료이다. 각 물음에 답하시오.

[2023년 기업 규모별 클라우드 서비스 도입 현황]

구분	기업체 수 (개)	클라우드 서비스 도입 응답(%)				
		미도입	검토 중	일부도입	적극도입	전면도입
1~9인	180	32.2	27.8	31.1	7.2	1.7
10~29인	250	20.4	26.0	41.6	10.0	2.0
30~99인	165	14.5	21.8	43.0	15.8	4.9
100~299인	95	9.5	15.8	43.0	23.3	8.4
300인 이상	60	1.7	8.3	28.3	43.4	18.3
합계	750	18.4	22.5	38.7	15.2	5.2

[2024년 기업 규모별 클라우드 서비스 도입 현황]

구분	기업체 수 (개)	클라우드 서비스 도입 응답(%)				
		미도입	검토 중	일부도입	적극도입	전면도입
1~9인	190	25.8	23.2	38.9	9.5	2.6
10~29인	285	14.0	22.8	42.8	16.1	4.3
30~99인	180	8.9	18.3	44.4	21.7	6.7
100~299인	120	6.4	12.7	36.4	34.7	9.8
300인 이상	65	0.0	7.7	24.6	46.2	21.5
합계	840	12.7	18.2	40.1	21.6	7.4

33. 다음 중 위 자료에 대한 설명으로 옳은 것은?

① 2024년 클라우드 서비스를 적극도입 또는 전면도입한 기업의 비율은 전체 기업의 30% 이상이다.

② 2024년에 모든 기업 규모에서 일부도입이 가장 높은 응답을 차지했다.

③ 2024년 클라우드 서비스 도입을 검토 중인 30~99인 기업체 수는 전년 대비 감소하였다.

④ 2024년에 100~299인 기업이 클라우드 서비스를 적극도입하는 비율은 전년 대비 1.5배 이상 증가했다.

34. K 연구소는 2023년부터 국내 기업의 클라우드 도입 수준을 '평균점수'로 평가하고 있다. 평균점수는 미도입 1점, 검토 중 2점, 일부도입 3점, 적극도입 4점, 전면도입에 5점을 부여한 뒤 응답 비율에 따라 가중평균하여 산출한다고 할 때, 제시된 기업 규모 중 2024년 기업체 수의 전년 대비 증가량이 두 번째로 큰 기업 규모의 2023년 평균점수는 약 얼마인가? (단, 소수점 셋째 자리에서 반올림하여 계산한다.)

① 2.18점　　　② 2.47점　　　③ 2.75점　　　④ 3.05점

[35 – 36] 다음은 B 지역의 친환경 차량 등록대수 및 충전기 보급률에 관한 자료이다. 각 물음에 답하시오.

[차종별 친환경 차량 등록대수]

(단위: 대)

구분	2020년	2021년	2022년	2023년	2024년
전기 자동차	32,590	102,820	121,430	128,940	124,760
수소 자동차	6,790	13,280	12,550	13,880	23,660
하이브리드 자동차	158,350	208,440	262,380	306,160	242,590
합계	197,730	324,540	396,360	448,980	391,010

[연도별 친환경 차량 충전기 보급률]

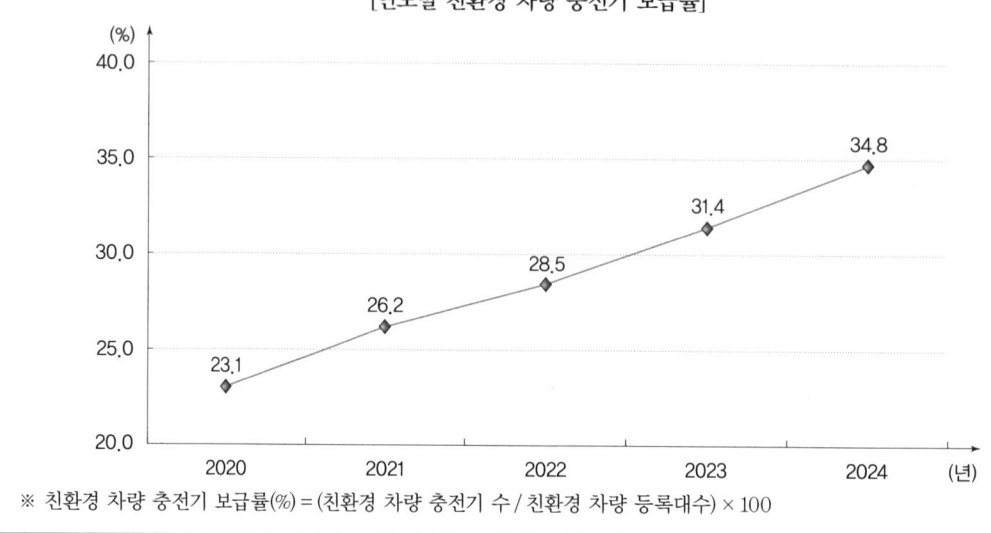

※ 친환경 차량 충전기 보급률(%) = (친환경 차량 충전기 수 / 친환경 차량 등록대수) × 100

35. 2021년 이후 친환경 차량 충전기 보급률의 전년 대비 증가폭이 두 번째로 큰 해에 전체 친환경 차량 등록대수에서 하이브리드 자동차 등록 대수가 차지하는 비중은 약 얼마인가? (단, 소수점 둘째 자리에서 반올림하여 계산한다.)

① 62.0%　　　　② 64.2%　　　　③ 66.2%　　　　④ 68.2%

36. 제시된 기간 동안 전기 자동차와 수소 자동차의 등록대수의 합이 두 번째로 큰 해에 친환경 차량 충전기 수는 약 얼마인가? (단, 소수점 첫째 자리에서 반올림하여 계산한다.)

① 112,963개　　　　② 136,072개　　　　③ 140,980개　　　　④ 142,569개

[37 – 38] 다음은 E 국의 금융상품 코드 분류 시스템이다. 각 물음에 답하시오.

[금융상품 코드 분류 시스템]

상품 지역		출시년월	상품 특성 및 규모			상품 종류		상품 대상	
지역	코드		특성	규모	코드	종류	코드	대상고객	코드
갑	S	20XX년 YY월 XXYY	프리미엄	소액	P1	예금	D	일반	G
				중액	P2				
을	G			대액	P3	대출	L	기업	E
			고급	소액	A1				
병	W			중액	A2				
				대액	A3	펀드	F	청년	Y
정	C		중급	소액	M1				
				중액	M2	보험	N	시니어	S
무	K			대액	M3				
			기본	소액	C1	외환	M	여성	W
기	J			중액	C2				
				대액	C3	신탁	T		

[코드 번호 생성 예시]

2024년 1월 갑 지역에서 출시된 청년 대상 예금 대액 기본 상품
S2401C3DY

37. 위 자료를 근거로 판단할 때, 상품 정보와 코드 번호가 바르게 짝지어진 것은?

상품 정보	코드 번호
① 2024년 6월 병 지역에서 출시된 여성 대상 예금 프리미엄 대액 상품	W2406P3PW
② 2024년 11월 무 지역에서 출시된 일반 대상 외환 중급 중액 상품	K2411M2ME
③ 2025년 4월 갑 지역에서 출시된 시니어 대상 보험 기본 소액 상품	S2504SNC1
④ 2023년 12월 기 지역에서 출시된 기업 대상 펀드 중액 고급 상품	J2312A2FE

38. 다음은 K 은행에서 관리하는 상품 코드 번호이다. 이에 대한 내용으로 옳지 않은 것은?

구분	코드번호	구분	코드번호
1번	K2412C3TS	6번	S2301M2MG
2번	C2503A2DY	7번	J2310A1DG
3번	G2304M3FY	8번	S2309C1LY
4번	G2211A1DS	9번	W2306M2FG
5번	J2307P2NE	10번	C2402A3DE

① 상품 특성이 프리미엄이나 고급인 상품의 개수는 상품 특성이 중급이나 기본인 상품의 개수보다 많다.

② 가장 많은 상품 종류는 예금이다.

③ 정 지역에서 출시한 상품과 기 지역에서 출시한 상품의 개수는 서로 같다.

④ 2023년 7월 이후 출시한 상품은 6개이다.

[39-40] 다음은 D 은행의 대출 상품 추천 알고리즘과 대출 상품 정보이다. 각 물음에 답하시오.

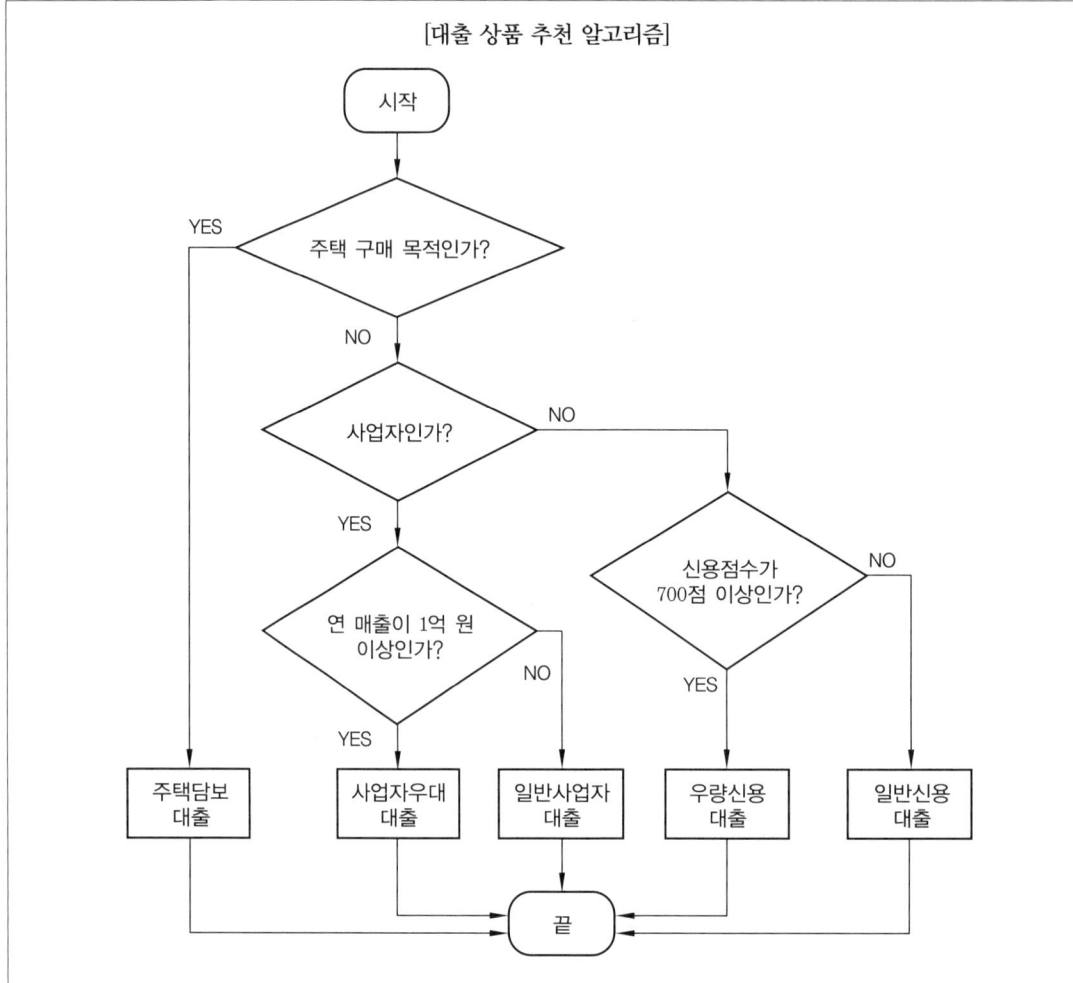

[대출 상품 추천 알고리즘]

[대출 상품 정보]

상품명	기본금리(연)	한도	우대조건 및 혜택
주택담보대출	3.8%	최대 5억 원	1) 자동이체: −0.2%p 2) 급여이체: −0.3%p
사업자우대대출	4.5%	최대 3억 원	1) 결제계좌 연동: −0.3%p 2) 거래기간 3년 이상: −0.2%p
일반사업자대출	5.2%	최대 1억 원	1) 결제계좌 연동: −0.3%p 2) 사업계획서 제출: −0.2%p
우량신용대출	5.0%	최대 1억 원	1) 자동이체: −0.2%p 2) 급여이체: −0.3%p 3) 예·적금 가입: −0.2%p
일반신용대출	8.0%	최대 3천만 원	1) 자동이체: −0.3%p 2) 6개월 이상 거래: −0.2%p

39. 다음 고객 정보에 따라 D 은행의 대출 상품 추천 알고리즘을 적용할 때, 올바르게 추천되는 대출 상품은 총 몇 개인가?

> ⊙ A는 일반 회사원으로 연소득이 6,500만 원, 신용점수가 720점이며, 주택을 구매하기 위해 3억 원의 대출을 희망한다. 추천받을 대출 상품은 주택담보대출이다.
> ○ B은 카페를 운영하는 사업자로, 연 매출액이 2억 원이며 신용점수는 680점이다. 가게 리모델링을 위해 2억 원의 대출을 희망한다면 추천받을 대출 상품은 일반사업자대출이다.
> ○ C는 제조업체에 근무하는 엔지니어로 연소득이 4,000만 원, 신용점수가 650점이며, 결혼 비용 마련을 위해 4,000만 원의 대출을 희망한다. 추천받을 대출 상품은 일반신용대출이다.
> ○ D는 서비스업에 종사하는 영업사원으로 연소득이 3,200만 원, 신용점수가 780점이며, 자동차 구매를 위해 2,000만 원의 대출을 희망한다. 추천받을 대출 상품은 우량신용대출이다.
> ○ E는 신규 사업자로, 연 매출액은 8,500만 원이며 신용점수는 720점이다. 사업 확장을 위해 7,000만 원의 대출을 희망한다면 추천받을 대출 상품은 우량신용대출이다.

① 1개 ② 2개 ③ 3개 ④ 4개

40. 김미경(42세) 씨와 이대호(45세) 씨 부부는 D 은행에서 대출을 받으려고 한다. 김미경 씨는 소규모 카페를 운영 중인 사업자로, 연 매출액은 8,000만 원이며 신용점수는 680점이다. 이대호 씨는 회사원으로 신용점수는 740점이다. 두 사람은 자녀의 유학 자금 마련을 위해 각각 5,000만 원씩 대출을 받으려고 한다. 모든 우대조건을 적용받을 때, 두 사람이 처음 3년 동안 납부하게 될 총 이자는 얼마인가?
(단, 대출 기간은 모두 5년으로 원금 균등 상환 방식이며, 매년 초 잔액에 연이율을 곱해 이자를 계산한다.)

① 10,224,000원 ② 10,350,000원 ③ 10,530,000원 ④ 10,800,000원

41. 다음 상황에서 나타날 수 있는 금융시장의 변화로 옳지 않은 것은?

> 금융당국은 최근 급격한 인플레이션 압력에 대응하기 위해 연속적인 기준금리 인상을 단행하고 있다. 이러한 긴축 통화정책은 과열된 경제를 안정화시키기 위한 조치로, 시장 참여자들은 추가적인 금리 인상 가능성에 주목하고 있다.

① 대출 수요가 감소하며 은행의 신용 창출이 위축될 것이다.

② 부동산 시장의 거래량이 줄어들며 가격 상승세가 둔화될 수 있다.

③ 예금금리 상승으로 저축 유인이 증가할 것이다.

④ 주식시장 유동성이 증가하며 주가 상승 압력이 강화될 것이다.

42. A 국의 경제에서 조건이 다음과 같고 A 국에서 피셔효과가 성립한다고 가정할 때, 다음 설명 중 적절한 것은?

> 화폐수량설 $MV = PY$가 성립하며, 화폐유통속도(V)는 일정하다. 통화량(M)은 연 6%의 비율로 증가하고 있으며, 실질경제성장률은 −1%이다.

① 인플레이션율은 5%이다.

② 실질이자율이 2%라면 명목이자율은 7%이다.

③ 화폐의 유통속도 증가율은 1%이다.

④ 명목경제성장률은 6%이다.

43. 한 개방경제의 국민소득결정모형에 대한 정보가 다음과 같을 때, 정부지출승수는?

> - $C = 200 + 0.8(Y - T)$
> - $I = 30$
> - $G = 150$
> - $T = 50 + 0.25Y$
> - $X = 100,\ IM = 0.1Y$

① 1.5   ② 1.8   ③ 2.0   ④ 2.5

44. 다음 중 총수요곡선과 총공급곡선을 이동시키는 요인과 이동 방향이 바르게 연결된 것은?

| ㉠ 중앙은행의 기준금리 인하 | ㉡ 국제 유가 급등 |
| ㉢ 정부의 지출 증가 | ㉣ 생산기술의 혁신 |

	총수요곡선		총공급곡선	
	좌측이동	우측이동	좌측이동	우측이동
①	–	㉠, ㉢	㉡	㉣
②	㉡	㉠, ㉢	–	㉣
③	㉣	㉠, ㉢	㉡	–
④	㉠	㉢	㉡	㉣

45. 다음은 완전경쟁시장에서 조세 부과 전후의 공급곡선과 수요곡선을 나타내는 그래프이다. 이를 근거로 추론할 수 있는 조세 부과 방식으로 적절한 것은?

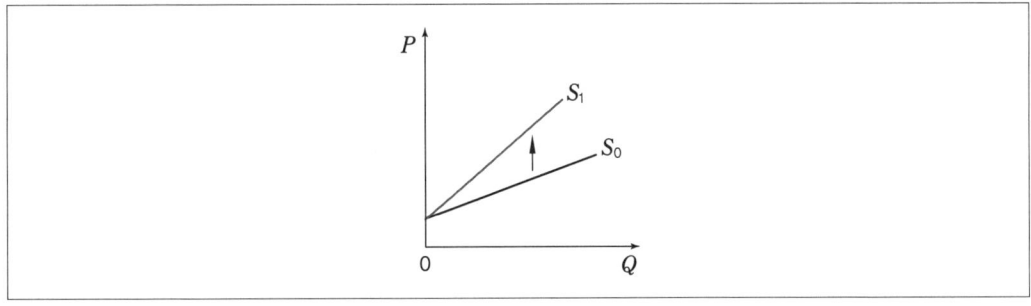

① 생산자에게 종량세가 부과된 것이다.　　② 생산자에게 종가세가 부과된 것이다.

③ 소비자에게 종량세가 부과된 것이다.　　④ 소비자에게 종가세가 부과된 것이다.

46. 다음은 20X1년부터 20X4년까지 A 국의 경제활동참가율 및 고용률에 대한 자료이다. A 국의 15세 이상 인구는 주어진 기간 동안 매년 200만 명이라고 할 때, 이에 대한 분석으로 옳은 것을 모두 고르면?

구분	20X1년	20X2년	20X3년	20X4년
경제활동참가율(%)	60	65	70	72
고용률(%)	48	52	56	63

㉠ 20X1년의 실업률은 20%이다.
㉡ 20X2년과 20X3년의 실업자 수는 같다.
㉢ 20X3년의 실업률은 20X2년의 실업률보다 높다.
㉣ 20X4년의 경제활동인구는 20X1년보다 24만 명 증가했다.

① ㉠, ㉡　　　　② ㉠, ㉢　　　　③ ㉠, ㉣　　　　④ ㉢, ㉣

47. 다음은 갑 국과 을 국이 생산 가능한 쌀과 밀의 생산가능곡선을 나타낸 그래프이다. 비교우위 이론을 근거로 판단할 때, 각국이 특화해야 할 상품이 바르게 연결된 것은?

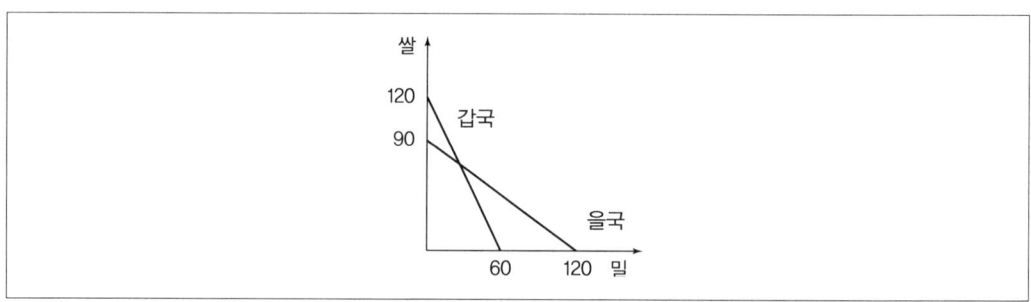

	갑	을
①	쌀	밀
②	밀	쌀
③	쌀	쌀
④	밀	밀

48. 다음은 완전경쟁시장에서 생산활동을 하는 A 기업의 비용 구조이다. A 기업의 생산량을 Q라고 할 때, 이에 대한 설명으로 적절하지 않은 것은?

> - $MC = 2Q^2 - 6Q + 8$
> - $AFC = 6/Q$

① 생산량이 2일 때 한계비용은 4이다.

② 이윤 극대화는 한계수입과 한계비용이 동일한 지점에서 달성된다.

③ 고정비용은 12이다.

④ 시장가격이 8일 때 기업은 생산량 Q = 3에서 이윤을 극대화한다.

49. 다음의 사례에서 만족 수준 한 단위가 현금 1만 원과 효용이 같은 경우 ㉠~㉣에 들어갈 값으로 적절하지 않은 것은?

> A와 B가 인접한 아파트에 거주하고 있다. 평소 A와 B의 만족 수준은 각각 180이다. A가 악기 연습을 하면 본인의 만족 수준은 300이 된다. 하지만 B는 소음으로 인해 만족 수준이 90으로 떨어진다. A에게 연주권이 부여되는 경우 B는 연주를 중단하는 대가로 최대한 (㉠)만 원까지 보상해 줄 의사가 있을 것이다. 하지만 A가 연주로부터 얻는 순편익은 (㉡)만 원이므로 협상이 이루어지지 않을 것이다. 이러한 경우 A의 연주가 균형이 된다.
> 한편 B에게 소음 차단권이 부여되는 경우 A는 연주를 하는 대가로 최대한 (㉢)만 원까지 보상해 줄 의사가 있을 것이다. B는 (㉣)만 원 이상을 받으면 연주를 허용할 수 있으므로 협상이 성립할 것이다. 이러한 경우에도 A의 연주는 이루어진다. 결론적으로 코즈의 정리에 따라 소유권이 누구에게 부여되어 있는지와 상관없이 A의 연주가 이루어진다.

① ㉠: 90 ② ㉡: 120 ③ ㉢: 120 ④ ㉣: 60

50. 다음 시장 현상을 바탕으로 각 소비자 그룹의 수요 특성을 분석한 결과로 적절하지 않은 것은?

> 최근 온라인 쇼핑몰에서 다음과 같은 소비 패턴이 관찰되고 있다.
> • A 그룹: 프리미엄 화장품 소비자들은 가격이 10% 상승하면 구매 금액을 10% 줄여서 총 지출액을 일정하게 유지한다.
> • B 그룹: 생필품 구매자들은 가격이 변동해도 항상 동일한 개수의 상품을 구매한다. 세제 가격이 20% 오르든 내리든 상관없이 매달 5개씩 구매한다.
> • C 그룹: 명품 핸드백 소비자들은 가격이 상승하면 오히려 더 많이 구매하는 모습을 보인다. 가격이 높을수록 소유 욕구가 증가하는 것으로 분석된다.

① A 그룹 소비자들의 수요는 단위탄력적이며, 수요곡선은 직각쌍곡선 형태이다.

② B 그룹 소비자들의 수요는 완전비탄력적이며, 수요곡선은 수직선 형태이다.

③ C 그룹 소비자들은 베블런 효과(Veblen effect)를 보여주며, 수요곡선이 우상향할 수 있다.

④ A 그룹의 수요는 비탄력적이고, B 그룹의 수요는 탄력적이므로 A 그룹이 B 그룹보다 가격 변화에 덜 민감하게 반응한다.

51. 다음의 효용함수 A, B, C에 대한 설명으로 적절하지 않은 것은?

> • A: $U(X, Y) = 3X + 2Y$
> • B: $U(X, Y) = Min(X, 3Y)$
> • C: $U(X, Y) = X^{0.4} Y^{0.6}$

① 효용함수 A는 완전대체재, 효용함수 B는 완전보완재의 특성을 나타낸다.

② 효용함수 A의 무차별곡선은 기울기가 $-3/2$인 직선 형태이다.

③ 효용함수 C의 무차별곡선은 원점에 오목한 형태를 나타낸다.

④ 효용함수 B에서 효용을 극대화하는 소비조합은 $X = 3Y$ 조건을 만족한다.

52. 다음은 투자상품 X, Y, Z에 대한 정보이다. 투자자 갑은 투자상품 X와 Z를 고민하다 Z를 선택했고, 투자자 을은 투자상품 Y와 Z를 고민하다 Y를 선택했다. 갑과 을의 선택에 근거하여 각각의 투자성향을 바르게 짝지은 것은? (단, 투자성향은 위험회피와 위험선호만 있다고 가정한다.)

구분	투자금액	예상수익	성공확률
상품 X	3만 원	9천만 원	0.04%
상품 Y	2만 원	4천만 원	0.05%
상품 Z	1만 원	2천만 원	0.06%

	갑	을
①	위험회피	위험선호
②	위험회피	위험회피
③	위험선호	위험선호
④	위험선호	위험회피

53. 다음은 재화를 경합성과 배제성을 기준으로 분류한 표이다. A~D 유형에 해당하는 사례로 적절한 것만을 모두 고르면?

구분	배제성 있음(배제적)	배제성 없음(비배제적)
경합성 있음(경합적)	A	C
경합성 없음(비경합적)	B	D

㉠ 한정판 명품 가방 → A 유형
㉡ 유료 케이블 TV 방송 → B 유형
㉢ 고속도로의 교통체증 → C 유형
㉣ 소방서의 화재진압 서비스 → D 유형
㉤ 시내 공용 자전거 → C 유형

① ㉠, ㉡, ㉢ ② ㉠, ㉡, ㉣ ③ ㉡, ㉢, ㉤ ④ ㉠, ㉡, ㉢, ㉣

54. BCG 매트릭스는 시장 성장률과 상대적 시장 점유율을 활용한 사업전략의 평가모형이다. △△산업의 최근 5년간 시장 성장률이 10% 미만일 때, 다음 자료를 바탕으로 A 기업이 속하는 BCG 매트릭스의 사업과 해당 기업이 펼칠 것으로 예상되는 전략이 가장 적절하게 연결된 것은?

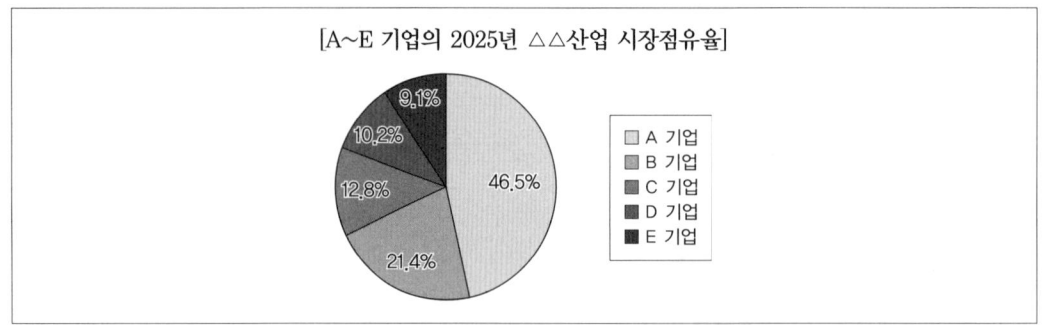

[A~E 기업의 2025년 △△산업 시장점유율]

46.5%
21.4%
12.8%
10.2%
9.1%

A 기업
B 기업
C 기업
D 기업
E 기업

① 스타(Star) - 지속적인 투자를 통해 시장에서의 점유율을 더욱 강화하고자 한다.

② 캐시카우(Cash cow) - 추가적인 투자를 진행하기 보다 현재의 시장 점유율을 유지하려 한다.

③ 물음표(Question mark) - 다른 사업에 집중하기 위해 현재 진행하는 사업을 철수한다.

④ 개(Dog) - 향후 이익을 증대시키기 위해 지속적으로 투자하여 회사 규모를 확대해야 한다.

55. 다음 사례에서 K 기업이 채택한 앤소프 전략으로 가장 적절한 것은?

K 기업은 설탕, 제분, 조미료를 판매하는 식품산업으로 처음 문을 열었다. 식품업계 최초로 매출 1조 원을 달성한 뒤, 미래 성장 동력 발굴을 위해 영화산업에 진출하였다. 이를 위해 해외 애니메이션 제작 사에 투자하며 영화 산업에 대한 발판을 마련했고, 이후 직접 영화 투자·배급 사업을 시작했다. K 기업 은 국내 최초의 멀티플렉스 극장을 설립하고, 영화 제작·배급, 상영까지 직접 아우르는 엔터테인먼트 밸 류체인을 구축하였다.

① 시장 개발 전략   ② 시장 침투 전략   ③ 제품 개발 전략   ④ 다각화 전략

56. A 제조업체는 생산성 향상을 위해 다음과 같은 관리 방식을 도입했다. 이 관리 방식에서 나타난 테일러의 과학적 관리법의 특징은 모두 몇 개인가?

> ㉠ 작업자의 모든 동작을 시간 측정하여 표준 작업시간을 설정
> ㉡ 작업자의 자율적 작업 방법 결정과 관리자의 조언자 역할
> ㉢ 작업현장의 전문 영역별 전담 감독자를 배치하여 세분화된 지도 실시
> ㉣ 성과에 따른 차등 임금제를 실시
> ㉤ 관리자와 작업자가 공동으로 계획 수립과 의사결정에 참여

① 2개   ② 3개   ③ 4개   ④ 5개

57. 브룸의 기대이론 관점에서 볼 때, A 기업 생산팀 직원들에 대한 분석으로 가장 적절한 것은?

> **"A 기업 생산팀, 성과급 제도 도입 후에도 생산성 저조"**
>
> A 기업은 지난해 직원들의 동기 부여를 높이기 위해 새로운 성과급 제도를 도입했다. 이 제도는 월간 생산 목표를 달성한 직원에게 기본급의 5% 수준인 평균 15만 원의 성과급을 지급하는 방식이다. 생산팀 직원들은 대부분 5년 이상의 경력을 가진 숙련된 기술자들로, 평상시 업무량을 20% 늘리면 목표 달성이 가능한 수준이었다. 직원들은 "약간만 더 노력하면 충분히 달성할 수 있는 목표"라고 인식했으며, 실제로 추가 근무나 작업 강도를 높여 노력한 결과 작년 한 해 동안 90% 이상의 직원이 월간 목표를 달성했고 회사는 약속대로 성과급을 정확히 지급했다. 그러나 예상과 달리 올해 들어 생산팀의 전체적인 생산성은 오히려 소폭 감소했다. 인사팀이 직원들을 대상으로 실시한 설문조사에서 "15만 원 정도의 성과급은 생활비 상승을 고려할 때 큰 의미가 없다", "차라리 워라밸이 더 중요하다"는 의견이 다수를 차지했다. 특히 젊은 직원들은 "승진 기회나 교육 지원이 더 매력적일 것"이라고 응답했다.

① 생산팀 직원들은 생산 목표를 달성했을 때 성과급을 정확히 지급받은 경험이 있어 기대성이 높은 상태이다.

② 생산성이 감소한 이유는 수단성이 부족했기 때문이다.

③ A 기업이 생산팀 직원들에게 성과급을 정확히 지급했다는 사실을 통해 유의성이 높은 상태임을 알 수 있다.

④ 성과급 지급 대신 교육 지원을 실시한다면 유의성이 높아져 생산팀 직원들의 동기부여가 강화될 것이다.

58. 다음은 A 사의 20X1년도 부분 재무상태표와 부분 손익계산서이다. 다음 중 A 사의 20X1년 영업활동 현금흐름을 증가시키는 계정으로 가장 적절한 것은?

[부분 재무상태표]

계정명	기초	기말
매출채권	21,000원	27,000원
재고자산	34,000원	37,000원
건물	130,000원	155,000원
매입채무	120,000원	160,000원

[부분 손익계산서]

계정명	금액
매출액	780,000원
유형자산 처분이익	5,000원
감가상각비	(10,000)원

① 건물의 증가분 25,000원

② 매입채무의 증가분 40,000원

③ 유형자산 처분이익 5,000원

④ 재고자산의 증가분 3,000원

59. A 사는 20X1년 초 만기 3년, 표시이자율 10%, 시장이자율 12%인 액면금액 1,000,000원의 사채를 발행하였다. 사채의 발행과 관련된 추가적인 비용은 없을 때, A 사가 20X1년도 말 손익계산서에 계상할 이자비용과 재무상태표에 계상할 사채의 장부금액은 각각 얼마인가? (단, 소수점 첫째 자리에서 반올림하여 계산한다.)

이자율	단일기간 현가계수(n = 3)	정상연금 현가계수(n = 3)
10%	0.7513	2.4869
12%	0.7118	2.4018

① 이자비용 100,000원, 장부금액 1,020,000원

② 이자비용 104,973원, 장부금액 984,973원

③ 이자비용 114,238원, 장부금액 966,218원

④ 이자비용 120,000원, 장부금액 980,000원

[60 – 61] 다음은 H 사가 20X1년도에 보유하고 있는 건물과 기계에 대한 자료이다. 각 물음에 답하시오. (단, H 사는 건물에 대해 재평가모형을 적용해 1년 단위로 재평가를 실시하며, 기계에 대해서는 원가법을 적용한다.)

구분	취득일	취득가액	감가상각법	내용연수	잔존가치
건물	20X1.01.01.	1,000,000원	정액법	10년	100,000원
기계	20X1.01.01.	500,000원	정률법	5년	0원

60. 건물에 대한 공정가치는 다음과 같을 것으로 예상될 때, H 사가 건물에 대하여 인식할 20X3년도 당기순이익은?

구분	20X1년 말	20X2년 말	20X3년 말
공정가치	1,000,000원	900,000원	680,000원

① (–)100,000　　　② (–)110,000　　　③ (–)120,000　　　④ (–)130,000

61. H 사는 20X1년 중 기계에 손상이 발생하여 손상차손 24,500원을 인식하였다. 해당 손상은 20X2년도 말 회복될 것으로 예상하였다. 20X2년도 말 순공정가치는 150,000원이고, 사용가치는 147,000원이다. 내용연수 5년의 정률법 상각률이 0.451일 때, H 사가 기계에 대하여 인식할 20X2년도 당기순이익은?

① (–)100,000　　　② (–)103,000　　　③ (–)123,800　　　④ (–)125,500

62. 다음 부분 재무제표를 통해 분석한 당기 재무비율에 대한 설명으로 가장 적절하지 않은 것은?

[전기와 당기 재무상태표]

(단위: 원)

자산		전기	당기	부채		전기	당기
자산	현금	30,000	38,000	부채	매입채무	13,000	8,000
	건물	119,000	115,000		…	…	…
	기계	87,000	79,500	부채총계		270,000	243,000
	재고자산	12,500	27,500			전기	당기
	선급금	7,500	9,000	자본	자본금	150,000	150,000
	매출채권	22,000	18,000		당기순이익	47,000	54,000
	…	…	…		…	…	…
자산총계		500,000	540,000	자본총계		230,000	297,000

[당기 손익계산서]

(단위: 원)

매출액	500,000
매출원가	280,000
매출총이익	220,000
판매관리비	145,000
영업이익	75,000

① 전기에 비해 당기의 부채비율은 감소하였다.

② 당기의 매출총이익률은 44%이다.

③ 당기의 재고자산회전률은 약 14회이다.

④ 당기의 매출채권회전률은 약 27.7회이다.

63. Y 사는 20X1년도에 감가상각비 18,000원을 15,000원으로 잘못 계상한 점을 발견하였다. 또한 20X1년도 말 재무상태표상 재고자산 8,000원을 과대계상하고, 20X2년도 말 미지급급여 9,000원을 과소계상하였다. 오류수정 전 Y 사의 20X1년과 20X2년의 당기순이익 및 이익잉여금이 다음과 같을 때, 해당 회계처리 오류를 수정할 경우에 대한 설명으로 적절하지 않은 것은?

구분	20X1년	20X2년
당기순이익	79,000원	81,000원
이익잉여금	123,000원	138,000원

① 오류를 수정하면 20X1년 말 당기순이익은 68,000원이 된다.

② 오류를 수정하면 20X1년 말 이익잉여금은 112,000원이 된다.

③ 오류를 수정하면 20X2년 말 당기순이익은 80,000원이 된다.

④ 오류를 수정하면 20X2년 말 이익잉여금은 137,000원이 된다.

64. 제품 A의 단위당 판매가격이 @800원이고, 단위당 변동원가는 @560원이다. 제품 A를 1,000단위 생산하였을 때 영업레버리지(DOL)가 3이라면, 제품 A의 총고정원가는?

① 80,000원   ② 120,000원   ③ 160,000원   ④ 200,000원

65. 다음 중 인터넷 전문 은행에 대한 설명으로 가장 적절하지 않은 것은?

① 오프라인 영업점 없이 모바일과 인터넷을 통해서만 금융서비스를 제공한다.

② 기존 시중은행 대비 낮은 운영비용을 바탕으로 경쟁력 있는 금리를 제공할 수 있다.

③ 인터넷 전문 은행에서 제공하는 상품은 예금자보호법상 예금자보호 대상에서 제외된다는 단점이 있다.

④ 기존 시중인행 간 경쟁이 촉진되어 전반적인 금융산업의 경쟁력이 높아진다.

66. 다음 설명에 해당하는 금융상품의 특징으로 가장 적절하지 않은 것은?

> 특정 경제 지표나 자산 가격의 변동에 따라 수익률이 결정되도록 설계된 펀드로, 증권거래소에 상장되어 일반 주식처럼 매매할 수 있는 펀드이다. 기존의 펀드와 비슷하지만, 경제 지표 등에 연동되어 구조가 비교적 단순하고, 일반펀드처럼 복잡한 가입이나 환매 절차 없이 실시간으로 거래가 가능하다. 또한, 시장 평균 수익을 초과하려는 액티브펀드와 달리, 운용자가 적극적으로 개입하지 않기 때문에 운용보수가 낮은 것이 특징이다.

① 기준가격보다 높게 매수하는 사람은 괴리율로 인해 손실을 볼 수 있다.

② 일반적인 개별주식보다 유동성 공급자에 의한 주가조작 가능성이 높다.

③ 주식시장에서 횟수 제한 없이 실시간으로 매매가 가능하다.

④ 추적오차가 낮은 펀드에 투자하는 것이 바람직하다.

67. 이자율 평형이론을 따른다고 가정할 때, 다음 조건을 참고하여 계산한 잔여 만기가 1년인 균형 선물환 가격은 얼마인가? (단, 1년은 365일로 가정하고, 소수점 첫째 자리에서 반올림하여 계산한다.)

> • 원-달러 환율: 1,500원/달러
> • 1년 만기 국내 이자율: 5%
> • 1년 만기 미국 이자율: 3%

① 1,470원/달러   ② 1,530원/달러   ③ 1,620원/달러   ④ 1,790원/달러

68. 투자자 A씨는 포트폴리오 X와 포트폴리오 Y를 비교하고 있다. 각 포트폴리오가 1년 후 다음과 같은 결과를 보일 것으로 예상될 때, 위험 프리미엄에 대한 설명으로 가장 적절한 것은? (단, 무위험 수익률은 8%이다.)

> **[포트폴리오 X]**
> • 초기 투자금액: 500만 원
> • 시나리오 1: 경제성장 시 총 800만 원 회수(확률 30%)
> • 시나리오 2: 경제둔화 시 총 450만 원 회수(확률 70%)
>
> **[포트폴리오 Y]**
> • 초기 투자금액: 1,000만 원
> • 시나리오 1: 경제성장 시 총 1,500만 원 회수(확률 30%)
> • 시나리오 2: 경제둔화 시 총 1,100만 원 회수(확률 70%)

① 포트폴리오 X의 위험 프리미엄이 포트폴리오 Y의 위험 프리미엄보다 5%p 더 높다.

② 포트폴리오 Y의 위험 프리미엄이 포트폴리오 X의 위험 프리미엄보다 5%p 더 높다.

③ 포트폴리오 Y의 위험 프리미엄이 포트폴리오 X의 위험 프리미엄보다 11%p 더 높다.

④ 포트폴리오 X와 Y의 위험 프리미엄은 동일하다.

69. 다음 중 핀테크 서비스에 대한 설명으로 가장 적절하지 않은 것은?

① 간편결제앱의 잔액 확인이나 충전 걱정 없이 휴대폰으로 결제할 수 있는 방식은 '마이페이먼트'이다.

② 온라인구매 결제대금을 제3의 업체가 임시 보관했다가, 상품을 받아 확인한 뒤 상품 확인 완료 버튼을 누른 후에 판매자에게 결제금액이 전달되는 방식은 '에스크로'이다.

③ 온라인 플랫폼에 프로젝트를 올려서 후원을 받고 목표 금액을 달성하고 6개월 후 완성된 제품을 후원자들에게 배송하는 서비스는 '크라우드 펀딩'이다.

④ 인공지능 알고리즘이 자동으로 포트폴리오를 구성해주고 시장 상황에 따라 비중을 조절해주는 자동화된 투자자문 서비스는 '인슈어테크'이다.

70. 다음은 투자수익률의 측정에 대한 설명이다. ㉠과 ㉡에 들어갈 내용이 가장 적절하게 연결된 것은?

> 서로 상이한 시점에서 발생하는 현금흐름의 크기와 화폐의 시간적 가치가 고려된 평균 투자수익률 개념은 (㉠)이며, 1기 −50, 2기 70, 3기 30의 값을 갖는 투자안의 (㉠)은/는 (㉡)%이다.

	㉠	㉡
①	내부수익률	75
②	기하평균수익률	70
③	내부수익률	65
④	시간가중수익률	60

71. D 국 정부가 온실가스를 배출할 수 있는 권리인 탄소배출권을 기업 A, B, C, D에게 각각 50톤씩 할당하였고, 각 기업들은 할당된 범위 내에서만 온실가스를 배출할 수 있다. 탄소배출권은 배출권 거래시장에서 자유롭게 거래할 수 있고, 할당량을 초과한 온실가스는 반드시 정화처리해야 한다. 배출권 거래시장에서 배출권 1톤당 8만 원에 거래된다. 각 기업의 이산화탄소 배출량과 정화처리비용이 다음과 같을 때, 사회 전체의 정화처리비용은?

구분	A 기업	B 기업	C 기업	D 기업
배출량(톤)	150	90	50	80
정화처리비용(만 원/톤)	15	6	8	7

( )만 원

72. 다음과 같은 주식 A와 주식 B로 포트폴리오를 구성하고자 한다. 위험이 최소가 되는 포트폴리오를 만들려고 할 때 주식 A의 투자비율은?

> • 주식 A의 표준편차: 0.3
> • 주식 B의 표준편차: 0.6
> • 주식 A와 주식 B의 상관계수: 0

( )%

73. A 기업의 재무정보가 다음과 같다. 고든의 항상성장모형에 따라 계산한 PER은? (단, 주가수익비율은 다음기의 예측 주당이익을 사용하는 것으로 가정한다.)

- 투자자의 요구수익률: 20%
- 자기자본 이익률: 20%
- 배당성향: 30%

(   )

74. 재고자산에 대하여 저가법을 적용할 경우 취득원가와 순실현가능가치 중 낮은 금액을 재무상태표에 계상해야 한다. 보고기간 말 제품의 재고수량은 총 80개이고, 단위당 취득원가는 200원, 단위당 순실현가능가치는 170원일 때, 재고자산 평가손실은?

(   )원

75. N 사가 20X1년 중 보유하고 있던 기타포괄손익 공정가치 금융자산에서 이자수익 15,000원과 평가이익 13,000원이 발생하였다. 또한 재고자산의 장부 수량이 100개로 기재되어 있으나, 실지 수량은 85개인 점을 발견하였다. 해당 재고자산의 단위당 취득원가가 1,600원일 때, N 사의 포괄손익계산서 중 (A) 당기손익과 (B) 기타포괄손익은?

(A) (   )원

(B) (   )원

약점 보완 해설집 p.2

무료 바로 채점 및 성적 분석 서비스 바로 가기
QR코드를 이용해 모바일로 간편하게 채점하고 나의 실력이 어느 정도인지, 취약 부분이 어디인지 바로 파악해 보세요!

2회
실전모의고사

[1] 본 실전모의고사는 직업기초(NCS)와 직무수행 75문항을 120분 이내에 풀이하는 것으로 구성되었으며, 시험 구성에 따른 출제 범위는 다음과 같습니다.

- 직업기초(40문항): 의사소통능력, 수리능력, 문제해결능력, 자원관리능력, 조직이해능력, 정보능력
- 직무수행(35문항): 경제 · 경영 관련 직무상식, 시사

[2] 문제 풀이 시작과 종료 시각을 정한 후, 실전처럼 모의고사를 풀어보세요.

　　　시　　　분 ~ 　　　시　　　분(총 75문항/120분)

- 해커스ONE 애플리케이션의 학습 타이머를 이용하여 더욱 실전처럼 모의고사를 풀어볼 수 있습니다.
- 객관식(1~70번) 문제는 모의고사 마지막 페이지 또는 해설집의 '무료 바로 채점 및 성적 분석 서비스' QR 코드를 스캔하여 응시인원 대비 본인의 성적 위치를 확인해 볼 수 있습니다.

[01~02] 다음 글을 읽고 각 물음에 답하시오.

(가) 채권이란 단순한 금융상품이 아닌 경제 시스템의 근간이다. 채권은 정부·지자체·공공기관·기업 등이 현재 자본을 조달하고 미래 특정 시점에 이자와 원금을 상환하겠다는 법적 약속을 증권화한 것이다. 2024년 말 기준 전 세계 채권 시장 규모는 약 140조 달러에 달하며, 이 중 절반 가량이 중앙정부가 발행한 국채로 구성되어 있다. 국채는 국가신용을 기반으로 하여 부도 가능성이 최저 수준으로 평가되어 가장 낮은 금리로 거래된다. 이후 지방자치단체가 발행하는 지방채, 공공기관이 발행하는 특수채·기관채, 기업이 발행하는 회사채와 금융채 순으로 금리가 상승하는 구조를 가진다. 이처럼 발행 주체만으로도 채권의 위험과 수익 구조가 달라지기 때문에 동일 만기 채권이라도 발행 주체에 따라 국채 금리 대비 추가 이자폭, 즉 신용 스프레드(credit spread)가 달라져 수익률 곡선의 형태가 변한다.

(나) 발행 주체 다음으로 채권의 핵심 특성을 결정하는 것은 이자 지급 구조다. 고정금리채는 발행 시 정해진 이자율이 만기까지 변하지 않는다. 그래서 금리 변동에 따른 가격 민감도인 듀레이션이 길어, 금리가 오르면 가격이 크게 떨어지고 금리가 내리면 가격이 크게 오르는 특징이 있다. 반면, 변동금리채는 통상 3개월이나 6개월마다 시장 금리에 맞춰 지급 이자율이 조정되므로 금리 상승기에 방어력이 높다. 물가연동채는 원금이나 이자를 소비자물가지수에 연동해 명목상 이자율이 낮아도 실질 가치를 지켜 준다.

(다) 한편, 금리 변동성이 커진 최근 시장에서는 다양한 옵션 결합형 채권 상품이 대안적 투자 수단으로 급부상하고 있다. 대표적으로 콜러블(Callable) 채권은 발행기관에게 일정 시점 이후 채무를 조기 상환할 수 있는 권리를 부여한다. 금리 하락 시 발행사는 이 콜 옵션을 행사하여 조기 상환을 하면 투자자는 예상보다 짧은 기간 동안만 이자를 얻게 된다. 반면 풋터블(Puttable) 채권에서는 투자자가 채권의 조기 상환을 요구할 수 있는 풋 옵션을 보유한다. 이는 금리가 급등해 가격 하락 위험이 커질 때 손실을 줄여 주는 방어막 역할을 한다. 퍼페추얼(perpetual) 채권은 만기가 없지만 일정 시점 이후에만 발행사만 콜 권리를 행사할 수 있어, 은행과 보험사 등은 이러한 상품을 자기자본비율 개선을 위한 규제자본 확충 수단으로 활용한다. 여기에 전환사채(Convertible Bond)는 채권의 안정적 수익성과 주식의 성장성을 결합한 하이브리드 증권으로서, 투자자에게 특정 조건 하에 채권을 주식으로 전환할 수 있는 권리를 제공한다. 이러한 구조는 주가 상승 시 채권 이자 수익에 더해 주식 차익까지 노릴 수 있어 투자자 수요가 꾸준히 늘고 있다.

(라) 금융 시장에서 최근 가장 주목받는 트렌드는 특정 목적을 앞세운 ESG-라벨드(labeled) 채권의 부상이다. ESG-라벨드 채권에는 녹색 채권, 사회적 채권, 지속가능 채권, 지속가능연계 채권, 전환 채권 등이 포함된다. 녹색 채권은 태양광·수소 같은 친환경 프로젝트 전용 자금이 되고, 사회적 채권은 공공주택·의료·교육 시설 같은 사회적 가치 프로젝트에 쓰인다. 여기에 두 목적을 한꺼번에 추구하는 지속가능 채권과, 발행사가 탄소 감축 등 목표를 달성하지 못하면 지급 이자율을 더 얹어 주는 지속가능연계 채권, 탄소 집약 산업이 친환경 설비로 체질 개선할 때 쓰는 전환 채권까지 더해지며 시장이 빠르게 커졌다. 2024년 한 해 ESG-라벨드 채권 발행액은 약 1조 1,000억 달러로 사상 최고치를 경신했고, 누적 발행 잔액도 6조 달러에 육박한다. 이들 채권은 프로젝트 적격성, 자금 사용 내역, 성과 지표를 주기적으로 공시하고 제3자 검증을 받도록 설계돼 겉만 친환경인 행태를 보이는 그린워싱 논란을 줄이는 장치가 되어 준다.

오늘날 채권 시장은 다양한 구조와 목적으로 진화하면서 더 이상 기관투자자만의 전유물이 아닌 개인투자자의 자산 관리 수단으로도 자리잡고 있다. 복잡해진 만큼 규제와 회계 처리도 까다로워졌지만, 채권은 이제 정책 목표와 지속가능한 성장을 연결하는 금융 인프라로 그 역할이 확대되고 있다.

01. 윗글의 (가)~(라)에 대한 소제목으로 적절하지 않은 것은?

① (가): 채권의 정의와 발행 주체별 신용도에 따른 금리 구조와 수익률

② (나): 고정금리채, 변동금리채, 물가연동채의 이자 구조와 듀레이션 비교

③ (다): 금리 변동성 시대에 주목받는 옵션 결합 채권 상품의 종류와 기능

④ (라): ESG-라벨드 채권 발행 시 세제 혜택과 세무 처리 방안 분석

02. 윗글을 통해 추론한 내용으로 가장 적절하지 않은 것은?

① 금리가 상승할 때 변동금리채 보유자는 고정금리채 보유자보다 가격 하락 폭이 작을 것이다.

② 높은 수익을 원하는 투자자는 국채보다 회사채나 금융채를 선호할 것이다.

③ 지속가능연계 채권은 발행한 기업이 목표를 달성하지 못하면 지급 이자율이 높아질 것이다.

④ 퍼페추얼 채권에 투자한 사람은 만기가 정해져있지 않기 때문에 풋 옵션에 따라 필요할 때 언제든 상환받을 수 있을 것이다.

[03 – 04] 다음 글을 읽고 각 물음에 답하시오.

근로자퇴직급여 보장법은 확정기여(DC)·개인형 퇴직연금(IRP) 가입자가 일정 기간 운용 지시를 내리지 않아도 적립금을 방치하지 않도록, 사전에 지정된 포트폴리오로 자동 배분하는 '사전지정운용방법', 즉 디폴트 옵션을 규정하고 있다. 이 제도는 장기적인 저금리 상황에서 많은 사람들이 퇴직연금을 단순히 예금에 두는 '묻지마 예금' 현상이 확산되면서, 실질 수익률이 물가 상승률보다 낮아져 노후 자금이 줄어들 수 있다는 우려 때문에 도입되었다.

최근 고용노동부 공시에 따르면 현재 디폴트 옵션으로 운용되는 적립금은 40조 원을 넘었지만 금융감독원 통계를 보면, 이 중 약 90%가 예·적금이나 초단기 채권 상품에 집중되어 있다. 장기 물가상승률이 3% 내외로 형성된 상황에서 명목 이자 2%대의 원리금 보장형 상품에 장기간 노출될 경우, 가입자는 마이너스 실질 수익률이 고착될 위험을 감수해야 한다.

운영 프로세스는 다음과 같다. 가입자는 IRP 계좌를 만들 때 금융회사가 제안하는 3~5가지 상품 조합 중 하나를 디폴트 옵션으로 선택한다. 예컨대 'TDF 2045 60% + 안정 채권형 40%' 혹은 'EMP 70% + 예금 30%'와 같이 여러 상품을 섞은 형태이다. 이후 급여나 퇴직금이 계좌에 들어오거나 기존 상품의 만기가 되어도 새로운 지시가 없으면 시스템이 자동으로 해당 비율대로 자산을 재배분한다. 금융회사는 디폴트 옵션 발동 여부, 누적 수익률, 운용보수 등을 분기 단위 보고서로 가입자에게 통지해야 할 의무가 있다.

문제는 자동 운용이 다양한 자산에 분산 투자하여 위험을 관리하면서 적정 수익을 추구하기보다는 여전히 안전자산 위주로 운용되고 있다는 점이다. 이에 금융당국은 디폴트 옵션에서 원리금보장 상품의 비중을 30% 이하로 제한, 목표 수익률에 미달할 경우 자산 배분을 자동으로 조정하는 리밸런싱 의무화, 가입자가 요청할 경우 모바일로 쉽게 상품을 바꿀 수 있는 '원 클릭 전환' 시스템 표준화를 검토 중이다. 특히 3년 평균 수익률이 목표보다 낮을 때 성장형 자산 비중을 자동으로 높이는 구체적인 방안도 논의되고 있다.

이러한 정책이 실제로 적용되면 여러 이해관계자에게 다른 영향을 미칠 것으로 보인다. 가입자는 최소한의 관리만으로 세계 각국의 주식, 채권, 대체투자 상품에 자동으로 투자하는 혜택을 누릴 수 있지만, 시장 변동에 따른 위험도 감수해야 한다. 금융회사는 TDF나 EMP와 같은 저비용 패시브 상품을 더 많이 개발해야 하고, 자산 배분 알고리즘과 관리 시스템을 구축하는 비용을 추가로 부담해야 한다. 감독기관은 수수료 구조, 수익률과 위험 지표, 자산 재조정 내역을 표준화된 양식으로 공개하여 정보 격차를 줄이고 시장 규율을 높여야 할 것이다.

결국 디폴트 옵션은 지시가 없더라도 자산이 휴면 상태로 전락하지 않도록 하는 준(準) 자동운용 장치이지만, 원리금 보장 성향이 깊게 자리 잡은 국내 투자 문화와 '비대면·저관여' 행태를 감안하면, 위험·수익 균형 기준, 투자자 교육 강화, 투명 공시 인프라라는 세 축이 균형을 이뤄야 제도가 본래 취지를 달성할 것이라는 평가가 지배적이다.

03. 윗글을 통해 추론한 내용으로 가장 적절하지 않은 것은?

① 디폴트 옵션은 가입자가 별도 운용 지시를 내리지 않아도 사전에 지정한 포트폴리오로 적립금을 자동 배분하는 장치다.

② 디폴트 옵션 적립금의 대부분이 예·적금 등 원리금 보장형 상품에 편중되어 있다는 점이 한계로 지적된다.

③ 디폴트 옵션은 가입자의 지시가 있는 경우라면, 실질 수익률이 마이너스인 경우에도 발동되지 않는다.

④ 금융당국은 가입자 손실 위험을 최소화하기 위해 디폴트 옵션 내에서 원리금 보장 상품 비중을 70% 이상 유지하도록 권고하고 있다.

04. 윗글을 바탕으로 판단할 때, B가 할 행동으로 가장 적절하지 않은 것은? (단, B는 수익의 극대화를 추구하며, 수익의 극대화를 위해 위험을 감수하여 행동한다.)

> 직장인 B는 IRP 계좌에 2,000만 원이 적립되어 있으며, 현재 전액이 연 1.5% 확정금리 예금에 투자되어 있으며, 금융회사로부터 "6주 동안 운용 지시가 없어 디폴트 옵션(사전지정운용방법)이 적용될 예정"이라는 안내를 받았다.

① '원리금 보장 비중이 높은 현행 포트폴리오를 그대로 디폴트 옵션으로 유지하라'고 요청한다.

② 분산투자를 위해 디폴트 옵션을 변경하고 분기 보고서에서 수수료와 자산군 비중 변화를 점검한다.

③ 목표 수익률이 일정 구간 미달하면 금융사가 자동으로 자산 배분을 조정하도록 하는 리밸런싱 기능의 도입시기를 찾아본다.

④ 모바일 '원-클릭 전환' 기능이 표준화되면 필요할 때마다 성장형 포트폴리오로 즉시 변경하겠다고 계획한다.

제2조(정의)

① 이 법에서 "금융회사등"이라 함은 은행, 저축은행, 보험회사, 전자금융업자, 가상자산사업자 등 대통령령으로 정하는 자를 말한다.

② "가상자산사업자"라 함은 가상자산의 매매·교환·보관·관리·지갑서비스를 영위하는 자를 말한다.

③ "의심거래보고"라 함은 금융회사등이 자금세탁행위 또는 공중협박자금조달행위로 의심되는 거래사실을 금융정보분석원장에게 보고하는 행위를 말한다.

제5조(의심거래보고 의무)

① 금융회사등은 자금세탁행위 또는 공중협박자금조달행위로 의심되는 거래를 인지한 경우 그 날부터 3일 이내에 금융정보분석원장에게 보고하여야 한다.

② 제1항에 따른 보고는 금액의 다과를 불문하고 이루어져야 한다.

③ 의심거래보고는 전자보고시스템을 통하여 하여야 한다. 다만, 전자보고시스템 장애 시에는 서면으로 대신할 수 있다.

제6조(고객확인의무)

① 금융회사등은 1천유로 상당을 초과하는 거래 또는 위험도가 높다고 인정되는 거래를 수행하려는 경우 고객의 신원·주소·거래목적 및 자금의 원천 등을 확인하여야 한다.

② 금융회사등은 제1항에 따라 확인한 사항과 그 증빙서류를 5년간 보존하여야 한다.

③ 금융회사등은 제1항을 위반하여 고객확인을 실시하지 아니한 경우 그 사실을 즉시 기록·보존하고 내부통제 담당 임원에게 보고하여야 한다.

제8조(거래기록의 작성·보존)

① 금융회사등은 고객확인기록·거래내역 및 위탁보고 내역을 5년간 보존하여야 한다.

② 제1항을 위반한 경우 금융위원회는 3천만 원 이하의 과태료를 부과한다.

제10조(거래중지·지급정지 명령)

① 금융위원회는 자금세탁행위 또는 공중협박자금조달행위가 의심되는 거래에 대하여 거래중지 또는 지급정지 명령을 할 수 있다.

② 제1항의 명령을 위반한 자는 1년 이하의 징역 또는 1천만 원 이하의 벌금에 처한다.

제12조(가상자산사업자의 신고)

① 가상자산사업자는 영업을 개시하려는 날의 60일 전까지 금융위원회에 신고하여야 하며, 신고가 수리된 이후에 영업을 개시하여야 한다.

② 가상자산사업자가 제1항에 따른 신고 사항을 변경하고자 하는 때에는 변경일부터 30일 이내에 변경신고를 하여야 한다.

제20조(벌칙)

① 제5조 또는 제12조를 위반하여 보고·신고를 하지 아니하거나 거짓으로 보고·신고한 자는 5년 이하의 징역 또는 5천만 원 이하의 벌금에 처한다.

② 제6조를 위반하여 고객확인을 실시하지 아니한 자는 3년 이하의 징역 또는 3천만 원 이하의 벌금에 처한다.

제21조(양벌규정)

임원 또는 종업원이 그 법인의 업무에 관하여 제20조의 위반행위를 한 때에는 행위자를 벌하는 외에 그 법인에도 해당 벌금형을 과할 수 있다.

05. 위 법조문을 근거로 판단한 내용으로 옳지 않은 것은?

① 종업원이 위험도가 높은 거래를 수행하는 고객에 대한 고객확인을 하지 않았다면, 종업원과 법인이 모두 처벌받을 수 있다.

② 위험도가 낮은 900유로 거래에 대하여 고객확인을 실시하지 않았다면, 고객확인 의무 위반에 해당하지 않는다.

③ 의심거래를 인지했더라도 거래 금액이 1천유로 이하의 소액인 경우 보고 의무가 면제된다.

④ 금융회사등이 고객확인 기록을 5년간 보존한 뒤 폐기하였다면, 거래기록 보존 의무를 위반한 것이 아니다.

06. 다음은 가상자산사업자 A와 자문인 B의 대화이다. B의 대답으로 적절하지 않은 것은?

> A: 저희가 지갑서비스를 추가하고 정신이 없어 변경일부터 20일 뒤에 변경신고를 했습니다. 또 자금세탁이 의심되는 위험도 낮은 15,000유로 규모의 거래를 인지했지만, 전산 장애로 전자보고시스템에 접속할 수 없어 4일 뒤에 서면으로 의심거래보고를 했습니다. 문제가 되는 부분이 있을까요?
> B: (   )
> A: 확인해주셔서 감사합니다.

① 변경신고는 30일 이내 마치셨으니 신고 의무는 위반되지 않았습니다.

② 자금세탁이 의심되는 거래인만큼, 금융위원회가 해당 거래에 대해 거래중지 명령을 내릴 수도 있습니다.

③ 전산 장애가 있었다면 기한과 상관없이 서면으로 의심거래보고를 하셨으므로 법령상 위반이 되지 않을 것입니다.

④ 고객확인은 하셨나요? 만약 하지 않으셨다면 3년 이하의 징역 또는 3천만 원 이하의 벌금까지 처벌될 수 있습니다.

[07 – 08] 다음은 A~D 은행의 예금상품에 대한 자료이다. 각 물음에 답하시오.

[A~D 은행의 예금상품 정보]

구분	상품명	기본금리	최고우대금리	이자계산 방식	가입대상	최소예치금
A 은행	스마일 e-저축	3.20%	0.50%	단리	개인(1인 1계좌)	100만 원
B 은행	모바일 플러스예금	3.40%	0.40%	복리(월)	제한 없음	50만 원
C 은행	주거래 우대정기예금	3.50%	0.50%	단리	주거래 고객	300만 원
D 은행	온라인 전용예금	3.60%	0.40%	복리(월)	제한 없음	1만 원

※ 1) 이자율 = 기존금리 + 우대금리
  2) 만기 수령액

- 단리 예금 만기수령액 = 원금 $\times (1 + 이자율 \times \dfrac{예치\ 개월\ 수}{12})$
- 월복리 예금 만기수령액 = 원금 $\times (1 + \dfrac{이자율}{12})^{예치\ 개월\ 수}$

[상품별 우대금리 적용 조건]

구분	조건 1	조건 2	조건 3
스마일 e-저축	매월 급여 100만 원 이상 A 은행 계좌로 이체 (+0.30%)	A 은행 신용카드 월 사용실적 50만 원 이상(+0.20%)	자동이체 3건 이상 등록 (+0.30%)
모바일 플러스예금	B 은행 모바일뱅킹 앱 가입 (+0.20%)	같은 날 적금 신규 상품 동시 가입 시(+0.20%)	기존 6개월 이상 월 평균 예치금액 1,000만 원 이상 유지 (+0.20%)
주거래 우대정기예금	최근 6개월간 C 은행 계좌로 매월 3회 이상 입출금 거래 시 (+0.20%)	가족 결합 등록 (+0.30%)	C 은행 연금상품에 매월 1회 이상 자동이체 (+0.20%)
온라인 전용예금	D 은행 전용 앱 신규 가입 (+0.20%)	D 은행 체크카드 사용자 (+0.30%)	만기 시 원금 자동 재예치 설정 (+0.10%)

07. 위 자료를 토대로 판단한 내용으로 옳은 것은? (단, $\left(\dfrac{1,003}{1,000}\right)^4 \fallingdotseq 1.012$이다.)

① 온라인 전용예금에 500만 원을 4개월 간 예치한 사람은 최소 12만 원 이상의 이자를 받을 수 있다.

② C 은행을 주거래 은행으로 쓰는 사람이 연금상품에 매월 자동이체를 설정한 경우 A~D 은행의 예금상 품 중 항상 주거래 우대정기예금의 이자율이 가장 높다.

③ 스마일 e-저축의 우대금리 조건을 모두 충족한 경우 최대 4.0%의 이자율을 적용받을 수 있다.

④ 스마일 e-저축에 1,500만 원을 18개월 간 예치한 사람은 70만 원 이상의 이자를 받을 수 있다.

08. 위 자료를 바탕으로 판단할 때, A~D 은행의 예금상품 중 갑이 선택할 상품은? (단, 제시되지 않은 내용 은 고려하지 않는다.)

> 갑은 2,000만 원을 1년간 예금하려고 한다. 이자율이 가장 높은 예금 상품을 찾고 있으며, 현재 재정 상황상 하나의 예금만 운용할 여력이 있어 추가 적금은 고려하지 않는다. 갑의 가족은 모두 C 은행을 주 거래 은행으로 사용하고 있으며 가족 결합 등록이 완료된 상태이다. 또한 D 은행에는 공과금, 통신비, 보 험료 등 3가지 요금에 대한 자동이체가 설정되어 있지만, 더 높은 우대금리를 받을 수 있다면 자동이체 은행을 변경할 의향이 있다. 또한, 갑은 만기 후에도 원금을 계속 재예치하기를 원한다.

① 스마일 e-저축   ② 모바일 플러스예금

③ 주거래 우대정기예금   ④ 온라인 전용예금

[09-10] 다음은 ○○국 육아휴직 급여 제도 개편 안내에 관한 자료이다. 각 물음에 답하시오.

[육아휴직 급여 제도 개편 안내문]

1. 목적

법령 개정 사항을 안내드림으로써, 초저출산 사회에 대응하고 일·가정 양립 지원을 강화하며, 근로자의 육아휴직 활용을 장려하고 근로시간 단축 제도의 실효성을 제고하고자 함

2. 주요 개편 사항

1) 육아휴직 급여 상한

〈기존〉

구분	일반 가정		한부모 가정	
	상한액	통상임금	상한액	통상임금
1~3개월	150만 원	80%	250만 원	100%
4개월 이후			150만 원	80%

▶

〈개정〉

구분	일반 가정		한부모 가정	
	상한액	통상임금	상한액	통상임금
1~3개월	250만 원	100%	300만 원	100%
4~6개월	200만 원		200만 원	
7개월 이후	160만 원	80%	160만 원	80%

2) 육아휴직 급여 특례제도(부모 동시 육아휴직 상한 특례)
- 자녀 생후 18개월 이내 부모가 동시 또는 순차적으로 육아휴직 사용 시 첫 6개월 간 부모 각각의 육아휴직 급여를 상향하여 지급함

〈기존〉

구분	상한액	통상임금
1개월	200만 원	
2개월	250만 원	
3개월	300만 원	
4개월	350만 원	100%
5개월	400만 원	
6개월	450만 원	
7개월 이후	160만 원	80%

▶

〈개정〉

구분	상한액	통상임금
1개월	250만 원	
2개월	250만 원	
3개월	300만 원	
4개월	350만 원	100%
5개월	400만 원	
6개월	450만 원	
7개월 이후	160만 원	80%

3) 배우자 출산휴가
- 배우자 출산휴가의 유급 기간이 10일에서 20일로 확대되었으며, 사용 기한도 출산 후 90일에서 120일 이내로 연장됨
- 기존에는 일괄 사용해야 했으나, 개정 후에는 최대 4회로 나누어 사용이 가능해짐

4) 육아휴직 기간
- 육아휴직 기간이 개인별 최대 1년에서 1년 6개월로 연장됨
  ※ 단, 기존 최대 1년 유지하며 부모가 각각 3개월 이상 육아휴직 사용 시 6개월까지 연장 가능

5) 사후지급금 제도
- 기존에는 육아휴직 급여의 25%를 복직 후 6개월 뒤에 일괄적으로 지급하는 사후지급금 제도가 있었으나, 개정 후에는 이 제도가 폐지되어 육아휴직 급여의 100%를 당월에 모두 지급

3. 경과조치

이번 개편 사항은 2025년 2월 23일 이후 신청 분부터 적용되며, 시행일 이전 신청자에 대해서는 기존 제도 기준이 적용

09. 위 안내문을 토대로 판단한 내용으로 옳은 것은?

① 출산 후 100일째인 2025년 1월 30일에 배우자 출산휴가를 신청한 경우 신청이 수리될 것이다.

② 법령 개정 후 부가 10개월의 육아휴직을 사용할 예정이라면 모는 최대 26개월의 육아휴직을 사용할 수 있다.

③ 통상임금이 285만 원인 한부모 가정의 경우 법령 개정 후 6개월의 육아휴직을 사용한다면 개정 전보다 255만 원의 급여를 더 받을 수 있다.

④ 법령 개정 전 육아휴직을 사용한 일반 근로자는 복직한 당월에 사후지급금을 전액 지급받는다.

10. 위 안내문을 근거로 판단할 때, 갑과 을이 지급받을 수 있는 육아휴직 급여 총액은? (단, 제시되지 않은 내용은 고려하지 않는다.)

갑과 을은 2025년 4월 1일부터 생후 10개월 된 자녀를 돌보기 위해 육아휴직을 사용하려 한다. 갑은 2025년 2월 25일에 6개월의 육아휴직을 신청했으며, 3개월 뒤 을이 9개월의 육아휴직을 신청하였다. 갑과 을은 일반 근로자로 갑의 월 통상임금은 320만 원, 을의 월 통상임금은 280만 원이다.

① 3,740만 원 　　② 3,860만 원 　　③ 3,940만 원 　　④ 4,060만 원

[11-12] 다음은 A 국의 청년 ESG 창업자금 대출에 관한 자료이다. 각 물음에 답하시오.

[청년 ESG 창업자금 대출 안내문]

1) 목적

사회적·환경적 가치 창출에 앞장서는 청년(만 19~39세) 예비·초기창업자를 대상으로, 친환경 설비 도입·재활용 프로그램 운영 등을 지원하여 지속가능한 창업 생태계를 구축하기 위함

2) 지원 대상

신청일 기준 만 19세 이상 39세 이하인 예비·초기창업자 중 다음 요건을 모두 만족하는 자

① 대표자 및 핵심경영진 전원이 무주택자(전국 주택 규모 무관)

② 신청인 및 배우자 합산 연소득 7,000만 원 이하(근로·사업소득 포함)

③ 신청일 현재 창업 준비 또는 사업자등록 완료 상태

※ 자격 요건의 판단 기준일은 신청일이며, 심사 진행 중 발생한 변동은 원칙적으로 자격 판단에 반영하지 않음. 다만 허위신고, 중대한 변동 미신고 등 부정 수급 우려가 확인될 경우 심사 보류·취소 가능함

3) 지원 내용

구분	세부 내용
대출 한도	최대 5,000만 원(다자녀가구(2자녀 이상) 최대 6,000만 원)
금리	• 기본금리: 연 1.9% • 우대금리: 여성·장애인 창업자(0.2%), 창업교육 이수자(0.1%), 지역특화·산업단지 입주기업 (0.2%) ※ 모든 우대금리는 중복 적용 가능하며, 최종금리는 기본금리에서 우대금리를 차감한 값으로 함
상환 기간	거치기간 2년 후 분할상환 5년(총 7년)
상환 방식	매월 원리금 균등분할상환

4) 제출 서류

구분	제출 서류
공통	• 소득금액증명원 (신청일 기준 3개월 이내 발급) • ESG 실행계획서 (자율양식, 5~10페이지) • 청년확인서 (지자체 발급, 신청일 기준 6개월 이내) • 전자계약 동의서
예비 창업자	• 사업계획서
초기 창업자	• 사업자등록증 (신청일 기준 3년 이내 창업) • 사업자등록 이후 매출 확인 가능 서류 (최근 1년) ※ 부가가치세 과세표준증명원 또는 표준재무제표

11. 위 안내문을 토대로 판단한 내용으로 옳지 않은 것을 모두 고르면?

> ㉠ 예비창업자와 초기 창업자 모두 신청일 기준 3개월 안에 발급받은 소득금액증명원을 제출해야 한다.
> ㉡ 2025년 9월 15일에 청년 ESG 창업자금 대출을 받은 예비창업자는 2028년 4월 14일 기준 총 31회의 원리금 분할상환을 하게 될 것이다.
> ㉢ 본인 명의의 원룸을 소유하고 있는 평사원 2명을 직원으로 둔 무주택 대표자는 청년 ESG 창업자금 대출을 신청할 수 있다.
> ㉣ 미혼인 신청자의 연소득이 신청일 기준 7,000만 원이었으나, 심사 진행 중에 연소득이 증가한 경우 해당 심사가 보류된다.

① ㉠, ㉡   ② ㉠, ㉣   ③ ㉡, ㉢   ④ ㉡, ㉣

12. 다음 청년 ESG 창업자금 대출을 받은 A~D 중 첫 달에 내는 이자가 가장 적은 사람은? (단, 첫 달 이자는 대출금 × 연이율/12로 계산하고, 제시되지 않은 내용은 고려하지 않는다.)

> • A: 만28세의 남성으로 청년 ESG 창업자금 대출을 최대 한도까지 받았다.
> • B: 창업교육을 이수한 만22세의 남성으로 청년 ESG 창업자금 대출 4,200만 원을 받았다.
> • C: 만 32세의 여성으로, 창업교육을 이수했다. 현재 산업단지 입주기업에 재직 중이며, 세 명의 자녀를 두고 있다. 청년 ESG 창업자금 대출을 최대 한도까지 받았다.
> • D: 장애가 있는 만37세의 남성으로 청년 ESG 창업자금 대출 4,000만 원을 받았다.

① A   ② B   ③ C   ④ D

[13 - 14] 다음은 ○○은행 상담사 배정 규칙에 대한 자료이다. 각 물음에 답하시오.

[상담사 배정 규칙]

상담사는 아래 기준에 따라 총 6개의 상담 라인(대출, 카드, 기업금융, 외환, 디지털/IT, 민원·분쟁)에 배정된다. 각 상담 라인에는 최대 2명까지 배정되며, 다음과 같은 단계별 우선순위 규칙에 따라 배정이 이루어진다.

○ 1단계: 1지망 지원자 배정

각 라인에 1지망을 선택한 상담사들 중에서 아래 기준에 따라 배정 순서를 정한다. 단, 아래 조건에 해당할 경우 배제된다.

• 배제 조건
  1) 해당 라인에 이미 같은 전문분야 상담사가 배정되어 있는 경우
     - 한 라인에 동일 전문분야 상담사는 최대 1명까지만 배정 가능
  2) 해당 라인 내에 본인과 이해충돌이 있는 상담사가 배정되어 있는 경우
     - 다음 관계에 해당하는 직원들은 동일 라인에 배치될 수 없다.
        ① 친인척 관계(4촌 이내)
        ② 공식적인 분쟁 이력 존재
• 우선 배정 기준 (위 배제조건을 모두 통과한 경우)
  ① 내부평가 점수가 높은 순
  ② 총 경력 연수가 긴 순
  ③ 우대조건 보유자

○ 2단계: 2지망 지원자 배정

1지망 배정에서 탈락한 상담사들에 대해, 동일한 방식으로 2지망 배정을 진행하며, 배제 조건 및 우선 배정 기준은 1단계와 동일하게 적용된다.

○ 3단계: 잔여 자리 추가 배정

1지망, 2지망 모두 배정되지 못한 상담사에 대해서는, 인원이 2명 미만인 라인 중에서 배정한다. 모든 상담사는 예외 없이 1개 라인에 배정되어야 한다.

[상담사 정보]

구분	1지망	2지망	전문분야	경력	우대조건	내부평가 점수	특이사항
A	대출	기업금융	여신	5년	CA	91점	
B	민원·분쟁	디지털	민원	4년	CPA	94점	
C	외환	기업금융	외환	5년	CA	76점	I와 사촌관계, E와 모자관계
D	디지털/IT	외환	디지털	4년	CPA	92점	I와 분쟁 기록
E	민원·분쟁	대출	리스크	4년	–	78점	C와 모자관계
F	대출	민원·분쟁	세무	5년	세무·CFA	89점	
G	카드	대출	카드	2년	세무·CFA	80점	
H	카드	민원·분쟁	카드	3년		83점	
I	디지털/IT	민원·분쟁	IT	4년		88점	C와 사촌관계, D와 분쟁 기록
J	외환	카드	외환	2년		76점	
K	민원·분쟁	외환	분쟁	4년	CPA	78점	
L	기업금융	디지털	세무	3년	CFA	84점	

13. 위 자료를 근거로 판단한 내용으로 옳지 않은 것을 모두 고르면?

> ㉠ 외환 라인에는 카드 전문 상담사가 배치되었다.
> ㉡ 내부평가 점수가 가장 높은 상담사는 디지털/IT 라인에 배치되었다.
> ㉢ 1지망에 배정되지 않은 상담사는 4명이다.
> ㉣ A와 G는 서로 다른 라인에 배정되었다.

① ㉡　　　　　　② ㉠, ㉡　　　　　　③ ㉡, ㉢　　　　　　④ ㉡, ㉢, ㉣

14. 1지망과 2지망이 모두 아닌 라인에 배정된 상담사만을 모두 고르면?

① D, G　　　　　　② E, J　　　　　　③ E, G, I　　　　　　④ G, H, J

[15-16] 다음은 ◇◇은행 안심전세대출에 관한 자료이다. 각 물음에 답하시오.

[◇◇은행 안심전세대출 안내]

1. 상품 개요

◇◇은행이 제공하는 전세자금 대출 상품으로, 전세보증금 보호 기능을 포함하여 임차인의 주거 안전성을 지원하는 금융상품

2. 신청 대상

신청일 기준 다음의 조건을 모두 충족하는 고객

① 무주택 세대주이며, 전세보증금의 5% 이상을 본인이 부담할 수 있는 자

② 연소득 7천만 원 이하인 자(부부인 경우 합산한 소득으로 판단)

③ 신용등급이 일정 수준 이상인 자(KCB 520점 이상 또는 NICE 600점 이상)

3. 대출한도 및 금리

• 대출한도

구분	일반가구	다자녀 및 신혼가구
수도권	최대 2억 2천만 원	최대 2억 4천만 원
그 외 지역	최대 1억 8천만 원	최대 2억 원

– 임대차계약서상 전세보증금의 80% 이내에서만 대출 가능

– 다자녀가구: 만 19세 미만 자녀가 3인 이상인 가구

– 신혼가구: 혼인기간이 3년 이내인 가구 또는 결혼예정자와 배우자예정자로 구성될 가구

• 대출금리

전세보증금 연소득(부부합산)	5천만 원 이하	5천만 원 초과 1억 원 이하	1억 원 초과
5천만 원 이하	연 2.3%	연 2.4%	연 2.5%
5천만 원 초과 6천만 원 이하	연 2.5%	연 2.6%	연 2.7%
6천만 원 초과 7천만 원 이하	연 2.7%	연 2.8%	연 2.9%

4. 대출기간 및 상환방법

• 대출기간: 2년(4회 연장하여 최장 10년 가능)

※ 기한연장조건: 기한 연장 시 마다 최초 대출금의 10% 이상 상환 또는 상환불가 시 연 0.1%p 금리 가산

• 상환방법: 만기일시상환 또는 혼합상환

5. 사용 규정

• 중도상환 수수료

– 중도상환 수수료 = 중도상환금액 × 중도상환해약금 요율 × (잔존일수 / 대출기간 일수)

※ 중도상환해약금 요율: 0.85%

– 단, 대출 기간이 2년을 초과하는 경우 대출기간 일수를 2년으로 간주하고, 대출실행 후 2년 경과 시 수수료 완전 면제함

• 보증료(연기준)

– 보증료 = 대출금액 × 보증료율

– 총 보증료 = 반환 보증료 + 특약 보증료

※ 보증료율: 반환 보증 연 0.13%, 특약 보증 연 0.03%

- 이자계산방법
  - 만기일시상환: (대출금액 × 대출연이자율 × 이자일수) / 365일
  - 원금균등 분할상환: (대출금액 × 대출연이자율 × 이자일수) / 365일
  - 원리금 균등분할상환: (대출금액 × 대출연이자율) / 12개월

15. 위 안내문을 토대로 판단한 내용으로 옳은 것을 모두 고르면?

ㄱ 대출금액이 5천만 원, 대출기간이 1년인 A가 납부해야 하는 총 보증료는 8만 원이다.
ㄴ 최초 대출금액이 2억 원인 B가 2천만 원 이상을 상환하지 못한다면 대출 기한을 연장할 수 없다.
ㄷ 만 19세 미만의 자녀 3명을 둔 C가 수도권 지역의 전세보증금이 3억 원인 아파트에 입주하려는 경우, 최대 2억 4천만 원까지 대출을 받을 수 있다.
ㄹ 대출금액이 8천만 원, 대출기간이 2년인 D가 대출실행일로부터 1년 후에 4천만 원을 중도상환했을 때 중도상환 수수료는 34만 원이다.

① ㄱ, ㄷ   ② ㄴ, ㄷ   ③ ㄴ, ㄹ   ④ ㄷ, ㄹ

16. 위 안내문을 근거로 판단할 때, 부부가 만기 시 상환해야 하는 이자는? (단, 부부는 혼합상환을 선택하지 않았으며, 1년은 365일로 계산한다.)

갑과 을은 결혼한 지 5년 차인 무자녀 부부로, 수도권 아파트에 전세로 입주하기 위해 ◇◇은행 안심 전세대출을 신청했다. 두 사람의 연소득은 갑이 3,800만 원, 을이 2,900만 원이며, 입주하려는 아파트의 전세보증금은 2억 8천만 원이다.
- 대출기간: 2년(만기일시상환)
- 대출금액: 전세보증금의 최대 한도 내에서 대출

① 11,880,000원   ② 12,760,000원
③ 16,992,000원   ④ 32,392,000원

[17 – 18] 다음은 A 기관의 해외 봉사 파견 지역 배정 방법 및 지원자 갑~무의 정보이다. 각 물음에 답하시오.

○ 파견 지역 배정 방법
  – 파견 지역은 사하라사막, 알프스, 동남아, 사헬, 아마존 다섯 곳임
  – 총점이 높은 지원자부터 1순위 희망 지역에 배정
  – 해당 지역에 이미 다른 지원자가 배정되어 있으면 2순위 희망 지역에 배정
  – 1, 2순위 모두 배정되지 못할 경우 남은 지역 중 총점이 높은 순으로 배정
  – 각 지역별 배정 인원은 최대 1명임

○ 점수 산정 방식
  – 지원자들은 언어능력, 문화 이해도, 전문 기술, 협업 능력, 문제해결능력, 응급대처능력의 6개 영역에 대해 평가받으며, 각 영역별 만점은 100점임
  – 영역 평가 점수는 '영역별 점수 × 가중치'의 합으로 구함
  – 영역별 가중치는 언어능력과 전문 기술이 각각 20%, 문화 이해도, 협업 능력, 문제해결능력, 응급대처능력이 각각 15%임
  – 총점은 영역 평가 점수에 가산점을 더하여 계산함
  – 국제봉사 경력이 있는 경우 가산점 5점이 적용됨

[갑~무의 정보]

○ 파견 희망 지역

구분	갑	을	병	정	무
1순위	사하라사막	사하라사막	알프스	동남아	알프스
2순위	사헬	동남아	동남아	사헬	동남아
3순위	아마존	사헬	사하라사막	사하라사막	아마존

○ 영역별 점수

(단위: 점)

구분	언어능력	문화 이해도	전문 기술	협업 능력	문제해결능력	응급대처능력
갑	75	65	90	85	70	80
을	60	75	95	80	60	70
병	95	90	75	60	90	95
정	80	88	65	70	95	65
무	70	68	85	88	72	78

○ 국제봉사 경력

갑	을	병	정	무
있음	없음	있음	없음	있음

17. 윗글을 토대로 판단한 내용으로 옳지 않은 것은?

① 1순위~3순위 모두에 배정되지 못한 지원자는 1명이다.

② 알프스의 배정 인원이 2명이 되었다면 배정된 지역이 바뀐 지원자는 3명이다.

③ 사하라사막에 배정된 지원자는 갑이다.

④ 국제봉사 경력 여부에 따른 가산점을 적용하지 않는다면 정이 동남아의 자원봉사자로 선발된다.

18. 지원자의 정보를 기입하는 과정에 오류가 있어, 갑~무의 국제봉사 경력 여부가 모두 반대로 반영되었고, 을과 무 사이에 언어능력 점수와 문제해결능력 점수가 서로 바뀌어 입력되었다. 해당 오류를 수정한 후 새롭게 해외 봉사 파견 지역을 배정했을 때, 기존과 다른 지역에 배정된 지원자는 몇 명인가?

① 1명 ② 2명 ③ 3명 ④ 4명

H 기업 담당자는 본사에서 출발해 중소기업 A, B, C, D를 모두 한 번씩 방문한 뒤 분점을 거쳐 검수센터에 도달해야 한다.

[이동 경로]

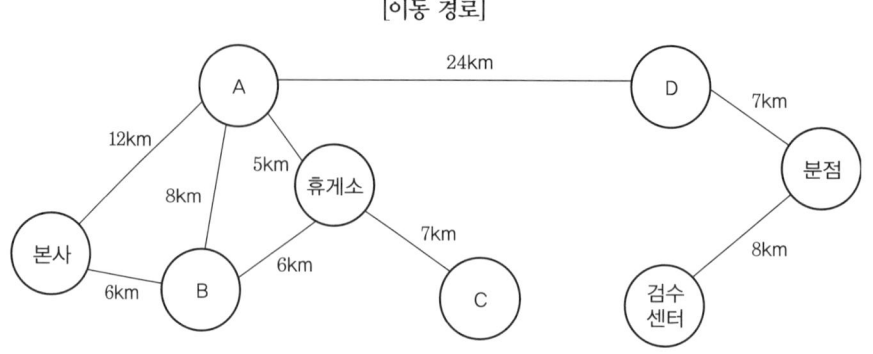

[조건]

- 각 장소별 연결된 도로는 다음과 같고, 택시는 연결된 도로를 통해서만 이동 가능하다.
- 이동수단은 택시 또는 지하철이며, 지하철은 본사 ↔ B (2정거장), B ↔ A (3정거장) 구간만 존재한다.
- 지하철로 이동할 경우 1정거장당 2분이 소요되고, 비용은 이동 거리와 상관없이 1,400원이다.
- 택시로 이동할 경우 속도는 60km/h, 비용은 1km당 200원이다.
- 중소기업 A~D 방문 시 각각 샘플 전달로 인해 10분의 정차 시간이 필요하다.
- 이동 수단 변경 시에는 환승 대기 시간으로 5분이 소요된다.

19. 윗글을 토대로 판단할 때, 본사에서 출발한 담당자가 택시만 이용할 경우 최단 거리는?

① 65km ② 70km ③ 77km ④ 84km

20. C와 D 사이에 거리가 10km, 통행료가 1,500원인 직통 도로가 개통되었을 때, H 기업 담당자가 8시에 본사에서 출발하여 검수센터로 가는데 드는 최소비용과 해당 경로를 통해 검수센터에 도착하는 시각을 바르게 연결한 것은?

	최소비용	도착시각
①	10,300원	9시 02분
②	11,700원	9시 27분
③	10,300원	9시 32분
④	11,700원	9시 42분

[21~22] 다음은 ○○지역 축제 부스 임대에 대한 안내문이다. 각 물음에 답하시오.

[○○지역 축제 부스 임대 안내문]

1. 기본 정보
- 축제기간: 10월 6일(월)~10월 19일(일)
- 메인 행사기간: 10월 16일(목)~10월 19일(일)

2. 축제부스 용도별 일별 임대료

구분	30m² 이하 면적 1m² 당 임대료	30m² 초과 면적 1m² 당 임대료
푸드존	12,000원	9,000원
체험존	25,000원	22,000원
홍보존	17,000원	14,000원

1) 임대료 = (30m² 이하 면적 1m² 당 임대료 × 30m² 이하 임대 면적) + (30m² 초과 면적 1m² 당 임대료 × 30m² 초과 임대 면적)

예) 40m²의 홍보존 대여 시 임대료 = (17,000 × 30) + (14,000 × 10) = 650,000원

2) 주말과 메인 행사 기간에는 임대료의 10%가 각각 가산됨
3) 프리미엄 위치의 부스를 임대하는 경우 임대료의 10%가 가산됨
   ※ 가산 항목은 중복 적용됨

3. 일별 전기 사용료

전기 사용량	5kWh 이하	5kWh 초과 15kWh이하	15kWh 초과
요금	기본 임대료에 포함	2,200원/kWh	3,800원/kWh

1) 전기 사용료 = (5kWh 초과 15kWh이하 사용분 × 2,200원) + (15kWh 초과 사용분 × 3,800원)

예) 전기 사용량을 10kWh로 신청한 경우 5kWh까지는 기본 임대료에 포함이므로 (10-5) × 2,200 = 11,000원

2) 전기 사용량은 미리 예상하여 신청하며, 당일 추가 사용 시 초과금액에 20%가 가산됨

4. 기타 부대비용

구분	부대비용
위생검사료	50,000원
수도 사용료(선택)	10,000원/일

※ 위생검사는 축제기간 내 1회만 실시하며, 푸드존 운영 부스는 필수로 받아야함 (푸드존 외의 부스는 해당사항 없음)

5. 예약·취소 규정
1) 예약은 사용일 2개월 전부터 가능
2) 위약금 규정
   - 사용일 14일 전 취소: 전액 환불
   - 사용일 7~13일 전 취소: 임대료 40% 공제 후 환불
   - 사용일 1~6일 전 취소: 임대료 70% 공제 후 환불
   - 사용일 당일 취소·미사용: 임대료 100% 공제
   ※ 임대료 외에 다른 비용은 반환되지 않음

21. 위 안내문을 근거로 판단한 내용으로 옳지 않은 것은?

① 체험존 24m²를 10월 10일에 임대한 사람과 10월 18일에 임대한 사람이 내야 하는 임대료의 차이는 12만 원이다.

② 푸드존을 임대하는 사람은 다른 존을 예약하는 사람보다 반드시 5만 원의 추가비용이 필요하다.

③ 10월 15일에 홍보존 30m²를 예약한 사람이 10월 6일에 예약을 취소하는 경우 환불받는 금액은 30만 원 미만이다.

④ 일 전기 사용량을 15kWh로 신청했으나 실제 사용량이 24kWh인 경우 일 전기 사용료는 6만 원 이상이다.

22. 갑은 푸드존 부스 50m²를 축제 전체 기간 동안 임대하려고 한다. 해당 부스는 프리미엄 위치에 있고, 수도를 사용해야 하며, 일일 전기 사용량은 18kWh로 예상된다. 갑이 지불해야 할 총 비용은?

① 9,355,600원　　② 9,405,600원　　③ 9,628,000원　　④ 9,938,000원

[23-24] 다음은 T 기업의 결재규정이다. 각 물음에 답하시오.

[결재규정]

○ 목적

회사 업무의 적정한 심사와 책임 있는 결정을 위하여 결재 절차 및 권한을 정함을 목적으로 한다.

○ 용어의 정의

1. 완결이라 함은 기안자로부터 최고결재권자(사장)에 이르기까지 관계자가 직접 결재한 경우를 말한다.
2. 전결이라 함은 최고결재권자가 전무에게 결재권을 위임한 업무에 한하여, 최고결재권자의 결재란을 생략하고 전무 서명란에 '전결'이라 표시 후 서명하는 것을 말한다.
3. 대결이라 함은 최고결재권자를 제외한 결재권자가 출장·휴가 등으로 부재 중일 때 직무대행자가 해당 결재권자의 서명란을 비워 두고, 자신의 서명란에 '대결'이라 표시 후 서명하는 것을 말한다.
4. 직무대행자라 함은 결재권자의 부재 시 해당 결재권자의 직무를 대리하여 결재하는 자로서, 결재순서상 해당 결재권자의 직전 직위에 있는 자를 말한다.

○ 결재권자 및 결재순서

기안자는 다음의 순서로 결재를 받아야 한다.

구분	결재 순서
사원~대리	기안자 → (협력부서 과장) → 해당부서 과장 → 해당부서 부장 → 본부장 → 전무 → 사장
과장	기안자 → (협력부서 부장) → 해당부서 부장 → 본부장 → 전무 → 사장
부장	기안자 → 본부장 → 전무 → 사장
본부장	기안자 → 전무 → 사장

※ 1) 협력부서가 2개 이상일 경우 각 협력부서에서 동일 직책(과장·부장)의 결재권자를 모두 포함함
2) 협력부서가 없을 경우 협력부서의 결재는 생략함

○ 전결

– 사장은 전무에게 특정 업무의 결재권을 위임할 수 있다.
– 전결권자는 전결 후 사후 보고를 하여야 한다.

○ 대결

– 대결 시 직무대행자는 규정된 표기·보고 절차를 준수해야 하며, 최고결재권자에게는 대결을 할 수 없다.
– 대행자는 중요 문서일 경우 사전 통보, 일반 문서는 사후 보고를 한다.

---

23. 위 결재규정을 근거로 판단할 때, 이 과장을 포함하여 결재 문서에 결재하는 사람은 총 몇 명인가? (단, 제시되지 않은 내용은 고려하지 않는다.)

> T 기업 브랜드전략팀의 이 과장은 정부·지자체·국제기구가 공동 주관하는 대규모 국제 공익 캠페인을 총괄하게 되었다. 이 과장은 예산 항목별 회계 코드 배정을 위해 재무팀, 해외 매체·장비 수의계약 가능 여부를 확인하기 위해 구매팀, 개인정보 보호 조치를 검증하기 위해 정보보안팀의 협조를 받아 세 부서와 논의하였다. 그 결과물을 종합해 '국제 공익 캠페인 사전 예산·리스크 종합 보고서'라는 제목의 결재 문서를 올렸다. T 기업의 전무는 현재 휴가 중으로 알려져 있다.

① 5명   ② 6명   ③ 7명   ④ 8명

24. 위 결재규정을 근거로 판단할 때, 적절한 것을 모두 고르면?

> ㉠ 물류혁신팀 안 대리는 협력부서인 IT 운영팀 과장의 검토가 필요한 '스마트 창고 시스템 개선안'을 기안하면서 본인을 포함해 총 6명의 결재를 받았다.
> ㉡ HR본부 박 본부장은 '사내 직무순환제 개편안'을 기안했다. 법무팀과 재무팀의 의견이 필요해 두 부서 부장의 검토의견서를 받아 참조 첨부로만 붙이고, 정식 결재는 본인과 본부장, 전무, 사장 3명의 결재만 받았다.
> ㉢ 사장에게서 전결권을 위임받은 김 전무는 긴급 소모품 구매를 전결 처리하고 별도의 사후 보고를 하지 않았다.
> ㉣ 유 과장은 중요 문서인 품질개선 계획서에 대해 부장의 결재를 받아야 하지만 부장이 해외 출장으로 부재중이자, 부장에게 전화로 사전에 통보한 뒤 자신의 서명란에 '대결'이라 표시 후 서명했다.

① ㉠, ㉡   ② ㉠, ㉣   ③ ㉡, ㉢   ④ ㉡, ㉣

[25 – 26] 다음은 A~F 국의 가계 금융자산에 관한 자료이다. 각 물음에 답하시오.

[2024년 국가별 1인당 가계 금융자산액 및 구성비]

구분	1인당 가계 금융자산액 (만 달러)	구성비(%)				
		현금 및 예금	채권	주식 및 펀드	보험 및 연금	기타
A	49.5	12.5	5.3	45.7	32.8	3.7
B	33.1	52.3	2.1	16.2	27.9	1.5
C	30.2	24.6	1.5	21.8	48.6	3.5
D	28.4	38.7	2.3	20.6	36.9	1.5
E	26.8	29.4	1.2	26.5	38.7	4.2
F	23.9	43.8	3.6	23.1	27.2	2.3

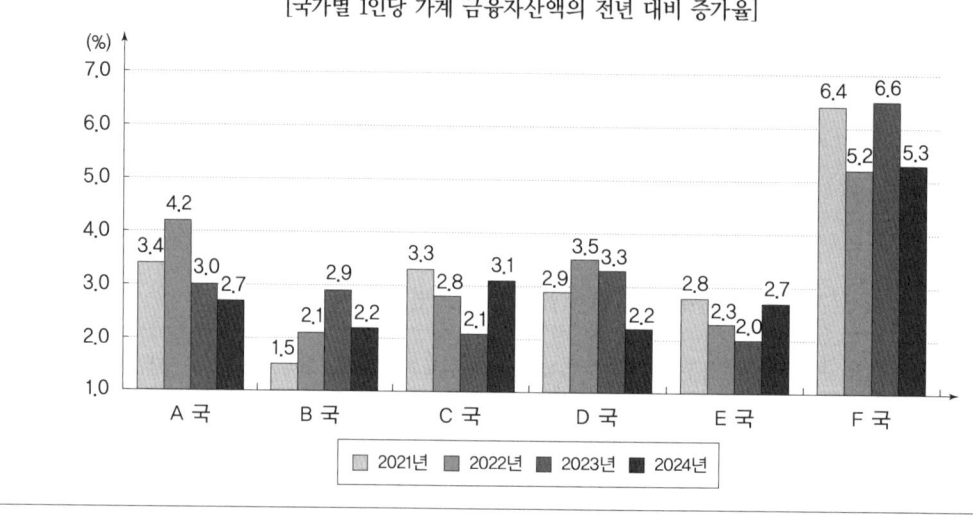

[국가별 1인당 가계 금융자산액의 전년 대비 증가율]

25. 다음 중 위 자료에 대한 설명으로 옳은 것은? (단, 제시된 기간 동안 각국의 인구는 변하지 않았다.)

① 2024년 각 국가의 인구가 동일하다면, 2024년 B 국의 1인당 현금 및 예금의 규모는 D 국의 1인당 주식 및 펀드와 보험 및 연금 규모의 합보다 작다.

② 제시된 국가 중 2021~2024년 연도별 1인당 가계 금융자산액의 전년 대비 증가율의 평균이 세 번째로 높은 국가는 C 국이다.

③ 2020년 E 국의 1인당 가계 금융자산액은 26만 달러 미만이다.

④ 2021년 이후 1인당 가계 금융자산액의 전년 대비 증가율의 증감 방향이 A 국과 같은 국가는 2개이다.

26. 2024년 A 국의 인구가 F 국의 인구의 1.8배라면, 2024년 F 국의 현금 및 예금 규모 대비 A 국의 주식 및 펀드 규모의 비는 약 얼마인가? (단, 소수점 둘째 자리에서 반올림하여 계산한다.)

① 3.3　　　　　② 3.6　　　　　③ 3.9　　　　　④ 4.2

1회

2회

3회

해커스 IBK 기업은행 NCS+직무수행능력 실전모의고사

[27-28] 다음은 A 국의 어린이집 현황에 대한 자료이다. 각 물음에 답하시오.

[직종별 어린이집 보육교직원 수]

(단위: 명)

구분	2020년	2021년	2022년	2023년	2024년
원장	43,550	43,532	42,338	40,901	40,085
보육교사	212,332	218,589	229,116	229,548	235,704
특수교사	1,776	1,856	1,981	2,115	2,106
기타	44,061	47,840	47,632	49,202	52,322
합계	301,719	311,817	321,067	321,766	330,217

[유형별 어린이집 수]

(단위: 개소)

구분	2020년	2021년	2022년	2023년	2024년
국·공립	2,332	2,489	2,629	2,859	3,157
사회복지법인	1,439	1,420	1,414	1,402	1,392
법인·단체	868	852	834	804	771
민간	14,751	14,822	14,626	14,316	14,045
가정	23,632	23,318	22,074	20,598	19,656
협동	129	149	155	157	164
직장	619	692	785	948	1,053
합계	43,770	43,742	42,517	41,084	40,238

[유형별 어린이집 보육아동 수]

(단위: 명)

구분	2020년	2021년	2022년	2023년	2024년
국·공립	154,465	159,241	165,743	175,929	186,916
사회복지법인	108,834	104,552	99,715	99,113	96,798
법인·단체	51,683	49,500	46,858	45,070	43,400
민간	770,179	775,089	747,598	745,967	738,559
가정	364,113	365,250	344,007	328,594	321,608
협동	3,226	3,774	4,127	4,240	4,508
직장	34,479	39,265	44,765	52,302	58,454
합계	1,486,979	1,496,671	1,452,813	1,451,215	1,450,243

27. 다음 중 위 자료에 대한 설명으로 옳지 않은 것을 모두 고르면?

> ⊙ 2020년 대비 2024년 어린이집 수가 줄어든 유형 중 2020년 대비 2024년 어린이집 수의 감소율이 가장 큰 유형은 법인·단체이다.
> ⓒ 2021년 이후 국·공립 어린이집 수의 전년 대비 증가량이 가장 큰 해에 전체 어린이집 수에서 민간 어린이집 수가 차지하는 비중은 35% 이상이다.
> ⓒ 제시된 기간 동안 전체 보육교직원에서 보육교사가 차지하는 비중은 매년 70% 이상이다.
> ⓔ 제시된 기간 중 전체 어린이집 보육아동 수가 가장 많은 해에 어린이집 1개소당 보육아동 수가 가장 많은 유형은 사회복지법인이다.

① ⊙, ⓒ   ② ⓒ, ⓔ   ③ ⊙, ⓒ, ⓒ   ④ ⓒ, ⓒ, ⓔ

28. 다음 중 위 자료를 바탕으로 만든 그래프로 옳지 않은 것은?

① [연도별 전체 어린이집 1개소당 보육교직원 수]

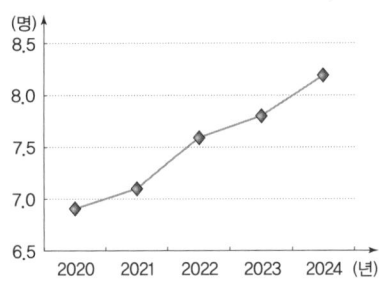

② [연도별 민간 어린이집 수와 가정 어린이집 수의 합계]

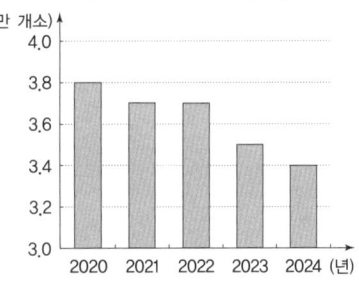

③ [연도별 협동 어린이집 보육아동 수]

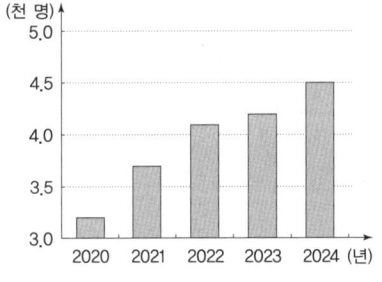

④ [2021~2024년 법인·단체 어린이집 보육아동 수의 전년 대비 감소 인원]

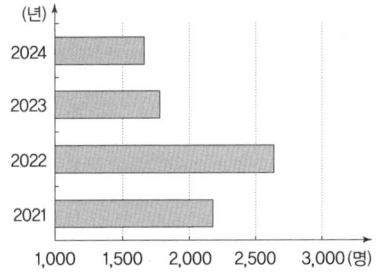

[29 – 30] 다음은 K 국 금융감독원의 H 은행에 대한 감사실적 및 감사횟수를 나타낸 자료이다. 각 물음에 답하시오.

[처분 종류별 감사실적 건수]

(단위: 건)

구분	경고	주의	시정명령	과태료	업무정지	기관경고	영업정지
2020년	25	52	231	137	124	271	199
2021년	15	65	197	203	106	179	171
2022년	19	54	140	152	57	200	80
2023년	10	62	112	99	56	168	53
2024년	9	39	107	92	55	171	47

[처분 원인별 감사실적 건수]

(단위: 건)

구분	리스크관리 결함	운영·전산 결함	소비자보호 위반	회계·시장질서 결함	기타
2020년	36	15	52	739	197
2021년	17	72	70	686	91
2022년	12	143	72	407	68
2023년	21	64	45	385	45
2024년	18	21	40	420	21

[전체 감사실적 건수 및 감사횟수]

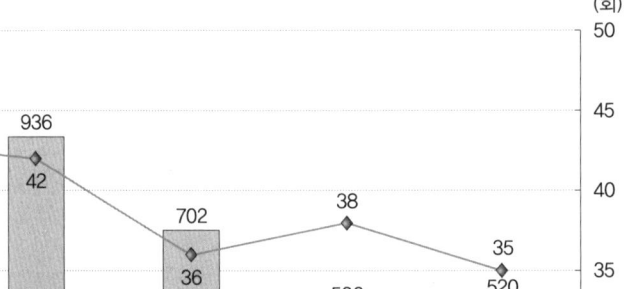

29. 다음 중 위 자료에 대한 설명으로 옳은 것을 모두 고르면?

> ㉠ 2021년 이후 감사횟수당 감사실적 건수는 매년 전년 대비 감소하였다.
> ㉡ 2020년 대비 2024년 감사실적 건수의 감소율이 가장 큰 처분 종류는 영업정지이다.
> ㉢ 2021년 대비 2023년에 감사실적 건수의 감소량이 세 번째로 작은 처분 종류는 기관경고이다.
> ㉣ 2024년 전체 감사실적에서 처분 원인이 소비자보호 위반인 감사실적의 비중은 전년 대비 증가하였다.

① ㉠, ㉡   ② ㉡, ㉢   ③ ㉢, ㉣   ④ ㉡, ㉢, ㉣

30. 2021년 감사실적 중 처분 종류가 시정명령 또는 과태료이며, 처분 원인이 회계·시장질서 결함인 경우는 몇 건 이상인가?

① 136건   ② 150건   ③ 220건   ④ 286건

[31 – 32] 다음은 I 은행의 이틀간 외국 환율 고시표이다. 각 물음에 답하시오.

[주요 통화의 외국 환율 고시표]

구분		통화명	매매기준율	현찰(원)		미화환산율
				현찰 살 때	현찰 팔 때	
7월 10일	미국	달러	1,372.50	1,396.51	1,348.49	1.0000
	일본	100엔	936.99	953.38	920.60	0.6827
	유럽	유로	1,603.49	1,635.07	1,571.91	1.1683
	영국	파운드	1,861.93	1,898.61	1,825.25	1.3566
	호주	호주 달러	902.28	919.96	884.60	0.6574
	뉴질랜드	뉴질랜드 달러	826.52	842.71	810.33	0.6022
7월 17일	미국	달러	1,392.30	1,416.66	1,367.94	1.0000
	일본	100엔	936.82	953.21	920.43	0.6729
	유럽	유로	1,613.26	1,645.04	1,581.48	1.1587
	영국	파운드	1,865.68	1,902.43	1,828.93	1.3400
	호주	호주 달러	902.49	920.17	884.81	0.6482
	뉴질랜드	뉴질랜드 달러	824.80	840.96	808.64	0.5924

※ 1) 매매기준율이란 국제 외환시장에서 수요·공급에 따라 결정된 해당 통화 1단위의 원화 가치로, 은행에서 환전 수수료를 부과하기 전에 사용되는 기준율이므로 일반 고객들은 이 기준율로 거래할 수 없음

2) 미화환산율(미국 통화를 1로 봤을 때 다른 통화의 비율) = $\dfrac{\text{당일의 해당 통화 매매기준율}}{\text{당일의 미국 달러 매매기준율}}$

31. 다음 중 위 자료에 대한 설명으로 옳은 것은?

① 7월 10일과 17일의 미화환산율이 1.0000을 유지하고 있으므로 7월 17일의 원화 대비 달러 가치는 일주일 전 대비 동일하다.

② 7월 10일 대비 7월 17일에 통화 가치 하락률이 가장 큰 것은 뉴질랜드 달러이다.

③ 7월 10일의 일주일 전 대비 환율 증가량이 17일의 일주일 전 대비 환율 증가량과 같다면, 7월 3일에 미국 달러를 산 일반고객은 7월 17일에 팔았을 때 이득을 본다.

④ 제시된 통화 중 7월 10일 대비 7월 17일에 현찰 팔 때의 가격이 상승한 통화의 수는 가격이 하락한 통화의 수와 같다.

32. I 은행에서 일반 고객이 7월 10일 300 유로를 구입했다가 당일에 50 유로를 판매하고 7월 17일에 나머지 250 유로를 판매하였을 때, 해당 투자로 인한 손실 금액은?

① 15,555.5원 ② 16,385.5원 ③ 16,555.5원 ④ 17,055.5원

[33-34] 다음은 A~F 공장의 생산효율도에 관한 자료이다. 각 물음에 답하시오.

[생산효율도 산출 방식]

- X 방식: 생산효율도(%) = $\dfrac{\text{생산완료량}}{\text{투입원자재량}} \times 100$

- Y 방식: 생산효율도(%) = $\dfrac{\text{생산완료량} - \text{재작업량}}{\text{투입원자재량} - \text{재작업량}} \times 100$

※ 1) 투입원자재량과 생산완료량에는 재작업량이 포함되어 있음
　 2) 재작업량 = 1차 공정 불량품량 + 고객 클레임 회수품량

[A~F 공장의 생산효율도 산출 항목]　　　　(단위: 톤)

구분	투입원자재량	생산완료량	재작업량
A	1,034.7	789.4	47.8
B	2,215.3	1,550.2	298.4
C	1,598.9	1,150.6	197.6
D	1,243.5	920.3	98.2
E	1,876.4	1,605.7	198.7
F	2,305.8	1,740.1	142.3

33. 다음 중 위 자료에 대한 설명으로 옳은 것은?

① 투입원자재량이 생산완료량보다 많은 경우 생산효율도는 X 방식보다 Y 방식에서 더 높다.

② 생산완료량이 많은 공장일수록 Y 방식에 의한 생산효율도가 높다.

③ 제시된 공장 중 생산완료량이 세 번째로 적은 공장의 X 방식에 의한 생산효율도는 75% 미만이다.

④ 고객 클레임 회수품량을 재작업량에 포함시키지 않는다면 X 방식과 Y 방식에 의한 생산효율도 격차는 더 커진다.

34. B 공장의 X 방식에 의한 생산효율도와 Y 방식에 의한 생산효율도의 차이는 약 얼마인가? (단, 소수점 둘째 자리에서 반올림한다.)

① 3.2%p　　　② 3.9%p　　　③ 4.7%p　　　④ 5.5%p

[35 – 36] 다음은 X 시와 Y 시의 시내버스 안전설비점검 현황을 나타낸 자료이다. 각 물음에 답하시오.

[시내버스 회사 수 및 시내버스 수]

(단위: 개, 대)

구분	시내버스 회사 수	시내버스 수
X 시	9	627
Y 시	13	1,022

[시내버스 안전설비점검 현황]

(단위: 대, 명, %)

구분 / 점검요소	X 시			Y 시		
	안전점검 실시 시내버스 수	파견 기술인력 수	안전점검 실시율	안전점검 실시 시내버스 수	파견 기술인력 수	안전점검 실시율
제동압	472	4	75.3	900	6	88.0
가속제어	596	5	( )	940	8	92.0
소화기	( )	1	22.2	153	1	15.0
충격감지	427	3	68.1	767	5	75.0
객실청결	( )	2	58.2	644	3	63.0
비상함	232	2	37.0	489	2	47.8

※ 1) 모든 버스는 1개 이상의 안전점검을 받는다.

2) 안전점검실시율(%) = $\dfrac{\text{안전점검 실시 시내버스 수}}{\text{전체 시내버스 수}} \times 100$

3) 단, 안전검사실시율은 소수점 둘째 자리에서 반올림한다.

35. 위 자료를 바탕으로 작성한 보고서의 설명 중 옳은 것을 모두 고르면?

> 시내버스의 안전성을 점검하기 위해 X 시 9개, Y시 13개 시내버스 회사의 시내버스에 대한 안전설비점검을 실시하였다. 실시 결과, ㉠X 시와 Y 시 모두 점검요소별 안전점검실시율은 가속제어, 제동압, 충격감지, 객실청결, 비상함, 소화기 순으로 높았다. 시내버스 내 돌발상황에 대처하려면 소화기의 보급을 강화할 필요가 있다. 또한 ㉡가속제어에 대한 안전점검실시율은 X 시보다 Y 시가 더 높은 것으로 나타났다. 이는 6개월 전 X 시에서 발생한 시내버스 급발진 사건에 대한 시민들의 우려가 반영된 것으로 분석된다.
>
> 한편 ㉢X 시의 시내버스 중 제동압에 대한 안전점검을 시행하면서 충격감지에 대한 안전점검까지 모두 받은 시내버스 수는 최소 272대, 최대 427대이다. 또한 ㉣Y 시에서 파견 기술인력 1명당 안전점검 실시 시내버스수가 가장 높은 점검요소는 객실청결이며, 가장 낮은 점검요소는 가속제어이다. 앞으로 Y 시 시내버스 가속제어 안전점검을 위한 기술인력의 확충이 요구된다.

① ㉠, ㉡   ② ㉠, ㉢   ③ ㉠, ㉢, ㉣   ④ ㉡, ㉢, ㉣

36. 다음 중 위 자료를 바탕으로 만든 그래프로 옳지 않은 것은?

① [시내버스 회사 1개당 시내버스 대수]

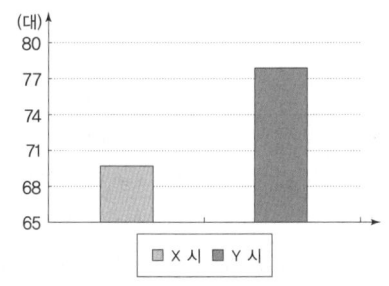

② [X 시의 점검요소별 안전점검 실시 시내버스 수]

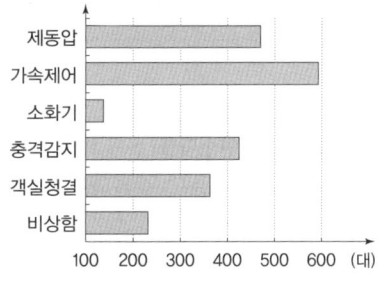

③ [Y 시의 점검요소별 안전점검 실시 시내버스의 구성비]

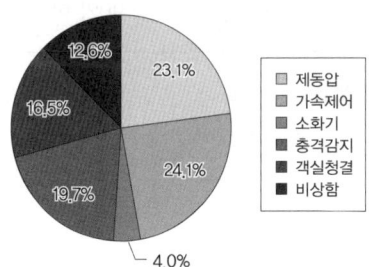

④ [점검요소별 X 시와 Y 시의 안전점검실시율 차이]

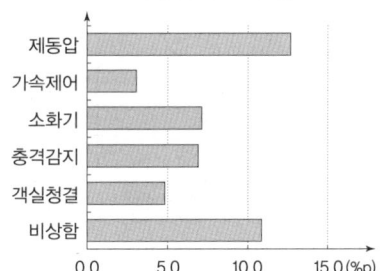

[37-38] 다음은 H 은행의 펀드 상품 선택에 대한 알고리즘이다. 각 물음에 답하시오.

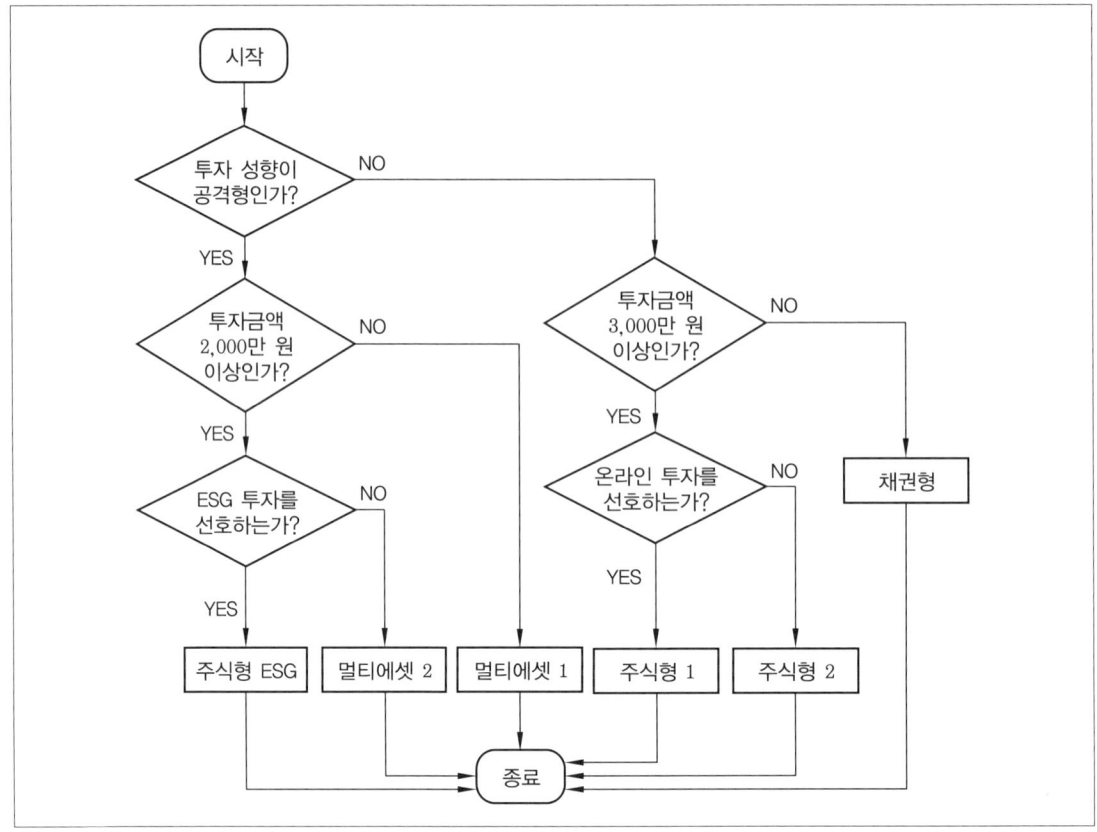

[H 은행의 펀드 상품 정보]

구분	연수익률	우대수익률 조건	환매 수수료율 (조기환매 시)
채권형	2.3%	2년 이상 정기 자동이체 시 0.1%p	없음
멀티에셋 1	4.0%	H 은행 펀드 2종 이상 보유 시 0.2%p	1년 이내: 0.5%
멀티에셋 2	4.5%	투자금액 3,000만 원 이상 시 0.3%p	1년 이내: 0.3%
주식형 1 (Online)	6.0%	온라인 전용 상품 최초 가입 시 0.5%p	90일 이내: 0.7%
주식형 2 (Standard)	5.5%	1금융권 펀드 3종 이상 보유 시 0.5%p	90일 이내: 0.7%
주식형 ESG	6.2%	ESG 서약(탄소중립 약정)시 0.9%p	2년 이내: 0.4%

※ 1) 환매 수수료는 해당 기간 내에 조기환매 시에만 적용됨

2) 최종 수령액 = 투자금 × {1 + (연수익률 + 우대수익률) × $\frac{보유 기간(월)}{12}$} × (1 - 환매 수수료율)

37. 갑은 공격형 투자자이며, 투자금액 4,200만 원으로 H 은행 펀드에 가입하려 한다. 갑은 온라인 전용 상품에 관심을 가지고 있으며, 이전에 온라인 전용 상품에 가입한 적은 없다. 또한 1금융권 펀드 3종을 보유하고 있으며, ESG 투자는 선호하지 않는다. 투자기간을 1년으로 잡고 1년 뒤 환매한다고 할 때, 갑의 최종 수령액은? (단, 제시되지 않은 내용은 고려하지 않는다.)

① 43,890,000원　　② 43,960,000원　　③ 44,016,000원　　④ 44,205,000원

38. 을, 병, 정이 각각 아래 조건으로 H 은행의 펀드에 가입하려 할 때, 세 사람의 최종 수령액 합은?

투자자	투자금액	투자 성향	특이사항	보유 기간
을	2,900만 원	안정형	ESG 투자 선호, 온라인투자 비선호, 1금융권 펀드 5종 보유	12개월
병	1,800만 원	공격형	ESG 투자 비선호, H 은행 펀드 2종 보유	6개월
정	3,300만 원	중립형	온라인투자 선호, H 은행 온라인 전용 상품 최초 가입, ESG 서약 체결	18개월

① 83,923,110원　　② 84,170,610원　　③ 84,262,500원　　④ 84,546,720원

[39 - 40] 다음은 K 은행의 거래 오류 신고코드 표시 규칙이다. 각 물음에 답하시오.

[은행 거래 오류 신고코드 표시 규칙]

신고코드는 대분류 코드(2자리), 업무번호 코드(1자리), 의미코드(3자리)를 차례대로 나열하여 여섯 글자로 표기한다.

1) 대분류 코드: 대분류는 오류 종류에 따라 두 자리의 알파벳 대문자로 표기한다.

오류 종류	대분류 코드
이체·출금 오류	TR
입·정기예금 오류	DP
카드 결제 오류	CD
대출 상환 오류	LN

2) 업무번호 코드: 업무번호는 오류의 세부 내용에 따라 한 자리의 숫자로 표기한다.

내용	업무번호 코드	내용	업무번호 코드
고객 입력 오류	1	한도 초과	4
시스템 오류	2	기타	5
계좌 상태 오류	3		

3) 의미코드: 의미코드Ⅰ, 의미코드Ⅱ, 의미코드Ⅲ은 대분류 코드에 따라 아래와 같이 한 자리의 숫자로 표기한다.

대분류	의미코드Ⅰ	의미코드Ⅱ	의미코드Ⅲ
TR	• 모바일 뱅킹: 1 • 인터넷 뱅킹: 2 • ATM: 3 • 창구: 4 • 기타: 5	• 100만 원 미만: 1 • 100만 원 이상 500만 원 미만: 2 • 500만 원 이상 1천만 원 미만: 3 • 1천만 원 이상 5천만 원 미만: 4 • 5천만 원 이상: 5	• 즉시 정정: 1 • 48시간 이내 정정: 2 • 조사 필요: 3 • 심사 단계: 4 • 취소완료: 5
DP	• 입출금: 1 • 정기예금: 2 • 적금: 3 • ISA: 4 • 기타: 5	• 만기이자: 1 • 월이자: 2 • 분기이자: 3 • 복리: 4 • 조건부: 5	• 즉시 정정: 1 • 24시간 이내 정정: 2 • 추가서류: 3 • 심사 단계: 4 • 해지완료: 5
CD	• 오프라인 POS: 1 • 온라인: 2 • 자동이체: 3 • 모바일 결제: 4 • 기타: 5	• 5만 원 미만: 1 • 5만 원 이상 30만 원 미만: 2 • 30만 원 이상 100만 원 미만: 3 • 100만 원 이상 500만 원 미만: 4 • 500만 원 이상	• 승인취소: 1 • 부분환불: 2 • 전액환불: 3 • 분쟁조사: 4 • 환불완료: 5
LN	• 주택담보대출: 1 • 신용대출: 2 • 전세대출: 3 • 학자금대출: 4 • 기타: 5	• 원리금균등: 1 • 원금균등: 2 • 일시상환: 3 • 만기일시: 4 • 분할: 5	• 즉시 정정: 1 • 24시간 이내 정정: 2 • 심사 단계: 3 • 승낙대기: 4 • 계약해지: 5

※ 1) 동일 오류가 두 개 이상의 기준에 모두 해당할 경우, 대분류 코드가 의미코드에 우선 적용된다.
　2) 의미코드는 의미코드Ⅰ, 의미코드Ⅱ, 의미코드Ⅲ을 순서대로 나열한 것이다.

39. 윗글을 근거로 판단할 때, 고객 Y에게 표시된 신고코드는?

> 고객 Y는 ○○지점 ATM 단말기에서 전세대출 3,300만 원을 일시상환을 하려했으나, ATM기는 '한도 초과'라는 메시지를 띄우며 카드를 반환하고 거래가 중단되었다. Y의 신고를 받은 K 은행 직원은 신속한 처리를 위해 심사 단계로 접수하였음을 통보하였다.

① TR4344　　　　② LN4333　　　　③ TR4331　　　　④ LN4323

40. 다음 중 신고코드가 올바르게 표시된 것을 모두 고르면?

> ㉠ 모바일 뱅킹으로 800만 원을 이체하던 중 시스템 오류가 발생했다는 신고가 들어와 즉시 해결하였다면 신고코드는 TR2131이다.
> ㉡ 인터넷 뱅킹으로 2,000만 원을 이체하던 중 고객 입력 오류가 발생했다는 신고가 들어와 즉시 해결하였다면 신고코드는 TR1141이다.
> ㉢ 자동이체로 50만 원 카드 결제를 시도하던 중 기타 오류가 발생했다는 신고가 들어와 부분환불 처리되었다면 신고코드는 CD5322이다.
> ㉣ 온라인으로 120만 원 카드 결제를 진행하던 중 계좌 상태 오류가 발생했다는 신고가 들어와 전액 환불 완료되었다면 신고코드는 CD3243이다.
> ㉤ ATM에서 6,000만 원 현금 출금을 시도하던 중 시스템 오류가 발생했다는 신고가 들어와 조사 필요 단계로 접수되었다면 신고코드는 TR2353이다.

① ㉠, ㉢　　　　② ㉡, ㉤　　　　③ ㉠, ㉣, ㉤　　　　④ ㉢, ㉣, ㉤

41. 다음은 국내 쌀 시장의 수요곡선과 공급곡선을 나타낸 자료이다. 국내시장이 개방되어도 국제시장의 균형가격이 변하지 않는다고 가정할 때, 이에 대한 설명으로 옳은 것은?

> - 국내수요곡선: $Qd = 120 - 4P$
> - 국내공급곡선: $Qs = 2P$
> - 국제시장가격 = 10
> - 관세 부과 시 국내가격 = 15

① 시장 개방 후 관세를 부과하지 않으면 쌀 수입량은 40이다.

② 시장 개방으로 인해 국내 소비자잉여와 생산자잉여가 모두 증가한다.

③ 시장 개방 후 5의 관세를 부과하면 쌀 소비량은 70이 된다.

④ 국제시장이 개방된 상태에서 관세를 부과하지 않으면 쌀 소비량은 80이다.

42. 생산시장 관련 이론에 대한 설명으로 적절하지 않은 것은?

① 생산요소의 가격이 일정하고 규모에 대한 수익불변이 존재하는 경우 장기평균비용곡선은 수평선 형태를 나타낸다.

② 규모에 대한 수익 체증이 나타나는 경우 모든 생산요소의 투입량이 2배 증가하면 생산량은 2배 미만으로 증가한다.

③ 규모에 대한 수익은 모든 생산요소의 투입량 변화에 따른 기업의 산출량 변화를 나타낸다.

④ 산업 확장으로 생산요소에 대한 수요가 증가하여 생산요소 가격이 상승하면 장기평균비용곡선은 우상향하는 기울기를 갖는다.

43. 햄버거 가격이 15% 하락함에 따라 샌드위치의 수요량은 9% 감소하였고, 햄버거의 수요량은 6% 증가하였다. 햄버거의 가격탄력성을 (가), 햄버거 가격에 대한 샌드위치의 교차 가격탄력성을 (나), 햄버거와 샌드위치의 관계를 (다)라고 할 때, 이에 해당하는 내용이 바르게 연결된 것은? (단, 제시되지 않은 내용은 고려하지 않는다.)

	(가)	(나)	(다)
①	-0.6	0.4	대체재
②	0.6	-0.4	보완재
③	-0.4	0.6	대체재
④	0.4	-0.6	보완재

44. 다음은 A 국과 B 국의 시간당 노동 생산량을 나타낸 자료이다. 이에 대한 분석으로 적절한 것을 모두 고르면? (단, 양국만 무역하고 양국의 노동시간은 같으며 쌀과 자동차 생산에 정확하게 절반씩 배분하고 있다.)

구분	A 국	B 국
쌀	20톤	10톤
자동차	5대	8대

ⓐ 자동차 생산의 기회비용은 A 국이 B 국보다 크다.
ⓑ 절대우위론에 따를 때 두 나라 간에 교역은 발생하지 않는다.
ⓒ 특화 교역 시 쌀의 총생산량은 감소하게 된다.
ⓓ A 국은 자동차보다 쌀 생산에 특화하는 것이 유리하다.

① ⓐ, ⓑ   ② ⓐ, ⓓ   ③ ⓑ, ⓒ   ④ ⓒ, ⓓ

45. 다음은 과점시장에서 경쟁하는 A 기업과 B 기업의 마케팅 전략(광고확대와 광고축소)에 따른 이익을 나타낸 자료이다. A 기업과 B 기업이 전략을 동시에 선택하는 일회성 게임에 대한 설명으로 옳지 않은 것은? (단, 괄호 속의 왼쪽은 A 기업의 이익, 오른쪽은 B 기업의 이익을 나타낸다.)

A 기업＼B 기업	광고확대	광고축소
광고확대	(400, 400)	(800, 200)
광고축소	(150, 750)	(600, 550)

① A 기업에게는 B 기업의 전략과 무관하게 광고확대가 우월전략이다.

② 양 기업의 합리적 선택에 따른 결과는 파레토 최적이 아니다.

③ B 기업이 광고축소를 선택할 것으로 A 기업이 예상한다면, A 기업은 광고축소를 선택하는 것이 합리적이다.

④ 이 게임에는 순수전략 내쉬균형이 유일하게 존재한다.

46. 다음은 최근 각국의 빅맥 가격과 USD 대비 시장환율을 나타낸 표이다. 빅맥 지수(Big Mac Index)에 따른 각국 통화의 시장환율 평가 수준이 바르게 연결된 것은?

구분	대한민국	일본	호주	미국
현지 빅맥가격	4,900KRW	410JPY	6.90AUD	5.00USD
US$1 대비 시장환율	1,340KRW	148JPY	1.48AUD	1.00USD

	대한민국	일본	호주
①	저평가	고평가	저평가
②	저평가	저평가	저평가
③	고평가	저평가	고평가
④	고평가	고평가	고평가

47. 긴축적 통화정책이 시행되었을 때 나타나는 경제적 효과로 적절한 것은?

① 시중 유동성이 증가하여 자산 가격이 상승한다.

② 장기채권 수익률이 하락하여 채권 투자 매력도가 감소한다.

③ 기준금리 인상으로 예금금리가 상승하여 저축이 증가한다.

④ 환율이 하락하여 수출 경쟁력이 강화된다.

48. 다음 중 거시경제 그래프에 대한 설명으로 적절한 것은?

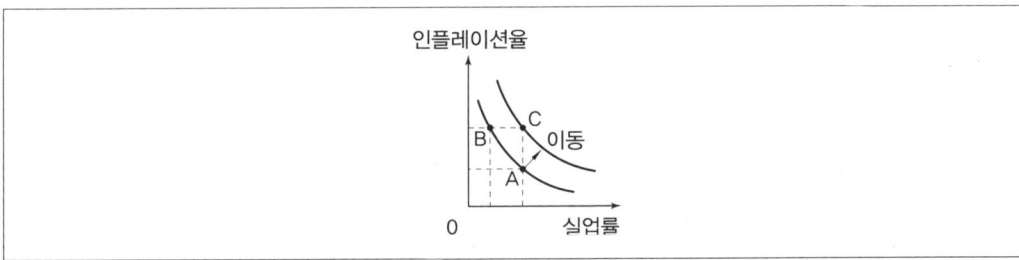

① 기대인플레이션율 하락으로 곡선이 우측 이동했다.

② 확장적 재정정책의 효과로 곡선이 이동한 것이다.

③ 임금 상승률 둔화가 곡선 이동의 주된 요인이다.

④ 총공급 충격으로 인한 스태그플레이션 현상을 나타낸다.

49. 다음 그래프에서 나타나는 인플레이션의 특징으로 적절한 것은?

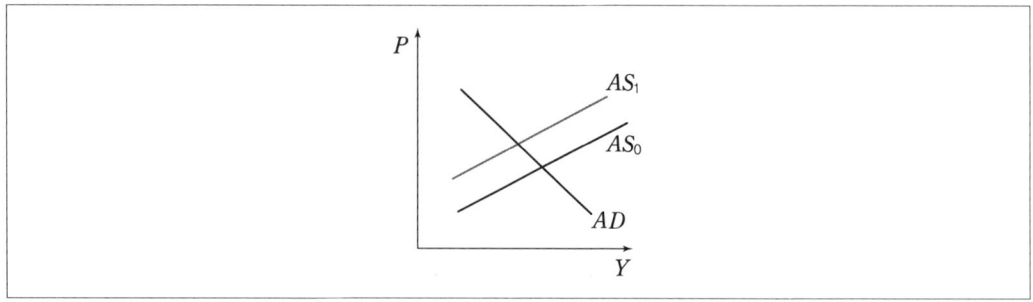

① 경기 과열로 인한 구조적 인플레이션이다.

② 수요 증가로 인한 수요견인 인플레이션이다.

③ 통화량 증가로 인한 화폐적 인플레이션이다.

④ 공급 감소로 인한 비용인상 인플레이션이다.

50. 다음 기사를 토대로 판단한 내용으로 가장 적절하지 않은 것은?

미국 연방준비제도, 통화정책 패러다임 전환

　미국 연방준비제도(Fed)가 통화정책의 역사적 전환을 발표했다. 기존 2% 인플레이션 목표치를 시점별 달성 기준에서 '평균 인플레이션 타겟팅(AIT, Average Inflation Targeting)' 방식으로 변경하기로 연방공개시장위원회(FOMC)가 만장일치로 결정했다. 이는 완전고용 달성을 우선시하고, 인플레이션에 대해서는 보다 유연하게 대응하겠다는 의미로, 물가상승률이 목표치를 상회하더라도 일정 기간 동안 통화긴축을 유보하겠다는 신호로 해석된다.

　제롬 파월 Fed 의장은 "지속적인 저인플레이션이 경제에 미치는 부정적 영향이 일시적인 고인플레이션보다 더 심각하다"며 "평균 인플레이션 목표제 도입으로 물가가 2%를 상당 기간 적정 수준에서 초과하더라도 이를 수용할 것"이라고 설명했다. 시장은 이러한 Fed의 완화적 통화정책 지속 의지를 긍정적으로 평가했으며, 주요 증시 지수들도 연이어 상승세를 기록했다.

① Fed는 완전고용 달성을 경제정책의 핵심 목표로 설정하고 있다.

② Fed는 인플레이션보다 디플레이션을 더 큰 경제적 위험으로 인식하고 있다.

③ Fed의 새로운 정책은 향후 상당 기간 저금리 기조 유지를 시사한다.

④ Fed는 물가 안정을 위해 선제적 금리 인상 정책을 강화할 예정이다.

51. 다음은 2010년부터 2020년까지 M₂통화량 대비 명목 GDP 비율을 나타낸 그래프이다. 이에 대한 해석으로 가장 적절하지 않은 것은?

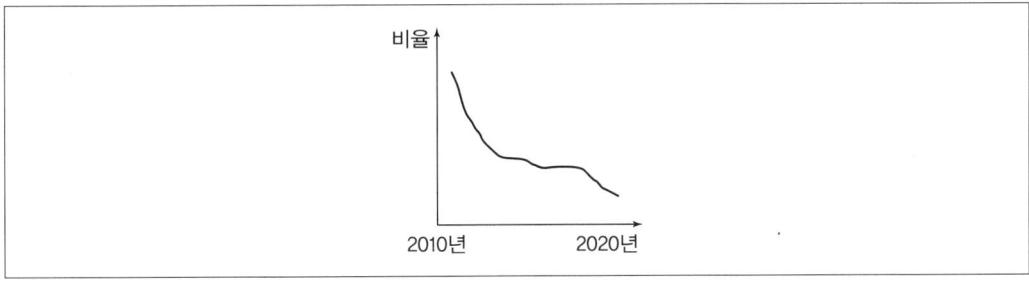

① 통화량 증가율이 명목 GDP 증가율을 상회하고 있음을 의미한다.

② 화폐 유통속도가 둔화되고 있는 현상으로 해석할 수 있다.

③ 물가 하락으로 인해 화폐의 실질 구매력이 지속적으로 상승하고 있다.

④ 경기 침체로 인한 통화 수요 감소가 주요 원인일 가능성이 있다.

52. 다음 사례가 보여주는 현지 중심 인적자원관리(HRM)의 주요 장점으로 가장 적절한 것은?

> **외국계 식품기업의 한국인 CEO 선임 트렌드**
>
> 　최근 크래프트하인즈코리아, 한국코카콜라 등 주요 외국계 식품 기업들이 한국인을 최고경영자(CEO)로 잇따라 선임하고 있다. 업계 전문가들은 한국인 CEO들이 한국인의 식문화와 맛 선호도를 정확히 파악하고 있어 제품 현지화와 마케팅 전략 수립에서 탁월한 성과를 보이고 있다고 분석한다. 이 기업들은 한국인 CEO 취임 이후 한국 소비자들의 입맛에 맞는 제품 개발로 브랜드 친숙도와 시장점유율이 크게 상승한 것으로 나타났다. 경영학 전문가들은 "현지 출신 경영진이 해당 시장의 문화적 특성과 소비자 심리를 깊이 이해하고 있어 글로벌 기업의 현지 시장 적응력을 크게 향상시킨다"고 평가했다.

① 현지 법률 규제의 이해 및 정부 협력 증대

② 본사와의 의사소통 원활화로 인한 업무 신속성 향상

③ 현지 문화와 정서에 대한 이해를 바탕으로 한 현지 적응성 증대

④ 인건비 절감을 통한 경영 효율성 개선

53. 갑 기업은 국내에서 판매하는 상품을 해외에서도 동일하게 하여 표준화된 제품을 판매한다. IR 전략에 따라 판단할 때, ㉠~㉣ 중 갑 기업이 위치하는 곳은?

글로벌 통합 압력수준＼현지 대응성 압력수준	Low	High
High	㉠	㉡
Low	㉢	㉣

① ㉠　　　　　② ㉡　　　　　③ ㉢　　　　　④ ㉣

54. 다음 사례의 E 기업이 행하는 활동을 가치사슬분석의 관점으로 판단할 때, 본원적 활동으로 가장 적절한 것은?

> E 기업은 ① 원재료 조달과 관련해 외부 공급처 선정, 구매 정책 수립, 공급업체 평가 및 협상 등 다양한 업무를 수행하고 있다. 또한, ② 임직원들의 역량 강화를 위해 인공지능 교육 프로그램을 도입해 전 사원이 참여하도록 했으며, ③ 글로벌 경쟁력 확보를 위해 해외의 우수 인재를 영입하고자 전문 헤드헌팅 업체와 계약을 체결했다. 이와 함께 ④ 브랜드 인지도 제고를 위해 서울 주요 학원가에 대형 광고판을 설치하는 등 적극적으로 홍보 활동도 펼치고 있다.

55. 다음 사례와 관련된 용어로 가장 적절한 것은?

> 서브웨이는 샌드위치를 주문할 때 빵, 치즈, 야채, 소스 등을 고객이 직접 고를 수 있도록 한다. 이를 통해 손님 각자의 취향과 필요에 맞게 수많은 조합의 샌드위치를 즉석에서 만들어낸다. 예를 들어 어떤 고객은 호밀빵에 치킨과 아보카도, 스위트 어니언 소스를 선택해 상큼하게 즐길 수 있고, 또 다른 고객은 화이트빵, 페퍼로니, 핫칠리 소스를 조합해 매콤한 맛을 즐길 수 있다. 이처럼 서브웨이는 표준화된 기본 재료를 바탕으로 현장에서 즉시 다양한 방식으로 조합해 고객별로 독특하면서도 개별화된 샌드위치를 제공한다. 이는 대량 생산 시스템을 유지하면서도 각 고객의 요구를 충족시키는 운영 방식의 대표적 사례이다.

① 맞춤형 마케팅　　　　　② 시장 세분화

③ 매스 커스터마이제이션　　　　　④ 니치 마케팅

56. 다음은 A 사의 20X1년도 거래내역이다. 이를 바탕으로 작성한 현금흐름표의 빈칸에 들어갈 내용으로 가장 적절하지 않은 것은?

[거래 내역]

- 보유하고 있던 장기 차입금 30,000원이 단기 차입금으로 전환되었다.
- 주주에게 25,000원의 배당금을 현금으로 지급하였다.
- 직접 사용하던 기계장치를 28,000원에 매각하였다.
- 매입채무 16,000원을 현금으로 상환하였다.
- 재고자산을 현금 42,000원에 판매하였다.

[현금흐름표]

(단위: 원)

구분	증감여부	금액
영업활동 현금흐름	?	㉠
투자활동 현금흐름	?	㉡
재무활동 현금흐름	㉢	㉣

① ㉠: 26,000원
② ㉡: 28,000원
③ ㉢: (-)
④ ㉣: 5,000원

57. K 사는 재고자산에 대하여 저가법을 채택하고 있다. K 사가 보유 중인 재고자산의 현황이 다음과 같을 때, 이에 대한 설명으로 가장 적절하지 않은 것은?

구분	취득원가	현행대체원가	순실현가능가치
원재료	389,000원	375,000원	378,000원
재공품	553,000원	552,000원	560,000원
제품	870,000원	850,000원	846,000원

① 재고자산의 순실현가능가치는 '예상판매가격 − (추가 완성원가 + 판매비용)'으로 한다.
② 원재료는 취득원가와 현행대체원가를 비교하여 평가손실 여부를 계산한다.
③ 재공품의 순실현가능가치는 취득원가보다 크기 때문에 평가손실이 발생하지 않는다.
④ K 사가 인식할 재고자산의 평가손실은 35,000원이다.

58. A 사는 새로운 건물을 짓기 위해 토지를 매입하였다. 해당 토지에는 A 사가 기존에 사용하던 건물이 있었으며, A 사는 기존 건물을 철거한 후 새로운 건물을 지을 예정이다. 공사와 관련된 자료가 다음과 같을 때, 새로운 건물의 취득원가는?

> A 사는 기존 건물을 철거하는 비용으로 총 160,000원을 지출하였고, 철거 시 발생한 부산물을 매각하여 90,000원의 수익을 얻었다. 신축 건물의 공사비는 총 3,000,000원이 소요되었으며, 해당 건물의 취득세 및 등록세는 250,000원이다.

① 3,000,000원   ② 3,250,000원   ③ 3,320,000원   ④ 3,410,000원

59. 다음은 B 사의 20X1년도 포괄손익계산서이다. 이에 대한 설명으로 가장 적절하지 않은 것은?

[포괄손익계산서]

(단위: 원)

매출액	3,670,000
매출원가	(1,370,000)
매출총이익	2,300,000
판매비와 관리비	(560,000)
영업이익	1,740,000
영업외수익	830,000
영업외비용	(210,000)
법인세비용차감전순이익	2,360,000
법인세비용	(448,400)
당기순이익	1,911,600
기타포괄이익	584,900
총포괄이익	2,496,500

① 법인세율은 19%일 것으로 예상된다.

② FVOCI 금융자산을 보유하고 있는 기업일 경우 FVOCI 금융자산의 평가이익은 당기손익에 포함되어 있을 것이다.

③ 매출액과 매출원가가 모두 한 가지 제품 10,000단위를 생산하여 발생한 것이고, 해당 제품의 총고정비용이 800,000원이라면 단위당 공헌이익은 310원이다.

④ 평균재고자산이 465,000원이라면 재고자산회전률은 약 2.95회이다.

60. 제약회사 R 사는 현재 신약의 연구개발단계에 있다. 완성된 신약과 관련된 무형자산은 20X1년 1월 1일부터 인식할 것으로 예상되며, 향후 5년간 정액법으로 상각할 예정이다. 다음 자료를 참고하여 신약의 연구개발과 관련된 설명으로 가장 적절한 것은? (단, 잔존가치는 0원으로 예상한다.)

내용	금액
신약 효능 검증을 위한 기초 연구	800,000원
신약 임상시험	1,000,000원
신약 생산 전 시험공장 건설 및 가동	900,000원
신약 특허 출원 및 상용화 준비	850,000원
내부적으로 창출한 신약 브랜드	250,000원

① R 사가 인식할 무형자산은 3,800,000원이다.

② R 사가 20X1년에 인식할 무형자산상각비는 600,000원이다.

③ R 사가 연구단계의 비용으로 인식할 금액은 1,800,000원이다.

④ 내부적으로 창출한 신약 브랜드는 무형자산에 속하지 않는다.

61. 다음 자료에 대한 설명으로 가장 적절하지 않은 것은?

구분	건물	토지
취득일	20X1.04.01.	20X1.01.01.
취득원가	10,000,000원	20,000,000원
감가상각방법	정액법	–
잔존가치	0원	0원
내용연수	10년	–

① 건물 취득 시 납부한 취득세 및 등록세는 비용으로 인식한다.

② 새로운 건물을 짓기 위해 토지를 취득하고 기존 건물을 철거하였다면, 기존 건물의 철거로 인한 비용 및 수익은 당기손익으로 인식한다.

③ 건물의 20X1년도 감가상각비는 750,000원이다.

④ 토지는 감가상각하지 않으나 재평가모형 선택 시 공정가치로 평가하여 가치 조정이 가능하다.

62. 다음 자료를 바탕으로 계산한 기말 대손충당금은?

- 기초 대손충당금은 100,000원이다.
- 기초 매출채권 300,000원 중 120,000원이 당기에 회수되었다.
- 기초 매출채권 중 40,000원에 대하여 대손으로 처리하였다.
- 당기 중 매출채권 50,000원이 발생하였다.
- 기말 매출채권의 20%를 대손충당금으로 설정하였다.

① 78,000원   ② 96,000원   ③ 98,000원   ④ 100,000원

63. 다음 중 외부감사 시 외부감사인이 특정 사항에 대해 제한적 예외를 두면서도, 전반적으로 재무제표가 공정하게 작성되었다고 판단한 경우에 표명할 것으로 예상되는 감사의견은?

① 적정의견   ② 한정의견   ③ 의견거절   ④ 부적정의견

64. 다음 중 이자 계산방식에 대한 설명으로 적절한 것을 모두 고르면?

ⓐ 다른 조건이 모두 동일하다면 단리의 경우 기간이 길어질수록 이자 총액의 증가율이 변한다.
ⓑ 연 10% 이자율 조건에서 100만 원의 미래가치를 산출할 때, 단리 계산방식보다 복리 계산방식이 항상 더 높은 결과를 나타낸다.
ⓒ 연 10% 이자율로 100만 원을 1년간 투자하는 경우 연복리 방식보다 월복리 방식으로 계산한 미래가치가 더 높게 나타난다.
ⓓ 동일한 연이자율 조건에서 이자 지급주기가 자주 발생할수록 실제 수익률이 높아진다.

① ㉠, ㉡   ② ㉢, ㉣   ③ ㉠, ㉡, ㉢   ④ ㉡, ㉢, ㉣

65. A 회사와 시장의 투자정보가 다음과 같을 때, 정률성장 배당할인모형에 의하여 계산한 A 회사 주식의 현재가치는 약 얼마인가? (단, 소수점 첫째 자리에서 반올림하여 계산한다.)

[A 회사 투자정보]
- 액면금액: 10,000원
- 작년 배당금: 800원
- 배당성장률: 8%
- 베타계수: 1.2

[시장 투자정보]
- 무위험이자율: 3%
- 시장수익률: 11%

① 17,280원   ② 18,783원   ③ 19,440원   ④ 21,600원

66. 유동성선호가설이 적용되는 채권시장에서 수익률곡선 A~C가 다음과 같을 때, 각 상황별 투자자들의 미래 금리 전망이 바르게 연결된 것은?

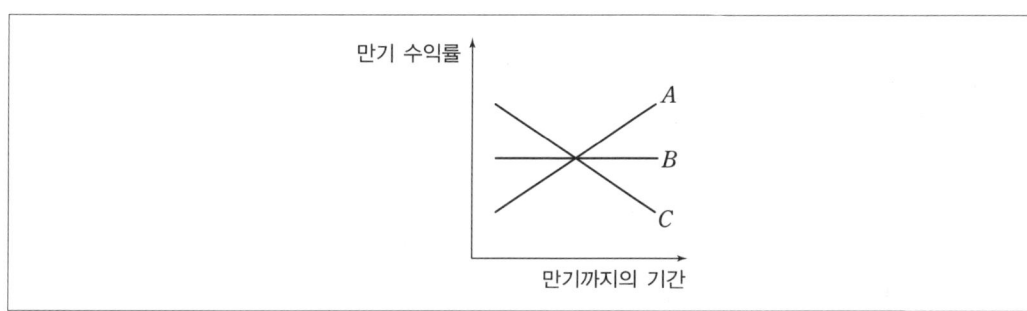

	A	B	C
①	금리상승	금리불변	금리하락
②	금리불변	금리하락	금리하락
③	금리하락	금리상승	금리불변
④	금리불변	금리상승	금리하락

67. A 기업의 현금흐름이 다음과 같이 예상될 때, NPV는?

> • 초기투자 : 100억 원
> • 1기 현금유입 : 120억 원
> • 2기 현금유입 : 144억 원
> • 할인율 : 20%

① 80억 원　　　　② 100억 원　　　　③ 150억 원　　　　④ 200억 원

68. A 기업의 정보가 다음과 같을 때, 기업의 EVA가 가장 높아지는 자본의 비율이 가장 적절하게 연결된 것은?

> • 세후순영업이익: 400억 원
> • 투하자본: 100억 원
> • 타인자본 조달비용: 10%
> • 자기자본 기회비용: 12%
> • 법인세율: 20%

	자기자본비율	타인자본비율
①	50%	50%
②	40%	60%
③	30%	70%
④	20%	80%

69. 다음 중 직접 금융시장과 간접 금융시장을 비교한 설명으로 적절한 것의 개수는?

> ⊙ 정부가 국채를 발행하여 금융기관이나 국민으로부터 자금을 조달하는 경우는 직접 금융시장에 해당한다.
> ⓛ 보험사가 고객에게 받은 보험료로 국내 기업에게 장기 대출을 해주는 경우는 간접 금융시장에 해당한다.
> ⓒ 직접 금융시장은 간접 금융시장에 비해 안전성이 높지만 고수익을 기대하기 어렵다는 단점이 있다.
> ⓔ 한 기업이 주식시장에서 신주를 발행하여 투자자에게 자금을 직접 조달하는 직접금융시장의 경우 자금거래에 대한 책임은 금융기관에 있다.

① 1개   ② 2개   ③ 3개   ④ 4개

70. 다음 사례와 보험의 종류가 바르게 연결된 것은?

> ⊙ A 기업이 B 기업에게 상품을 외상으로 공급했으나 B 기업이 부도가 나서 대금을 받지 못한 경우 일정 부분 손실을 보전받을 수 있다.
> ⓛ 중소기업 C가 납품 대금을 회수하지 못한 경우 손해의 일부를 보상받는다.
> ⓒ 식품회사 D가 유통한 음료에서 이물질이 발견되어 소비자에게 위생상 피해를 입힌 경우, 해당 소비자가 손해배상을 청구하면 D 회사의 책임 범위 내에서 보상금 및 법적 방어 비용을 지원받을 수 있다.
> ⓔ E 기업 직원이 업무용 차량 운행 중 교통사고를 내어 벌금과 형사합의금이 발생한 경우 관련 비용을 보장받을 수 있다.

	⊙	ⓛ	ⓒ	ⓔ
①	신용보험	매출채권보험	생산물배상책임보험	운전자보험
②	매출채권보험	생산물배상책임보험	신용보험	운전자보험
③	운전자보험	신용보험	생산물배상책임보험	매출채권보험
④	생산물배상책임보험	운전자보험	신용보험	매출채권보험

71. 한 경제의 거시경제 함수가 다음과 같다. 이 경제에서 정부지출이 50만큼 증가할 때, 균형국민소득의 변화량은?

- C = 60 + 0.75Y
- I = 180
- G = 140
- T = 0.2Y

(   )

72. 다음은 A 재화에 대한 시장 정보이다. 가격상한제가 시행되지 않았을 때의 시장균형과 비교하여, 가격상한제 시행으로 인해 감소하는 사회적 잉여의 크기는?

- 수요곡선: Qd = 80 − P
- 공급곡선: Qs = −20 + P
- 정부가 설정한 가격상한: P = 30

(   )

73. F 사는 20X1년도와 20X2년도 재무상태표에 다음의 오류를 발견하였다. F 사는 오류를 발견하기 전 20X2년 말 당기순이익을 128,000원으로 보고하였다. 오류를 수정한 후 F 사가 다시 보고할 당기순이익은?

- 20X1년 말: 재고자산 30,000원 과소계상
- 20X2년 말: 감가상각비 28,000원 과대계상

(   )원

74. 다음은 동일한 위험의 자산인 A~D 주식의 경제상황별 예상수익률을 나타낸 표이다. 지배원리에 따른다고 가정할 때, 가장 우수한 주식의 기대수익률의 100배수는?

구분	호황(25%)	정상(50%)	불황(25%)
A 주식	10%	8%	2%
B 주식	17%	13%	−10%
C 주식	−15%	10%	25%
D 주식	−10%	10%	20%

(   )

75. 다음과 같은 조건의 A 기업 주가가 변동한다고 가정한다. A 기업이 최근 예기치 못한 추가 변동요인으로 인하여 주식의 수익률이 3% 하락했을 때, 실제 수익률은?

- 최초 기대수익률: 50%
- 요인 1: 민감도 1, 예측치 6%, 실측치 3%
- 요인 2: 민감도 1.5, 예측치 5%, 실측치 2%

(   )%

약점 보완 해설집 p.18

무료 바로 채점 및 성적 분석 서비스 바로 가기
QR코드를 이용해 모바일로 간편하게 채점하고 나의 실력이 어느 정도인지, 취약 부분이 어디인지 바로 파악해 보세요!

3회
실전모의고사

[1] 본 실전모의고사는 직업기초(NCS)와 직무수행 75문항을 120분 이내에 풀이하는 것으로 구성되었으며, 시험 구성에 따른 출제 범위는 다음과 같습니다.

- 직업기초(40문항): 의사소통능력, 수리능력, 문제해결능력, 자원관리능력, 조직이해능력, 정보능력
- 직무수행(35문항): 경제·경영 관련 직무상식, 시사

[2] 문제 풀이 시작과 종료 시각을 정한 후, 실전처럼 모의고사를 풀어보세요.

시 　　 분 ～ 　　 시 　　 분(총 75문항/120분)

- 해커스ONE 애플리케이션의 학습 타이머를 이용하여 더욱 실전처럼 모의고사를 풀어볼 수 있습니다.
- 객관식(1~70번) 문제는 모의고사 마지막 페이지 또는 해설집의 '무료 바로 채점 및 성적 분석 서비스' QR 코드를 스캔하여 응시인원 대비 본인의 성적 위치를 확인해 볼 수 있습니다.

[01 - 02] 다음 글을 읽고 각 물음에 답하시오.

넥스트트레이드는 인공지능과 빅데이터를 활용한 차세대 주식 거래 시스템으로 금융 시장에 혁신적인 변화를 가져오고 있다. 이 시스템은 기존의 전통적인 트레이딩 방식에서 벗어나 실시간으로 시장 데이터를 분석하고 투자 의사결정을 최적화하는 것이 특징이다. 특히 금융 시장의 복잡한 패턴을 기계학습 알고리즘으로 해석함으로써 인간의 분석 한계를 뛰어넘는 통찰력을 제공하고 있다. 넥스트트레이드는 2023년 출시 이후 개인 투자자들과 기관 투자자들 사이에서 빠르게 수용되며 금융 기술 분야의 혁신을 주도하고 있다.

넥스트트레이드의 핵심 기술은 크게 세 가지로 구분된다. 첫째, 딥러닝 기반의 시장 패턴 분석 기술은 과거 수십 년간의 주가 데이터를 학습하여 시장의 패턴과 움직임을 예측한다. 이 기술은 주가의 기술적 지표뿐만 아니라 계절성, 거시경제 변수 간의 복잡한 상관관계까지 포착할 수 있다. 둘째, 실시간 뉴스와 소셜미디어 분석 기술은 각종 뉴스와 소셜미디어의 텍스트 데이터를 분석하여 시장 감정을 실시간으로 파악한다. 자연어 처리 기술을 활용하여 기업 관련 정보의 감성 분석과 영향력을 수치화함으로써 시장 반응을 예측한다. 셋째, 알고리즘 트레이딩 기술은 분석된 데이터를 바탕으로 최적의 매매 시점과 포트폴리오를 자동으로 구성한다. 이 기술은 개인의 투자 성향과 리스크 허용도에 맞춤화된 전략을 제공하며, 감정적 요소를 배제한 일관된 투자 실행을 가능하게 한다.

넥스트트레이드는 개인 투자자와 기관 투자자 모두에게 새로운 투자 패러다임을 제시하고 있다. 개인 투자자들은 전문가 수준의 분석 도구를 활용할 수 있게 되었으며, 기관 투자자들은 더욱 정교한 투자 전략을 구사할 수 있게 되었다. 특히 이 시스템은 시장의 변동성이 큰 시기에도 안정적인 수익을 추구할 수 있도록 리스크 관리 기능을 강화하였다. 넥스트트레이드의 도입으로 인해 거래 비용이 감소하였고 시장 효율성이 향상되었으며, 자본 시장의 유동성이 증가하였다.

그러나 넥스트트레이드가 가져올 변화에 대한 우려의 목소리도 존재한다. 알고리즘에 의한 자동 거래의 증가는 시장 변동성을 확대시킬 수 있으며, 시스템 오류나 해킹으로 인한 대규모 손실이 발생할 수 있다. 더불어 기술에 대한 과도한 의존은 투자자의 독립적 판단력을 약화시킬 위험이 있다는 비판도 주목받고 있다. 이러한 우려에 대응하여 넥스트트레이드 개발사는 시스템의 안정성과 투명성을 높이기 위한 다양한 조치를 취하고 있다. 개발사는 실시간 모니터링 시스템을 구축하고 인공지능의 의사결정 과정을 투자자가 이해할 수 있도록 설명 기능(XAI, Explainable AI)을 강화하였다. 또한, 투자자 교육 프로그램을 통해 시스템을 올바르게 활용할 수 있도록 지원하고 있으며, 최악의 시나리오에 대비한 비상 중단 메커니즘을 구현하고 있다.

넥스트트레이드의 등장은 금융 시장의 디지털 전환을 가속화하는 계기가 되고 있으며, 전통적인 금융 기관들도 이러한 변화에 발맞춰 디지털 역량을 강화하고 있다. 규제 당국은 새로운 기술에 맞는 규제 프레임워크를 마련하기 위해 노력하고 있으며, 결국 이러한 변화는 금융 시장의 효율성과 접근성을 높이는 방향으로 진행될 것으로 기대된다.

01. 윗글의 제목으로 가장 적절한 것은?

① 넥스트트레이드와 전통적 투자 방식의 비교 분석

② 알고리즘 트레이딩의 위험성과 금융 시장의 불안정화 요인

③ 넥스트트레이드가 직면한 문제와 개발사의 해결 방안

④ 넥스트트레이드의 기술적 특징과 금융 시장 혁신 분석

02. 윗글을 통해 추론한 내용으로 가장 적절하지 않은 것은?

① 넥스트트레이드의 알고리즘 트레이딩 기술은 투자자 개인별 위험 수용 범위와 성향을 고려한 맞춤형 투자 전략을 수립하여 일관된 투자 의사결정을 수행할 수 있게 한다.

② 넥스트트레이드는 각종 미디어 채널과 소셜 플랫폼의 콘텐츠를 실시간 분석하고 기업 관련 정보에 대한 감성 지수와 시장 영향력을 수치화하여 투자자들이 시장의 움직임을 예상할 수 있도록 지원한다.

③ 개인 투자자들은 넥스트트레이드의 자동화된 시스템을 활용함으로써 장기적인 투자 판단력을 향상할 수 있다.

④ 넥스트트레이드는 시장 변동성이 급격히 상승할 때도 자동으로 포트폴리오 비중을 재조정해 리스크를 관리할 수 있는 기능이 탑재되어 있다.

(가) 국내 금융 마이데이터는 표준 API(Application Programming Interface) 방식을 채택해 정보 전송의 보안성과 정확성을 획기적으로 높이고 있다. 기존 핀테크 앱들도 자산 통합 관리 서비스를 제공해 왔지만, 이는 대부분 스크래핑(scraping) 기술에 기반해 작동했다. 즉, 사용자가 입력한 각 금융기관의 아이디, 비밀번호, 공인인증서 정보를 활용해 핀테크 업체가 해당 기관의 웹사이트에 대리 접속해 데이터를 가져오는 방식이었다. 이 방식은 보안 위험이 높고, 중요한 정보가 누락되는 경우가 빈번하며, 데이터 처리 과정에서 실시간성이 부족하여 신속한 대응이 어렵다는 문제가 지속적으로 제기되어 왔다.

(나) 금융 마이데이터는 분산된 금융 정보를 한곳에서 통합 관리할 필요에서 시작했다. 과거에는 소비자가 은행·보험·증권·카드사 등 각 금융기관에 개별 로그인해야만 자산 현황을 파악할 수 있었다. 이러한 불편을 해소하기 위해 금융 마이데이터 서비스는 흩어져 있던 개인 금융정보를 모아 효율적으로 조회 및 관리할 수 있는 환경을 제공한다. 통합된 데이터를 활용하면 자산관리 효율성이 향상되고 고객 특성에 맞는 맞춤형 금융상품 추천이 가능해지며, 다양한 금융 서비스를 한 곳에서 이용할 수 있어 거래 편의성이 증대된다. 또한 기존 금융 시스템에서 서비스 접근이 어려웠던 금융 소외계층에 대한 지원이 확대되는 등 다양한 긍정적 효과가 나타난다. 그렇다면, 이처럼 중요한 역할을 수행하는 금융 마이데이터는 어떤 방식으로 작동할까?

(다) 당신의 데이터는 누구의 것인가? 이 질문에 대한 답은 시대에 따라 크게 변화해 왔다. 과거에는 기업이나 기관이 개인의 데이터를 일방적으로 수집하고 활용했지만, 최근에는 데이터 주권 개념이 확산되면서 개인이 자신의 데이터에 대한 통제권을 가져야 한다는 인식이 강화되었다. 이러한 변화는 개인정보 보호에 대한 사회적 관심 증가와 기술 발달에 따른 데이터 활용 확대와 맞물리며 데이터 활용 방식에 대한 새로운 기준을 요구하게 되었다.

(라) 반면 마이데이터 정책은 이러한 기존 구조를 탈피해 금융기관이 자율적으로 API를 구축하여 공개하도록 의무화하고 데이터를 제3자에게 안전하게 제공할 수 있는 체계를 마련했다. 이 API 방식은 사용자 인증 절차, 토큰 기반 접근 제어, 데이터 암호화 및 실시간 전송 기술을 기반으로 하며, 사용자의 명시적이고 세부적인 동의 없이는 어떤 정보도 제공되지 않도록 설계되었다. 이처럼 데이터 제공 방식이 스크래핑에서 API로 전환됨에 따라 소비자는 표면적으로는 유사한 자산관리 서비스를 이용하더라도 실제로는 더 정교하고 신뢰할 수 있는 정보 기반의 금융 추천, 맞춤 서비스를 제공받게 된다. 궁극적으로 이는 개인의 데이터 주권을 보장하는 동시에 금융 소비자의 권익 보호와 데이터 경제의 신뢰 기반 구축을 동시에 실현하는 기술·정책적 전환이라 할 수 있다.

(마) 이러한 변화에 대응하기 위한 방안으로 등장한 마이데이터는 정보 주체인 개인이 자신의 정보에 대한 결정권을 갖고 본인의 데이터를 활용한 맞춤형 서비스를 제공받는 체계를 말한다. 즉, 개인이 자신의 정보를 어디에서 어떻게 활용할지 직접 결정하고 관리할 수 있는 권리를 의미한다. 현재 마이데이터는 금융, 공공, 의료 등 다양한 분야에서 확대되고 있으며, 그 대표적인 사례가 바로 금융 마이데이터 서비스다.

03. 윗글의 내용과 일치하지 않는 것은?

① 금융 마이데이터는 자산관리의 효율성을 높이고 개인별 금융 상황에 맞는 금융상품을 추천받을 수 있는 혜택을 제공한다.

② 마이데이터 API 방식은 사용자의 명시적인 동의 없이는 정보를 제공하지 않도록 설계되었다.

③ API 방식은 실시간성 부족과 보안 위험을 초래했지만 스크래핑 방식은 실시간 전송과 정확성 확보를 통해 이러한 문제를 개선했다.

④ 기존 핀테크 앱의 자산 통합 관리 방식은 스크래핑 기술에 기반했으며, 사용자의 로그인 정보를 활용해 금융기관 웹사이트에 대리 접속해 데이터를 가져왔다.

04. 윗글을 논리적 순서대로 알맞게 배열한 것은?

① (나) – (다) – (마) – (가) – (라)

② (나) – (마) – (가) – (라) – (다)

③ (다) – (나) – (마) – (가) – (라)

④ (다) – (마) – (나) – (가) – (라)

퇴직연금은 근로자가 퇴직 후 안정적인 생활을 영위할 수 있도록 근로기간 중 일정 금액을 적립하여 노후자금을 마련하는 제도이다. 현재 국내에서 주로 운용되는 퇴직연금 상품은 확정급여형(DB), 확정기여형(DC), 그리고 개인형퇴직연금(IRP) 세 가지로 구분할 수 있다.

확정급여형은 퇴직 시점의 수령액이 미리 정해져 있어 근로자들이 예측 가능한 노후 재정 계획을 수립할 수 있는 안정적인 퇴직연금 옵션이다. 이 제도에서는 회사가 운용 및 투자 위험을 부담하며, 퇴직급여 산정 기준에 따라 근로자에게 지급액이 정해지므로 근로자는 금융시장 변동에 따른 위험 부담이 적다. 그러나 기업 입장에서는 운용 실적에 상관없이 정해진 금액을 지급해야 하므로 재무적 부담이 커질 수 있다. 이러한 이유로 최근 많은 기업들이 비용 절감을 위해 확정급여형에서 확정기여형으로 전환하고 있는 추세이다.

확정기여형은 회사와 근로자가 일정 금액을 매월 적립하면, 근로자가 직접 해당 금액을 다양한 금융상품에 투자하여 운용한다. 이 경우 운용 실적에 따라 최종 연금액이 결정되므로 근로자가 투자 위험을 부담한다. 투자 성과가 좋을 경우 연금액이 증가하지만, 반대로 손실이 발생할 수도 있다는 양면성을 가진다. 확정기여형은 투자 선택의 자유가 있으나 금융 지식이 부족한 근로자에게는 불리할 수 있으며, 금융시장 변동성에 크게 노출된다. 또한 근로자가 자신의 노후 자금을 스스로 관리해야 한다는 점에서 재정관리 능력이 중요한 요소로 작용한다.

개인형퇴직연금은 확정기여형과 유사하게 근로자 개인이 운용하는 계좌로 퇴직금뿐만 아니라 개인이 추가로 납입할 수 있는 특징이 있다. 특히 자영업자나 프리랜서 등 퇴직금 제도가 없는 직군에서도 노후 대비 수단으로 활용할 수 있다는 장점이 있다. 개인형퇴직연금의 주요 혜택은 납입금에 대해 세액공제가 제공되어 절세 효과가 있으며, 연금 수령 시점까지 운용할 수 있어 장기적인 자산 증식이 가능하다는 점이다. 다만, 투자 실적에 따라 수령액이 변동되어 원금 손실 위험이 존재하므로 신중한 운용 전략을 세워야 한다.

최근에는 고령화 사회 진입과 함께 다양한 근로 형태의 확산으로 인해 전통적인 확정급여형 위주의 퇴직연금에서 확정기여형과 개인형퇴직연금의 비중이 증가하고 있다. 또한 금융 기술의 발전으로 맞춤형 투자 상품과 인공지능을 활용한 자산 관리 서비스가 등장하면서 개인별 투자 성향에 맞춘 운용이 가능해졌다. 그러나 투자 위험 관리와 금융 교육 부족 문제는 여전히 해결해야 할 과제로 남아있다.

퇴직연금 상품 선택 시에는 본인의 위험 감내 수준, 금융 지식, 투자 성향, 그리고 노후 생활 계획 등을 종합적으로 고려해야 한다. 안정성을 우선시한다면 확정급여형이 적합하며, 적극적인 투자로 자산 증식을 목표로 한다면 확정기여형이나 개인형퇴직연금이 유리할 수 있다. 이와 함께 세제 혜택과 수수료 구조도 중요한 선택 기준이 된다. 또한 퇴직연금 가입자는 정기적인 포트폴리오 리밸런싱과 자산배분 전략 점검을 통해 시장 상황에 따른 위험 관리를 해야 한다. 나아가 은퇴 시점이 가까워질수록 보수적인 자산 배분으로 전환하는 것이 바람직하며, 금융환경 변화와 제도 개선사항을 주기적으로 확인하는 것도 중요하다.

05. 윗글의 내용과 일치하지 않는 것을 모두 고르면?

> ㉠ 최근 퇴직연금 시장에서는 안정성을 이유로 확정기여형에서 확정급여형으로 전환하는 기업들이 증가하였다.
> ㉡ 확정급여형은 근로자가 퇴직할 때 받을 연금액이 사전에 확정되어 있어 근로자 입장에서 노후 자금 안정성이 높다.
> ㉢ 확정기여형과 개인형퇴직연금은 공통적으로 가입자의 투자 성과에 따라 최종 연금 수령액이 결정된다.
> ㉣ 개인형퇴직연금은 확정기여형보다 금융시장 변동성에 더 민감하게 반응하여 시장 하락기에 더 큰 손실 위험을 가진다.

① ㉠, ㉢   ② ㉠, ㉣   ③ ㉡, ㉢   ④ ㉠, ㉡, ㉣

1회

2회

3회

해커스 IBK 기업은행 NCS+직무수행능력 실전모의고사

06. 퇴직연금 상품 유형과 근로자의 투자 목표를 고려할 때, '적극적인 투자로 노후 자산 증식'을 원하는 근로자가 유의해야 할 사항으로 옳지 않은 것은?

① 회사가 운용 위험을 부담하는 DB형은 안정성은 높으나 투자 성과에 따른 수익 증대에 한계가 있어 적극적 투자 목표와는 부합하지 않을 수 있다.

② DC형과 IRP형은 근로자가 직접 투자 위험을 부담하므로 금융 지식과 재정관리 능력을 키우는 것이 중요하다.

③ 금융 기술의 발전으로 맞춤형 자산 관리가 가능해졌지만 이는 투자 위험을 완전히 제거하는 해결책은 아니므로 신중한 운용 전략이 필요하다.

④ 세제 혜택과 수수료 구조는 투자 수익에 영향을 미치지 않으므로 적극적인 투자자라면 크게 신경 쓸 필요가 없다.

[07-08] 다음은 K 금융 지주 회사의 승진심사 규정 및 직원 갑~무에 대한 정보이다. 각 물음에 답하시오.

[승진심사 규정]

1. 승진 후보자 및 대상자 선정 기준
    1) 승진 후보자는 현 직급 근속기간이 다음 기간 이상인 직원에 해당한다.

직급	기간
사원	근무 기간이 2년 이상
대리	대리로 승진한 지 3년 이상
과장	과장으로 승진한 지 4년 이상
부장	부장으로 승진한 지 5년 이상

    2) 승진 후보자에 해당하면서 성과지표(KPI)가 A 등급 이상인 직원 중 승진평가 점수 최고점자를 승진 대상자로 선정한다. 단, 동점자 발생 시 ① 현 직급 근속기간이 긴 직원, ② 전체 근속기간이 긴 직원 순으로 우선권을 부여한다.

2. 최종 점수 산출 방법
    1) 최종 점수는 승진평가 점수에 가산점을 더하여 산출한다.
    2) 승진평가 점수 = 성과지표 점수 + 역량평가 점수 + 리더십 점수
    ※ 1) 성과지표(KPI) 점수는 개인목표점수(60%)와 부서목표점수(40%)의 가중평균으로 산출한다.
       2) 성과지표 점수가 90점 이상은 성과지표 S 등급, 80점 이상 90점 미만은 성과지표 A 등급, 70점 이상 80점 미만은 성과지표 B 등급이다.
    3) 가산점

항목	특허 등록 실적	자격증 취득	핵심인재 선정	해외 근무 경험 (2년 이상)
점수	건당 1점(최대 3점)	3점	2점	2점

[직원 갑~무의 정보]

직원	직급	현 직급 근속기간	전체 근속기간	부서목표 점수	개인목표 점수	역량평가 점수	리더십 점수	특이사항
갑	부장	5년 1개월	12년	96점	84점	84점	91점	특허 등록 4건
을	과장	5년 8개월	9년	87점	75점	95점	89점	자격증 취득
병	과장	4년 3개월	14년	91점	85점	92점	82점	핵심인재 선정
정	대리	2년 8개월	7년	86점	95점	80점	89점	–
무	과장	5년 5개월	9년	85점	78점	92점	94점	해외근무 1년

07. 위 규정을 근거로 판단한 내용으로 옳지 않은 것은?

① 정 대리는 현 직급 근속기간 조건을 충족하지 못해 승진 대상자에 해당하지 않는다.

② 승진 대상자로 선정되는 사람은 무이다.

③ 동점자 발생 시 역량평가 점수가 높은 순으로 우선권을 부여할 경우 승진 대상자는 바뀐다.

④ 갑~무 중 성과지표가 A 등급인 직원은 총 3명이다.

08. 성과지표 점수 산출 시 개인목표점수와 부서목표점수의 가중치가 서로 바뀐다면, 승진 대상자는? (단, 다른 모든 규정은 동일하게 적용된다.)

① 갑   ② 을   ③ 병   ⑤ 무

[09 – 10] 다음은 B 은행의 청년 주택드림 청약통장 약관 및 상품 안내문이다. 각 물음에 답하시오.

[청년 주택드림 청약통장 상품 안내]

1) 상품 특징

청년층의 주택 마련을 지원하기 위한 청약통장으로, 최대 4.5%의 우대금리 및 비과세 혜택을 제공하는 상품

2) 가입대상

만 19세 이상 만 34세 이하 무주택자로서 다음 요건 중 하나를 충족하는 자 (단, 병역을 이행한 경우에는 그 기간(6년을 한도로 함)을 청년주택드림청약통장 가입일 현재 연령에서 빼고 계산한 연령이 만 34세 이하인 사람을 포함)

　① 직전 과세기간의 종합소득(이자·배당·연금소득 제외)이 5천만 원 이하인 자

　② 직전년도 또는 가입연도 소득증빙기간이 1년 미만인 근로소득자로 연환산 소득이 5천만 원 이하인 자

　③ 직전 과세기간 비과세 소득만 있는 현역병 등으로서 복무를 마친 자

3) 납입 조건

- 가입금액: 매달 2만 원 이상 100만 원 이하의 금액을 10원 단위로 자유롭게 납입
- 이자지급방식: 만기일시지급, 단리식
- 가입기간: 가입일부터 해지일까지
- 가입기간에 따른 기본금리

가입기간	1년 미만	1년 이상 2년 미만	2년 이상 10년 이내	10년 초과
기본금리	연 3.7%	연 4.2%	연 4.5%	연 3.1%

4) 비과세

- 대상: 신규일 기준 무주택세대의 세대주 또는 세대주의 배우자로서 다음의 요건 모두 충족한 자

　① 신규 직전 과세기간 총급여액 3,600만 원 이하 근로소득자 또는 신규(전환) 직전 과세기간 종합소득과세표준에 합산되는 종합소득액 2,600만 원 이하인 자

　② 신규일로부터 2년 이상 유지한 계좌

- 한도: 이자소득 500만 원(납입금액 연 600만 원 한도)에 대하여 비과세적용

5) 소득공제

- 대상: 총급여액 7천만 원 이하의 근로소득이 있는 근로자로서 무주택 세대주 또는 무주택 세대주의 배우자
- 한도: 연 300만 원 한도 내 납입금액의 40% 공제

　※ 소득공제로 인한 세액감소액=소득공제액×소득세율(15%)

6) 주택청약 당첨 시 일부 인출

- 청년 주택드림 청약통장 가입자가 주택청약에 당첨된 경우 1회에 한하여 청약당첨주택의 계약금 납부목적으로 일부 금액을 인출할 수 있다.
- 일부 인출 금액은 회차별 납입금액 중 최초 가입일부터 순차적으로 인출한 것으로 본다. 청약당첨 시 소득공제 추징 예상 금액을 제외한 범위 내에서만 인출 가능하며, 회차 내 금액을 분할하여 인출할 수 없다.
- 청년 주택드림 청약통장 가입자가 주택청약에 당첨된 경우 해당 통장은 주택에 청약할 수 있는 기능이 상실된다.

09. 위 안내문을 토대로 답변할 때, 행원이 안내한 내용으로 옳지 않은 것은?

> **고객:** 청년 주택드림 청약통장에 가입하고 싶은데요, 가입 조건과 혜택에 대해 알려주실 수 있나요?
>
> **행원:** 네, 청년 주택드림 청약통장은 만 19세 이상 34세 이하의 무주택자를 대상으로 하는 상품입니다. ① 병역 이행자는 복무기간을 최대 6년까지 연령에서 제외하여 계산한 나이가 만 34세 이하인 경우 가입이 가능합니다. 또한, ② 근로소득자 중 총급여액이 7천만 원을 넘지 않으면서 무주택 세대주나 그 배우자에 해당하는 경우 연간 최대 120만 원을 소득에서 공제받는 혜택을 적용받을 수 있습니다.
>
> **고객:** 금리 혜택과 비과세 혜택은 어떻게 되나요?
>
> **행원:** 가입기간에 따라 금리가 차등 적용됩니다. 1년 미만은 연 3.7%, 1년 이상 2년 미만은 연 4.2%, 2년 이상 10년 이내는 최대 연 4.5%의 우대금리가 적용됩니다. ③ 비과세 혜택은 가입 당시 세대주 또는 세대주의 배우자이고, 소득 요건을 충족하며 2년 이상 유지하면 이자소득 합계 500만 원까지 비과세 혜택을 받을 수 있습니다. 다만 근로소득자의 경우 총급여액이 3,600만 원 이하, 사업소득자는 종합소득금액이 2,600만 원 이하여야 합니다.
>
> **고객:** 매월 얼마씩 저축할 수 있나요?
>
> **행원:** 월 납입금은 2만 원 이상 100만 원 이하로 설정 가능합니다.
>
> **고객:** 청약에 당첨됐을 때 계약금으로 일부 금액만 인출할 수도 있나요?
>
> **행원:** 네, 청약당첨 후 계약금 납부목적에 한해 1회에 한하여 일부 인출이 가능합니다. ④ 자금을 인출할 때는 소득공제 추징이 예상되는 금액을 제외한 범위 내에서만 가능하며, 한 회차에 배정된 금액을 여러 번에 나누어 인출 가능합니다.

10. 위 안내문과 A의 정보를 바탕으로 판단한 내용으로 옳지 않은 것은?

> **[A의 정보]**
>
> • 만 29세, 무주택 세대주
> • 직전 과세기간 총급여액: 3,500만 원
> • 납입금액: 매월 50만 원 (연간 600만 원)
> • 청약통장 가입 후 3년 경과함

① A가 3년간 납입한 원금은 총 1,800만 원이며, 단리 계산에 따른 세전 이자는 81만 원이다.

② A가 3년간 수령할 이자는 전액 비과세된다.

③ A의 연간 소득공제로 인한 세금 절감액은 18만 원이다.

④ A는 청약통장을 3년간 유지했으므로 최대 우대금리인 연 4.5%가 적용된다.

[11-12] 다음은 S 은행 중소기업 대출 금리지원 제도 안내문의 일부이다. 각 물음에 답하시오.

[중소기업 대출 금리지원 제도 안내]

1. 제도 목적
   - 지역경제 활성화 및 일자리 창출에 기여하는 중소기업에 자금 지원 및 금리 우대 혜택 제공

2. 지원 대상
   - 설립 후 1년 이상 경과한 중소기업
   - 단, 사행성 산업, 부동산 임대업, 유흥 관련 산업 업종은 제외한다.

3. 지원 내용
   1) 대출 한도: 기업당 최대 30억 원
   2) 대출 기간: 최대 7년(거치기간 최대 2년)
   3) 상환 방식: 만기일시상환
   4) 대출 용도: 운전자금 및 시설자금

4. 금리 적용 및 우대사항
   1) 대출금리 = 기준금리(연 4.0%) - 우대금리(최대 1.5%p)
   2) 우대금리 적용 조건(중복 적용 가능)

당행 주거래 기업 (6개월 이상 주거래)	고용창출 우수기업 (최근 1년간 고용 증가율 15% 이상)	수출 우수기업 (최근 1년간 수출실적 100만 달러 이상)	ESG 경영 인증기업	벤처기업 또는 녹색경영 인증기업
0.3%p	0.3%p	0.2%p	0.3%p	0.2%p

   ※ 고용 증가율(%) = {(당해 연도 고용 인원 - 전년도 고용 인원) / 전년도 고용 인원} × 100

5. 이자 계산 방법
   1) 월별 이자 = 대출금 × 연이율 / 12
   2) 연체 이자율 = 대출금리 + 연체가산금리(연 3.0%)
      연체 이자 = 연체 이자율 × 연체 금액 × 연체 일수 / 365

6. 중도상환 및 기타 조건
   1) 중도상환수수료

대출실행일로부터 기간	1년 이내	1년 초과 3년 이내	3년 초과
중도상환수수료	중도상환금액의 1.2%	중도상환금액의 0.8%	면제

   2) 인지세
      인지세법에 의해 대출약정 체결시 납부하는 세금으로 대출금액에 따라 세액이 차등 적용되며, 은행과 고객이 각 50%씩 부담한다.

대출금액	5천만 원 이하	5천만 원 초과 1억 원 이하	1억 원 초과 10억 원 이하	10억 원 초과
인지세액	비과세	7만 원	15만 원	35만 원

11. 위 안내문을 근거로 판단한 내용으로 옳은 것은?

① 시설자금으로 15억 원을 대출받은 기업이 대출실행일로 부터 1년 이내에 원금의 50%를 조기 상환할 경우 부과되는 중도상환수수료는 800만 원이다.

② 운전자금 2억 5천만 원을 연 금리 4.5%로 대출받았을 경우 월별 이자는 100만 원 이상이다.

③ 대출금액이 8억 원인 경우 고객이 부담하는 인지세는 15만 원이다.

④ 연 금리 4.0%가 적용되는 6억 원 대출금의 이자를 73일 동안 연체했을 경우 발생하는 연체 이자는 840만 원이다.

1회

2회

3회

해커스 IBK 기업은행 NCS+직무수행능력 실전모의고사

12. 다음은 2024년 S 은행 중소기업 대출 금리지원 제도에 신청한 중소기업 A~D의 정보이다. 해당 제도를 받을 수 있는 기업 중 우대금리가 가장 높은 기업은?

기업	업종	설립 기간	고용 인원		최근 1년간 수출실적	특이사항
			2023년	2024년		
A	제조업	2년 3개월	450명	520명	120만 달러	녹색경영 인증기업
B	IT 서비스	11개월	110명	150명	85만 달러	벤처기업, 당행 주거래 기업(8개월)
C	무역업	10년 7개월	350명	400명	230만 달러	ESG 경영 인증기업, 당행 주거래 기업(1년)
D	소프트웨어 개발	5년 6개월	85명	100명	95만 달러	벤처기업, 당행 주거래 기업(3개월)

① A 기업   ② B 기업   ③ C 기업   ④ D 기업

[13 – 14] 다음 글을 읽고 각 물음에 답하시오.

모펀드-자펀드 구조(Fund of Funds)는 하나의 펀드인 모펀드가 여러 자펀드에 투자하는 방식으로 자산운용의 효율성과 분산투자의 효과를 높이기 위해 2003년 한국에 도입되었다. 이 구조를 활용하면 투자자는 단일 펀드에 가입하는 것만으로도 다양한 자산군과 전략에 분산 투자하는 효과를 얻을 수 있어 접근성과 효율성 측면에서 장점이 크다.

운용 방식은 계층적인 구조를 가지는데, 모펀드는 투자자로부터 자금을 모집하여 여러 자펀드에 분산 투자한다. 이때 모펀드는 주식이나 채권 같은 기초자산에 직접 투자하지 않고 자펀드를 통해 간접적으로 투자한다는 점이 특징이다. 실제 자산 운용은 자펀드가 맡으며 자펀드는 모펀드에서 받은 자금을 바탕으로 주식, 채권, 파생상품, 부동산 등 다양한 기초자산에 투자한다. 각 자펀드는 고유한 투자 전략을 가지고 있어 모펀드는 자펀드를 통해 다양한 자산과 전략에 동시에 접근할 수 있게 된다.

보수 체계는 이 구조의 또 다른 특징으로, 모펀드는 전체 자산 관리 및 투자 조정 서비스에 대한 보수를 받고, 자펀드는 실제 자산운용에 따른 보수를 받는다. 일반적으로 모펀드 보수는 낮은 편이며, 자펀드 보수는 투자 대상과 운용 전략에 따라 다르게 책정된다. 이중 보수 부과를 방지하기 위해 모펀드가 자펀드에 투자한 부분에 대해서는 보수를 면제하거나 조정하는 방식이 적용되며, 이는 투자자에게 불리한 비용 부담을 줄이기 위한 장치다.

이러한 구조는 투자 효율성과 위험 관리 측면에서도 장점이 있다. 여러 자펀드에 자금을 분산함으로써 특정 자산군이나 전략에 집중된 리스크를 완화할 수 있고, 자산군별 전문 운용사의 역량을 활용할 수 있다. 또한 모펀드는 시장 상황에 따라 자펀드 간 자금 비중을 유연하게 조정하고, 리밸런싱을 통해 투자 위험을 관리할 수 있다. 모펀드의 운용사는 자펀드의 성과를 주기적으로 모니터링해 부진한 자펀드를 교체하는 방식으로 성과 관리도 체계적으로 이뤄진다. 세금 측면에서도 투자자에게 유리한 구조다. 국내 과세 체계에서는 모펀드와 자펀드 간 자금 이동은 과세 대상이 아니며, 투자자가 모펀드를 환매할 때에만 과세된다. 이는 중간 단계의 거래나 운용 변경이 과세로 이어지지 않는다는 점에서 절세 효과가 있다.

투자자가 실제로 받는 순수익금은 투자원금에 모펀드 수익률을 곱한 뒤 총보수비용을 차감하여 산출한다. 여기서 모펀드 수익률은 자펀드들의 수익률을 해당 자펀드의 편입 비중으로 가중 평균한 값이며, 총보수비용은 모펀드 보수와 자펀드 보수를 합산한 금액이다. 모펀드 보수는 투자원금 × 모펀드 보수율 × 투자기간(월) / 12로 계산되며, 자펀드 보수는 자펀드별 보수율과 편입비중을 곱해 모두 합산하여 가중 평균 자펀드 보수율을 구한 뒤, 이를 다시 투자원금×가중 평균 자펀드 보수율 × 투자기간(월) / 12로 계산한다.

13. 윗글을 근거로 판단한 내용으로 옳은 것을 모두 고르면?

> ㉠ 모펀드는 직접 주식이나 채권 등 실물 자산에 투자함으로써 자펀드의 운용을 보조한다.
> ㉡ 자펀드 간의 수익률이 저조하면, 모펀드는 자산을 재조정하거나 해당 자펀드를 교체할 수 있다.
> ㉢ 모펀드와 자펀드 사이의 자산 이동은 세금 부과 대상이 아니며 투자자가 실제로 모펀드에서 자금을 인출할 때만 세금이 부과된다.
> ㉣ 모펀드의 보수는 운용 전략에 따라 다르게 측정되며, 자펀드보다 높게 책정된다.

① ㉠, ㉢   ② ㉡, ㉢   ③ ㉡, ㉣   ④ ㉢, ㉣

14. B가 투자한 A 글로벌자산배분펀드의 6개월간 세전 순수익금은 얼마인가?

> 투자자 B는 안정적인 수익을 원하며 2025년 1월 2일에 A 글로벌자산배분펀드에 5,000만 원을 투자했다. 2025년 7월 2일 기준으로 각 자펀드의 수익률은 A 글로벌주식펀드가 8%, A 글로벌채권펀드가 3%, A 글로벌대체투자펀드가 12%, A 글로벌머니마켓펀드가 1%였다. A 자산운용사는 모펀드-자펀드 구조의 글로벌 자산배분 펀드를 다음과 같이 운용하고 있다.

구분	펀드명	유형	보수율	자산규모	편입비중
모펀드	A 글로벌자산배분펀드	혼합형	연 0.2%	1,000억 원	–
자펀드 1	A 글로벌주식펀드	주식형	연 0.8%	400억 원	40%
자펀드 2	A 글로벌채권펀드	채권형	연 0.5%	300억 원	30%
자펀드 3	A 글로벌대체투자펀드	특별자산	연 1.2%	200억 원	20%
자펀드 4	A 글로벌머니마켓펀드	MMF	연 0.3%	100억 원	10%

① 2,860,000원   ② 3,065,000원   ③ 3,110,000원   ④ 3,260,000원

[15 - 16] 다음은 △△투자은행의 애널리스트 채용 공고문과 지원자별 평가 결과이다. 각 물음에 답하시오.

[애널리스트 채용 공고]

1. 모집 부문 및 인원
   − 채권운용팀 1명, 해외투자팀 1명

2. 지원 자격
   − 국내외 4년제 대학교 경제/금융/회계 관련 학과 졸업자로서, 아래 요건 중 하나 이상을 갖춘 자
     ① 관련 자격증 소지자(CFA, FRM, 투자자산운용사 등)
     ② 금융투자업 관련 경력 3년 이상 보유자
     ③ 영어 비즈니스 커뮤니케이션 가능자(단, 해외투자팀의 경우 TOEIC 900점 이상 필수)

3. 전형 절차 및 평가항목
   − 총점은 서류 평가 40%, 1차 면접 30%, 2차 면접 30%의 비율로 산출
   − 각 부문별로 총점이 가장 높은 1명씩 선발
   − 동점자 발생 시 2차 면접, 1차 면접, 서류 전형 순으로 고득점자 우선 선발
   − 전형별 평가항목

전형	평가 항목
서류 평가	포트폴리오(75%), 경력 및 자격(25%)
1차 면접	직무적합성(50%), 투자분석능력(50%)
2차 면접	조직적합성(50%), 리더십/커뮤니케이션(50%)

5. 채용 일정

서류 평가	1차 면접	2차 면접	최종 합격자 발표
2025.08.01(금)~2025.08.15(금)	2025.08.26(화)~2025.08.27(수)	2025.09.01(월)~2025.09.02(화)	2025.09.05(금)

[지원자별 평가 결과]

(단위: 점)

지원자	지원 부문	서류 평가		1차 면접		2차 면접	
		포트폴리오	경력 및 자격	직무 적합성	투자분석 능력	조직 적합성	리더십/ 커뮤니케이션
A	채권운용팀	82	95	83	85	80	82
B	채권운용팀	88	80	85	86	88	84
C	채권운용팀	90	86	86	81	85	83
D	해외투자팀	92	81	81	83	84	89
E	해외투자팀	85	90	85	87	88	85
F	해외투자팀	82	82	90	88	87	86

15. 위 공고문을 근거로 판단한 내용으로 옳은 것은? (단, 6명 모두 지원 자격에 따른 채용 결격사유는 없다.)

① 채권운용팀 지원자 중 1차 면접에서 가장 높은 점수를 받은 지원자는 A이다.

② 최종 합격자는 서류 전형 마감일로부터 정확히 4주 후에 확인할 수 있다.

③ 채권운용팀 지원자 서류 평가 점수의 평균은 해외투자팀 지원자 서류 평가 점수의 평균보다 낮다.

④ 해외투자팀 지원자의 2차 면접 점수는 모두 동일하다.

16. 각 부문별 최종 합격자를 올바르게 나열한 것은?

	채권운용팀	해외투자팀
①	A	D
②	B	E
③	C	D
④	C	F

[17 - 18] 다음은 ○○기업 사내 자원관리 규정의 일부이다. 각 물음에 답하시오.

[사내 자원관리 규정]

제5조(예산 집행)

① 예산 집행은 승인된 범위 내에서 이루어져야 한다.

② 부서장은 소관 예산의 집행에 책임을 진다.

③ 50만 원 이상의 지출은 부서장의 사전 승인이 필요하며, 200만 원 이상의 지출은 총무이사의 승인을 추가로 받아야 한다.

제7조(경비 청구 방법)

① 모든 경비 청구는 경비정산시스템을 통해 이루어지며, 청구 시에는 관련 증빙서류(영수증, 계약서 등)를 스캔하여 첨부하여야 한다.

② 경비 청구는 발생일로부터 30일 이내에 이루어져야 하며, 회계연도를 넘길 수 없다.

제8조(경비 유형별 정산 기준)

① 경비는 다음과 같이 구분하여 정산한다.

A 등급(핵심 업무)	프로젝트 필수 자재 및 장비, 고객사 미팅 비용, 필수 교육비 등
B 등급(지원 업무)	업무 효율화 도구, 사무용품, 도서 구입, 팀 빌딩 활동비 등
C 등급(복리후생)	사내 동호회 활동, 부서 회식비, 다과비 등
D 등급(비인정)	개인용도 물품, 과도한 접대비, 사치품 구매 등

② A 등급은 실비의 100%, B 등급은 실비의 85%, C 등급은 실비의 60%가 정산되고, D 등급은 정산이 불가하다.

③ 월별 정산 한도는 A 등급이 100만 원, B 등급이 50만 원, C 등급이 30만 원이며, 한도 초과분에 대해서는 A 등급은 90%, B 등급은 75%, C 등급은 40%가 정산된다.

제10조(연말정산 특례)

① 12월 경비 청구는 12월 15일까지 완료해야 하며 12월 15일 이후에 발생한 경비는 다음 연도 1월에 청구해야 한다.

② 연말 프로젝트 마감으로 인한 특별 경비는 최대 150만 원까지 A 등급으로 처리할 수 있다.

17. 위 사내 규정을 근거로 판단한 내용으로 옳은 것은?

① 150만 원의 프로젝트 필수 장비 예산을 집행하기 위해서는 부서장과 총무이사 모두의 승인이 필요하다.

② 2025년 7월 20일에 발생한 B 등급 지원 업무 경비 50만 원을 2025년 8월 25일에 청구한다면 총 26만 원을 정산받는다.

③ 2024년 12월 25일에 발생한 사내 동호회 활동 경비 40만 원은 2024년 12월 31일까지 청구해야 한다.

④ 월별 정산 한도를 초과하지 않은 경우, 연말 프로젝트 마감으로 인해 2024년 12월 10일에 발생한 150만 원의 특별 경비를 2024년 12월 15일에 청구한다면 총 150만 원을 정산받는다.

18. 다음은 2월에 김 과장이 회사에 청구한 경비내역이다. 김 과장이 모든 경비를 발생일로부터 30일 이내에 청구했을 때, 2월의 총 정산액은?

날짜	사용 금액	항목	경비 등급
2월 3일	75만 원	프로젝트 서버 임대료	A 등급
2월 10일	38만 원	사내 동호회 활동비	C 등급
2월 15일	32만 원	업무용 모니터 구매	B 등급
2월 18일	30만 원	접대비	D 등급
2월 22일	20만 원	팀 간담회 비용	C 등급
2월 25일	25만 원	참고 서적 구입	B 등급
2월 28일	55만 원	고객사 출장비	A 등급

① 2,039,500원   ② 2,132,500원   ③ 2,321,000원   ④ 2,450,000원

[19 – 20] 다음은 D 은행의 해외송금 수수료 안내문이다. 각 물음에 답하시오.

[해외송금 수수료 안내]

1. 해외송금 방식별 기본 수수료

송금 방식	기본 수수료	비고
전신환송금(T/T)	15,000원	일반 계좌이체 방식
해외계좌송금	10,000원	한국금융은행 해외지점으로 송금 시
인터넷뱅킹 송금	8,000원	인터넷/모바일뱅킹 이용

2. 송금액별 추가 수수료

송금액	추가 수수료
USD 1,000 미만	없음
USD 1,000 이상 5,000 미만	송금액의 0.1%
USD 5,000 이상 10,000 미만	송금액의 0.15%
USD 10,000 이상	송금액의 0.2%

3. 우대 서비스 및 할인 혜택
   할인 혜택이 중복되는 경우 할인율이 높은 혜택만을 적용한다.
   1) VIP 고객 우대
      - 골드 등급: 기본 수수료 20% 할인
      - 플래티넘 등급: 기본 수수료 30% 할인
      - 프리미엄 등급: 기본 수수료 50% 할인
   2) 정기 송금 할인
      - 연 6회 이상 정기송금 등록 시: 기본 수수료 10% 할인
      - 연 12회 이상 정기송금 등록 시: 기본 수수료 20% 할인
   3) 특별 프로모션
      - 학생 유학 송금: 기본 수수료 면제 (학생증 제시 필요)
      - 신규 가입 고객 첫 송금: 기본 수수료 50% 할인
      - 모바일앱 송금: 기본 수수료 5% 할인

4. 옵션별 중계 은행 수수료

옵션	내용	중계 은행 수수료
OUR	송금인 부담	USD 20 + 수취국가별 추가 수수료
SHA	송금인/수취인 분담	기본 해외송금 수수료만 부담
BEN	수취인 부담	송금인에게 추가 수수료 없음

   ※ 수취국가에 따른 OUR 옵션 추가 수수료는 북미가 USD 5, 아시아가 USD 8, 유럽이 USD 10, 남미가 USD 15임

5. 환율 정보
   - 기준 환율: USD 1 = KRW 1,300
   - 모든 외화 수수료는 위 환율을 적용하여 원화로 납부

19. 박 주임은 미국 해외지사에 자금을 송금하려한다. 위 안내문을 바탕으로 판단할 때, 박 주임이 지불해야 할 총 수수료는? (단, 제시되지 않은 내용은 고려하지 않는다.)

- 송금액: USD 8,500
- 송금 방식: 인터넷뱅킹 송금
- 중계 은행 옵션: OUR (송금인 부담)
- 고객 등급: 골드 등급 VIP
- 정기송금 여부: 연 6회 정기송금 등록
- 수취국가: 미국(북미)

① 48,975원   ② 54,500원   ③ 55,475원   ④ 58,720원

20. 위 안내문을 바탕으로 판단한 내용으로 옳은 것은?

① 전신환송금방식으로 USD 12,000을 송금하는 경우 추가 수수료는 39,000원이다.

② 연 12회 정기송금을 등록한 플래티넘 등급 VIP 고객이 USD 4,000을 인터넷뱅킹으로 송금할 경우 기본 수수료는 6,400원이다.

③ 해외계좌송금방식으로 학생 유학 자금 USD 6,000을 송금할 경우 학생증을 제시하면 총 수수료는 11,700원이다.

④ 신규 가입 고객이 모바일앱을 통해 처음으로 USD 3,000을 송금할 경우 기본 수수료는 3,800원이다.

[21 - 22] 다음은 ○○체육센터 이용 안내문 및 5월 예약 현황이다. 각 물음에 답하시오.

[○○체육센터 이용 안내]

1. 시설 이용 요금

구분	기본 인원	최대 인원	이용 요금
A 다목적홀	180명	200명	180,000원
B 다목적홀	140명	150명	110,000원
C 다목적홀	130명	160명	85,000원

※ 1) 이용 요금은 1시간 기준이며, 주말 및 공휴일에는 이용 요금의 30%를 가산함
   2) 최대 인원까지만 수용 가능하며, 기본 인원 1명 초과 시마다 15,000원 가산함
   3) 행사시간 외 준비 및 철수시간은 실제 이용시간의 20%까지 무료 제공하고, 10분 초과 당 해당 일자 이용 요금의 5%를 부과함

2. 부대시설 이용 요금

구분	이용 요금
유/무선 마이크	10,000원/개
빔프로젝터	30,000원/대
의자	3,000원/개
테이블	10,000원/개

※ 1) 부대시설은 사전 예약이 필요하며, 당일 추가 요청 시 20% 할증료 발생함
   2) 의자와 테이블은 다목적홀별 기본 인원에 맞게 구비되어 있음

3. 예약 및 취소 규정
  – 예약은 사용일 3개월 전부터 가능
  – 사용 예정일 14일 전 취소: 이용 요금 전액 환불
  – 사용 예정일 7~13일 전 취소: 이용 요금의 40% 공제 후 환불
  – 사용 예정일 1~6일 전 취소: 이용 요금의 70% 공제 후 환불
  – 사용 당일 취소 또는 미사용: 이용 요금의 100% 공제

[5월 예약 현황]

월	화	수	목	금	토	일
3	4	5	6	7	8	9
		A(마감) C(마감)		B(마감) C(마감)		
10	11	12	13	14	15	16
			C(마감)	A(마감)		

※ 1) 5월의 공휴일은 5일 어린이 날과 14일 부처님 오신날 두 개뿐임
   2) 예약완료 된 홀은 '홀 이름(마감)'으로 표시됨

---

21. 위 안내문을 근거로 판단한 내용으로 옳지 않은 것은? (단, 제시되지 않은 내용은 고려하지 않는다.)

① 무선 마이크 2개와 빔프로젝터 1대를 이용 당일에 추가로 대여할 경우 부대시설 이용 요금은 60,000 원이다.

② A 다목적홀을 토요일에 140명이 2시간 이용할 경우 총 이용 요금은 468,000원이다.

③ 공휴일에 B 다목적홀을 5시간 이용하고 행사시간 외 철수시간이 1시간 30분인 경우 16,500원의 추가 요금이 발생한다.

④ 평일에 C 다목적홀을 2시간 예약했으나 사용 예정일 10일 전에 취소하는 경우 환불받는 금액은 102,000원이다.

22. 갑 기업은 사내 체육대회를 위해 ○○체육센터 시설을 이용하려고 한다. 다음 대화와 위 안내문을 근거로 판단할 때, 갑 기업이 이용하게 될 시설과 총 이용 요금을 알맞게 연결한 것은? (단, 부대시설은 사전에 예약한다.)

김 사원: 팀장님, 체육대회 관련하여 5월 3일에서 5월 16일 사이로 일정을 계획하고 있는데, 언제가 좋을까요?

유 팀장: 체육대회 다음날 쉴 수 있도록 주말 바로 전날이 좋을 것 같네요.

김 사원: 참가 인원은 몇 명으로 예상하시나요?

유 팀장: 총 150명이에요. 의자와 테이블은 참가 인원에 맞게 배치해주세요. 한 개의 테이블에 몇 명이 앉을 수 있나요?

김 사원: 의자 5개당 테이블 하나가 필요합니다.

유 팀장: 네, 체육대회는 오전 10시부터 오후 4시까지 총 6시간 동안 진행할 예정입니다. 준비와 철수에 각각 30분씩 필요해요.

김 사원: 알겠습니다. 예약 가능한 날짜와 총 요금이 가장 저렴한 홀로 예약을 진행하겠습니다.

	다목적홀	총 이용 요금
①	A	1,080,000원
②	B	860,000원
③	B	1,058,000원
④	C	1,063,000원

23. 다음 중 경영전략의 추진과정에 부합하는 조직 내 활동을 순서대로 나열한 것으로 적절한 것은?

> ㉠ 조직의 비전 및 중장기 성과 목표를 구체화하고, 이를 측정할 수 있는 지표를 수립한다.
> ㉡ 분석된 정보를 기반으로 경쟁우위 확보를 위한 차별화 전략 및 실행방안을 도출한다.
> ㉢ 내부 자원과 역량뿐 아니라 외부 시장과 경쟁 환경에 대한 체계적이고 심층적인 진단을 수행한다.
> ㉣ 확정된 전략을 조직 전반에 체계적으로 전개하며, 필요한 인적·물적 자원을 적절하게 배분 및 조정한다.
> ㉤ 전략 실행의 성과를 정량적으로 평가하고, 평가 결과에 근거하여 개선 방향을 도출하고 피드백한다.

① ㉠ - ㉡ - ㉢ - ㉣ - ㉤

② ㉠ - ㉡ - ㉢ - ㉤ - ㉣

③ ㉠ - ㉢ - ㉡ - ㉣ - ㉤

④ ㉠ - ㉢ - ㉡ - ㉤ - ㉣

24. 조직이해능력에 관한 강의를 들은 신입사원 5명은 강의 내용에 대한 대화를 나누고 있다. 다음 중 적절하지 않은 발언을 한 신입사원은 모두 몇 명인가?

> 김 사원: 조직목표는 조직이 달성하려는 미래의 상태를 의미하며, 조직의 정당성과 합법성을 제공하는 역할을 합니다.
>
> 박 사원: 조직이 일차적으로 수행해야 할 과업인 운영목표는 단기목표로 전체 성과, 시장, 생산성, 자원, 혁신과 변화, 인력개발이 포함되어야 합니다.
>
> 최 사원: 유기적 조직은 엄격한 위계질서가 존재하는 반면 기계적 조직은 규제나 통제의 정도가 낮아서 변화에 따라 쉽게 변할 수 있습니다.
>
> 정 사원: 조직문화란 조직 구성원들이 공유하는 생활양식이나 가치로 조직의 안정성을 유지하는 역할을 합니다.
>
> 이 사원: 소량생산기술을 가진 조직은 유기적 조직구조가 적합하고, 대량생산기술을 가진 조직은 기계적 조직구조가 적합합니다.

① 0명　　　　　② 1명　　　　　③ 2명　　　　　④ 3명

[25 – 26] 다음은 국가별 외국인 직접투자(FDI) 유입액과 유출액에 관한 자료이다. 각 물음에 답하시오.

[FDI 유입액]

(단위: 억 달러)

구분	2020년	2021년	2022년	2023년	2024년
A 국	2,940	2,860	3,120	3,330	3,520
B 국	1,810	1,760	1,890	2,150	2,310
C 국	1,230	1,160	1,090	1,290	1,420
D 국	865	920	970	1,060	1,185
E 국	720	680	710	770	820

[FDI 유출액]

(단위: 억 달러)

구분	2020년	2021년	2022년	2023년	2024년
A 국	3,230	3,410	3,570	3,770	3,960
B 국	1,450	1,590	1,760	1,930	2,080
C 국	1,380	1,320	1,260	1,340	1,460
D 국	710	780	850	940	1,040
E 국	1,120	1,050	980	920	880

※ FDI 순유입액 = FDI 유입액 − FDI 유출액

25. 다음 중 위 자료에 대한 설명으로 옳지 않은 것은?

① 제시된 기간 동안 FDI 유입액이 많은 순서에 따른 국가별 순위는 매년 같다.

② 2020년 B 국의 FDI 순유입액은 2023년 D 국의 FDI 순유입액의 3배이다.

③ A 국 FDI 유출액의 전년 대비 증가율은 2021년이 2024년보다 작다.

④ 2024년 A~E 국의 FDI 유출액 합계는 2년 전 대비 1,000억 달러 증가하였다.

26. 다음 중 위 자료를 바탕으로 만든 그래프로 옳은 것은?

① [D 국 FDI 유입액의 전년 대비 증가량]

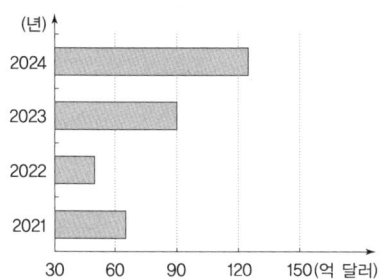

② [2022년 국가별 FDI 순유입액]

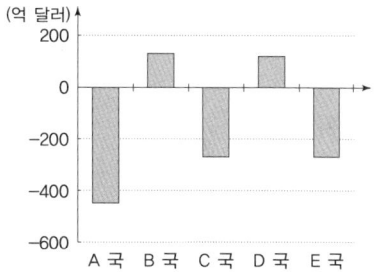

③ [B 국 FDI 유출액의 전년 대비 증가율]

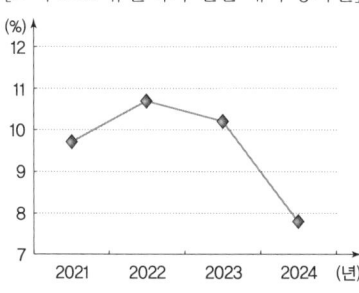

④ [2023년 국가별 FDI 유입액 구성비]

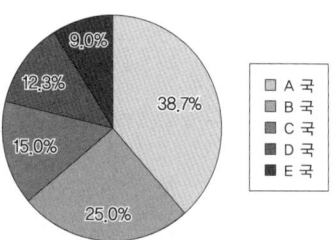

[27 – 28] 다음은 H 국의 연도별 전자상거래 매출액 및 평균금리에 대한 자료이다. 각 물음에 답하시오.

[연도별 전자상거래 매출액]

(단위: 조 원)

구분		2021년	2022년	2023년	2024년
가계대출	은행권	1,024.0	1,006.8	1,023.6	1,031.4
	제2금융권	598.5	612.5	625.3	650.8
기업대출	은행권	980.0	1,098.7	1,187.5	1,014.8
	제2금융권	432.0	456.0	479.5	456.2

※ 전자상거래 매출액은 가계대출과 기업대출로만 구분됨

[연도별 평균금리]

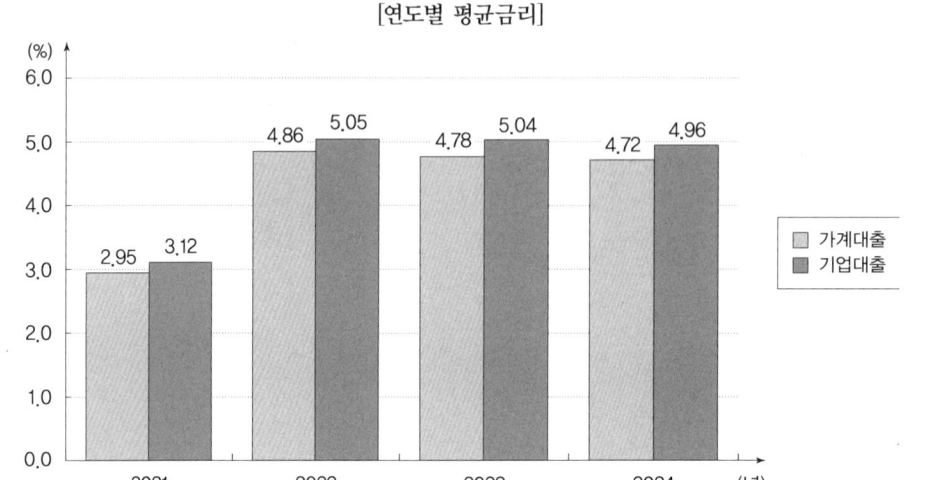

27. 다음 중 위 자료에 대한 설명으로 옳지 않은 것은?

① 2021년부터 2024년까지 기업대출의 평균금리는 가계대출의 평균금리보다 매년 높았다.

② 제시된 기간 중 기업대출 평균금리가 두 번째로 낮은 해에 전체 기업대출 전자상거래 매출액에서 은행권 전자상거래 매출액이 차지하는 비중은 전년 대비 증가하였다.

③ 2022년 제2금융권 전자상거래 매출액의 전년 대비 증가액은 가계대출이 기업대출보다 10조원 더 적다.

④ 2021년 가계대출과 기업대출의 전자상거래 매출액 합에서 은행권 전자상거래 매출액이 차지하는 비중은 약 66.0%이다.

28. 제시된 기간 중 가계대출과 기업대출의 평균금리 차가 가장 큰 해에 제2금융권 가계대출 전자상거래 매출액은 제2금융권 기업대출 전자상거래 매출액의 약 몇 배인가? (단, 소수점 셋째 자리에서 반올림하여 계산한다.)

① 1.30배   ② 1.34배   ③ 1.38배   ④ 1.43배

[29 – 30] 다음은 A 국의 소득분위별 신용카드 사용액에 대한 자료이다. 각 물음에 답하시오.

[2023년 소득분위별 신용카드 사용액]

(단위: 만 원)

구분	1분기	2분기	3분기	4분기
1분위	87.5	94.2	98.6	112.4
2분위	128.6	138.4	144.3	162.5
3분위	108.2	112.7	117.5	104.8
4분위	156.3	168.5	175.6	187.3
5분위	224.7	241.8	252.4	264.5
6분위	187.2	201.5	214.9	256.4
7분위	324.3	348.5	363.7	415.6
8분위	269.8	290.3	302.9	336.5
9분위	396.7	426.4	445.2	421.3
10분위	582.5	626.8	654.2	666.4

[2024년 소득분위별 신용카드 사용액]

(단위: 만 원)

구분	1분기	2분기	3분기	4분기
1분위	92.7	99.4	103.8	118.5
2분위	135.7	147.2	153.8	173.6
3분위	111.3	124.2	124.6	141.5
4분위	165.8	178.4	187.5	209.4
5분위	238.3	257.4	270.3	290.5
6분위	168.5	188.5	234.2	288.8
7분위	343.8	370.7	387.6	438.2
8분위	286.4	309.5	323.7	384.6
9분위	420.5	454.8	475.6	485.9
10분위	617.9	668.3	698.7	686.5

29. 다음 중 위 자료에 대한 설명으로 옳은 것을 모두 고르면?

> ⊙ 3분위 신용카드 사용액의 직전 분기 대비 증가액은 2024년 2분기가 2024년 1분기의 2배 이상이다.
> ⊙ 모든 소득분위에서 2024년 하반기 신용카드 사용액은 2024년 상반기 신용카드 사용액보다 크다.
> ⊙ 6분위의 분기별 신용카드 사용액의 평균은 2023년이 2024년보다 크다.

① ⓒ   ② ㉠, ⓒ   ③ ㉠, ⓒ   ④ ⓒ, ⓒ

30. 2024년 4분기 신용카드 사용액이 세 번째로 많은 소득분위와 다섯 번째로 많은 소득분위의 2024년 4분기 신용카드 사용액의 전년 동분기 대비 증가율의 차이는 약 얼마인가? (단, 소수점 둘째 자리에서 반올림하여 계산한다.)

① 4.4%p   ② 5.6%p   ③ 6.7%p   ④ 7.2%p

[31 - 32] 다음은 갑 그룹의 계열사별 당기순이익 및 매출액에 대한 자료이다. 각 물음에 답하시오.

[계열사별 당기순이익 및 전년 대비 증가율]

(단위: 억 원, %)

구분	2022년		2023년		2024년	
	당기순이익	전년 대비 증가율	당기순이익	전년 대비 증가율	당기순이익	전년 대비 증가율
A 전자	1,580	26.4	1,420	-10.1	1,655	16.5
B 화학	500	25.0	520	4.0	615	18.3
C 자동차	690	50.0	745	8.0	782	5.0
D 반도체	590	20.0	( )	96.6	1,300	12.1
E 금융	610	30.0	400	-34.4	432	8.0
전체	3,970	29.3	4,245	6.9	4,784	12.7

[계열사별 매출액 및 총자산]

(단위: 억 원)

구분	2022년		2023년		2024년	
	매출액	총자산	매출액	총자산	매출액	총자산
A 전자	18,590	20,256	18,205	20,580	18,595	21,250
B 화학	9,434	10,638	8,390	10,835	9,045	11,350
C 자동차	16,429	15,333	16,560	15,520	16,640	16,320
D 반도체	8,725	9,368	9,280	9,590	( )	10,480
E 금융	4,559	8,857	5,340	9,305	5,270	9,850
전체	57,737	64,452	57,775	65,830	59,050	69,250

※ 1) 당기순이익률(%) = $\dfrac{\text{당기순이익}}{\text{매출액}} \times 100$

   2) 자산수익률(%) = $\dfrac{\text{당기순이익}}{\text{총자산}} \times 100$

31. 다음 중 위 자료에 대한 설명으로 옳은 것은?

① 2023년 D 반도체의 당기순이익은 1,260억 원이다.

② 2022~2024년 동안 전체 매출액에서 C 자동차의 매출액이 차지하는 비중은 매년 30% 미만이다.

③ 2024년 당기순이익의 전년 대비 증가폭이 가장 큰 계열사는 B 화학이다.

④ 제시된 계열사 중 2024년 매출액이 세 번째로 큰 계열사의 2024년 자산수익률은 10% 미만이다.

32. 제시된 계열사 중 2021년 당기순이익이 두 번째로 작은 계열사의 2024년 당기순이익률은? (단, 소수점 둘째 자리에서 반올림하여 계산한다.)

① 4.7%　　　　② 6.8%　　　　③ 8.9%　　　　④ 13.7%

[33–34] 다음은 G 국의 고용 현황에 대한 자료이다. 각 물음에 답하시오.

[연도별 인구 및 고용 현황]

(단위: 만 명)

구분	2020년	2021년	2022년	2023년	2024년
15세 이상 인구	4,250	4,280	4,310	4,350	4,380
경제활동인구	2,720	( )	2,782	2,835	2,890
취업자	2,598	2,625	2,674	( )	2,762
실업자	( )	115	108	102	128

[2024년 산업별 취업자 수 및 평균임금]

(단위: 만 명, 만 원)

구분	취업자	전년 대비 증가율(%)	평균임금	전년 대비 증가율(%)
제조업	874	−1.8	382	3.2
건설업	248	2.5	346	3.8
서비스업	1,498	1.4	358	2.4
농림어업	98	−3.9	216	2.1
기타	44	0.0	294	3.0
전체	2,762	0.5	352	3.1

※ 1) 15세 이상 인구 = 경제활동인구 + 비경제활동인구

2) 경제활동인구 = 취업자 + 실업자

3) 경제활동참가율(%) = $\frac{경제활동인구}{15세\ 이상\ 인구} \times 100$

4) 취업(실업)률(%) = $\frac{취업자(실업자)}{경제활동인구} \times 100$

5) 고용률(%) = $\frac{취업자}{15세\ 이상\ 인구} \times 100$

33. 다음 중 위 자료에 대한 설명으로 옳지 않은 것은?

① 고용률은 2022년이 2021년 대비 0.5%p 이상 높다.

② 2023년 평균임금은 농림어업이 제조업의 60% 미만이다.

③ 2022년 이후 취업률은 매년 전년 대비 증가하였다.

④ 건설업 취업자 수는 2023년 대비 2024년에 5만 명 이상 증가하였다.

34. 다음 중 위 자료를 바탕으로 만든 그래프로 옳지 않은 것은?

① [연도별 경제활동참가율]

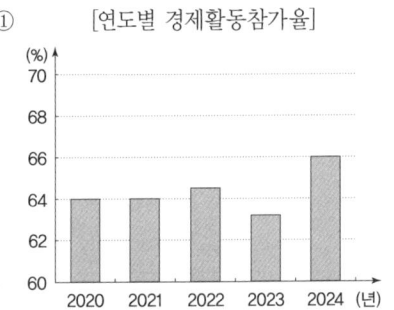

② [연도별 실업률]

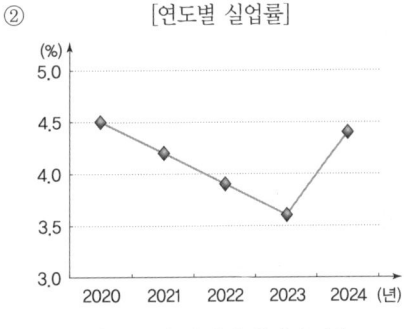

③ [연도별 비경제활동인구 수]

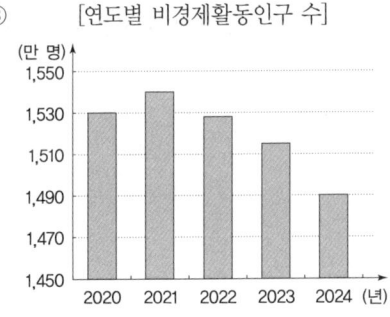

④ [2023년 산업별 취업자 수]

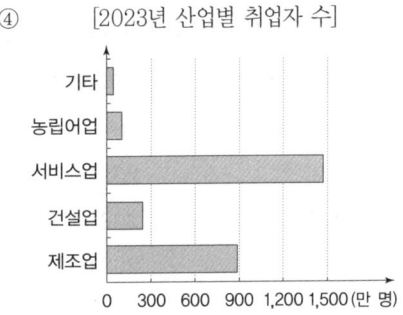

[35 – 36] 다음은 갑 국의 국세 및 지방세 세목별 징수액에 대한 자료이다. 각 물음에 답하시오.

[연도별 국세 세목별 징수액]

(단위: 조 원)

구분	2020	2021	2022	2023	2024
소득세	83.7	101.2	122.8	125.7	134.7
법인세	62.2	94.3	111.6	92.5	96.5
부가가치세	52.4	76.5	81.3	84.3	87.2
상속·증여세	9.5	11.2	12.8	14.2	15.9
기타	77.7	60.9	66.8	55.9	55.5
전체	285.5	344.1	395.3	372.6	389.8

[연도별 지방세 세목별 징수액]

(단위: 조 원)

구분	2020	2021	2022	2023	2024
취득세	28.1	34.2	40.5	37.4	39.6
지방소득세	23.2	27.3	31.8	33.6	35.7
재산세	13.8	14.7	16.2	17.4	18.5
자동차세	8.4	8.8	9.1	9.3	9.7
지방소비세	8.5	9.7	10.3	11.2	12.1
기타	4.3	5.1	4.5	6.2	7.6
전체	86.3	99.8	112.4	115.1	123.2

35. 다음 중 지방세 대비 국세의 비율이 가장 높은 연도와 가장 낮은 연도를 바르게 연결한 것은?

	가장 높은 연도	가장 낮은 연도
①	2021	2020
②	2021	2024
③	2022	2023
④	2022	2024

36. 기타를 제외한 국세 세목 중 2020년 대비 2024년 징수액의 증가율이 가장 높은 세목은?

① 소득세　　　　② 법인세　　　　③ 부가가치세　　　　④ 상속·증여세

[37-38] 다음은 알고리즘 순서도이다. 각 물음에 답하시오.

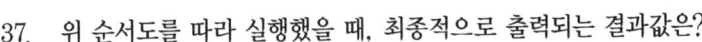

37. 위 순서도를 따라 실행했을 때, 최종적으로 출력되는 결과값은?

① 75   ② 85   ③ 96   ④ 105

38. C의 짝수 판단에 따른 처리 내용이 서로 바뀌는 경우 최종적으로 출력되는 결과값은?

① 70   ② 80   ③ 98   ④ 102

[39－40] 다음은 A 사의 제품 불량 및 AS 처리 코드 번호 생성 시스템에 대한 자료이다. 각 물음에 답하시오.

[제품 불량 및 AS 처리 코드 번호 생성 시스템]

제품 유형		불량 유형		수리 유형		처리 단계		일자	일련번호
냉장고	FR	작동불능	01	무상수리	RP	접수	1	접수일자 (YYYYMMDD)	당일 접수 순번
세탁기	WM	소음	02	유상수리	CL	점검	2		
에어컨	AC	외관손상	03	부품교환	AD	완료	3		

※ 1) 불량 유형과 처리 단계에서 복수의 항목에 해당하는 경우에는 가장 번호가 큰 것으로 표기함
　 2) 일련 번호가 한 자리 숫자인 경우에는 앞에 십의 자리에 0을 표기함

[코드 번호 생성 예시]

2025년 7월 10일에 작동불능으로 인하여 무상수리로 열세 번째에 접수를 한 냉장고
FR01RP12025071013

39. 다음 중 제품 불량 및 AS 처리 정보에 따른 코드 번호가 가장 적절한 것은?

제품 불량 및 AS 처리 정보	코드 번호
① 2025년 7월 9일에 소음으로 인하여 유상수리로 네 번째에 접수한 냉장고	FR02CL22025070904
② 2025년 7월 10일에 소음 및 외관손상으로 인하여 유상수리로 세 번째에 접수하여 점검 중인 세탁기	WM02CL22025071003
③ 2025년 7월 11일에 외관손상으로 인하여 부품교환으로 다섯 번째에 접수하여 처리가 완료된 에어컨	AC03AD32025071105
④ 2025년 7월 12일에 작동불능 및 소음으로 인하여 유상수리로 첫 번째에 접수하여 점검 중인 에어컨	AC02RP22025071201

40. 다음 중 제시된 코드 번호와 제품 불량 및 AS 처리 정보 목록이 올바르게 짝지어진 것은?

[코드 번호]

A	FR01RP12021042503	B	WM03CL22023111404
C	AC02AD32024091706	D	WM02CL12022052601

[제품 불량 및 AS 처리 정보 목록]

1	2021년 4월 25일에 작동불능으로 인하여 무상수리로 세 번째에 접수를 한 냉장고
2	2023년 11월 14일에 소음으로 인하여 부품교환으로 네 번째에 접수하여 처리 완료된 세탁기
3	2024년 9월 17일에 외관손상으로 인하여 유상수리로 여섯 번째에 접수를 한 에어컨
4	2022년 5월 26일에 소음으로 인하여 유상수리로 첫 번째에 접수하여 점검 중인 세탁기

① A-1   ② B-2   ③ C-3   ④ D-4

41. 다음 각 설명에 해당하는 용어가 바르게 연결된 것은?

> ㉠ 위험이 있는 상황에서 얻을 수 있는 기대효용과 동일한 효용을 제공하는 확실한 소득의 크기
> ㉡ 불확실성으로 인한 손실을 보상받기 위해 요구하는 추가 소득으로, 기대소득에서 ㉠을 뺀 값
> ㉢ 근로자가 위험하거나 불쾌한 작업환경에서 일하는 대가로 받는 추가 임금

	㉠	㉡	㉢
①	확실성 등가	위험 프리미엄	헤도닉 임금
②	위험 프리미엄	확실성 등가	임금보상 격차
③	헤도닉 임금	임금보상 격차	확실성 등가
④	임금보상 격차	헤도닉 임금	위험 프리미엄

42. 과점시장에서 두 기업 A, B가 경쟁하며, 각자 생산량 $Q=3$ 또는 $Q=8$을 선택하여 이윤을 극대화해야 한다. 괄호 안의 왼쪽 숫자는 A 기업의 이윤, 오른쪽 숫자는 B 기업의 이윤이라고 할 때, 다음 설명 중 적절한 것은?

A 기업 ＼ B 기업	$Q=3$	$Q=8$
$Q=3$	(25, 28)	(18, 22)
$Q=8$	(28, 18)	(15, 15)

① 내쉬균형은 A 기업과 B 기업 모두 $Q=3$을 선택하는 것이다.

② 우월전략균형이 존재한다.

③ A 기업의 우월전략은 $Q=3$이다.

④ B 기업에게는 우월전략이 존재하지 않는다.

43. 다음은 X 국가의 생산가능곡선을 나타낸 그래프이다. 이에 대한 설명으로 적절하지 않은 것은?

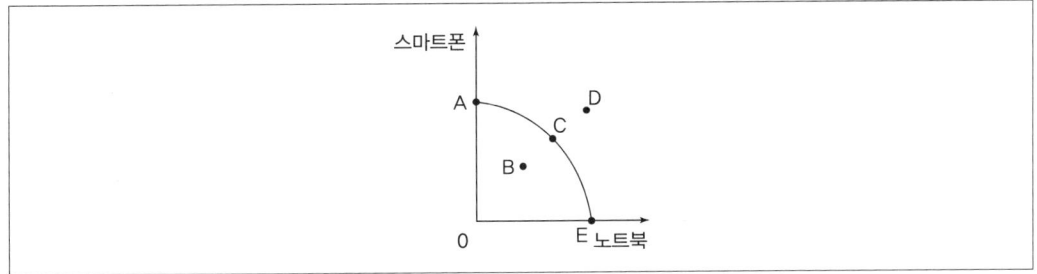

① B점에서 생산할 경우 X 국가는 자원의 잉여가 발생한다.

② A, B, E점은 X 국가가 보유한 모든 자원을 효율적으로 활용하여 달성 가능한 최적 생산 조합을 나타낸다.

③ 기술혁신이 발생하면 동일한 자원량으로도 D점에서의 생산이 실현 가능하다.

④ 노트북 생산량을 늘릴 때마다 포기해야 하는 스마트폰의 수량은 일정하다.

44. 다음은 갑 국과 을 국이 스마트폰과 자동차를 한 단위 생산하는 데 필요한 노동일수를 나태난 표이다. 갑 국과 을 국은 두 재화만 생산하고 비교우위에 따라 무역을 한다고 할 때, 적절하지 않은 것은?

구분	갑 국	을 국
스마트폰	2일	3일
자동차	8일	15일

① 갑 국이 을 국과 무역을 할 때는 자동차를 생산하고 수출한다.

② 갑 국은 스마트폰에 대해 절대우위에 있다.

③ 갑 국은 스마트폰에 대해 비교우위에 있다.

④ 교역조건이 자동차 한 단위당 스마트폰 4.5단위인 경우 무역이 이루어진다.

1회

2회

3회

해커스 IBK 기업은행 NCS+직무수행능력 실전모의고사

45. 다음은 현재 소비점에서 X 재와 Y 재 소비의 한계효용을 나타낸 표이다. 갑과 을은 X 재와 Y재 만을 소비하며, X 재와 Y재 재의 가격은 각각 5원, 15원이다. 이에 대한 설명으로 적절한 것은? (단, 한계효용은 체감한다.)

구분	X재 소비의 한계효용	Y재 소비의 한계효용
갑	15	30
을	8	24

① 갑은 현재 소비점에서 효용극대화를 달성하고 있다.

② 갑은 Y재 소비를 늘리고 X재 소비를 줄여 효용을 증가시킬 수 있다.

③ 갑은 X재 소비를 늘리고 Y재 소비를 줄여 효용을 증가시킬 수 있다.

④ 을은 X재 소비를 늘리고 Y재 소비를 줄여 효용을 증가시킬 수 있다.

46. 다음은 수요함수와 공급함수이다. 정부가 가격을 12로 규제하였을 때, 이에 대한 설명으로 적절하지 않은 것은?

$$Q_D = 800 - 30P$$
$$Q_S = 200 + 10P$$

① 균형가격은 15이고, 정부 규제는 유효한 최고가격제이다.

② 규제가격에서 초과수요의 크기는 160이다.

③ 이러한 가격규제는 소비자 보호를 목적으로 한다.

④ 암시장에서는 규제가격보다 높은 가격이 형성될 수 있다.

47. 김 과장은 스마트폰과 스마트폰 케이스의 수요를 분석해 다음과 같은 결과를 얻었다. 이에 대한 설명으로 적절하지 않은 것은?

구분	수요의 가격탄력성	수요의 교차탄력성	수요의 소득탄력성
스마트폰	−0.7	−0.5	1.8
스마트폰 케이스	−2.2	−1.3	0.6

① 두 재화 모두 정상재에 해당한다.

② 스마트폰과 스마트폰 케이스는 보완재 관계이다.

③ 스마트폰 케이스 가격이 15% 상승하면 케이스의 총 판매수입은 감소한다.

④ 소득이 20% 증가하면 스마트폰 수요량은 20% 증가한다.

48. 다음은 중앙은행의 통화정책 운용에 대한 설명이다. ㉠과 ㉡에 들어갈 내용으로 가장 적절한 것은?

> 중앙은행은 경제 상황에 따라 통화정책의 방향을 결정한다. 경기 과열 상황에서 자산 가격이 급등하고 물가상승률이 목표치를 크게 상회할 때, 중앙은행은 (㉠)을/를 통해 통화량을 조절하여 경제의 안정성을 확보하려 한다. 이러한 정책은 금융기관의 자금 조달 비용을 높여 신용 확장을 억제하는 효과를 가져온다.
>
> 한편, 디플레이션 우려가 제기되고 경제성장률이 마이너스를 기록하는 불황 상황에서는 중앙은행이 (㉡)을/를 실시하여 시장에 유동성을 공급하고 경제 주체들의 투자와 소비 의욕을 높이고자 한다. 이는 궁극적으로 경기 회복과 완전고용 달성을 목표로 한다.

	㉠	㉡
①	금리 인상	금리 인하
②	금리 인하	금리 인상
③	금리 인상	금리 동결
④	금리 동결	금리 인하

49. 다음 그래프의 세금 (가)와 (나)에 대한 설명으로 적절하지 않은 것은?

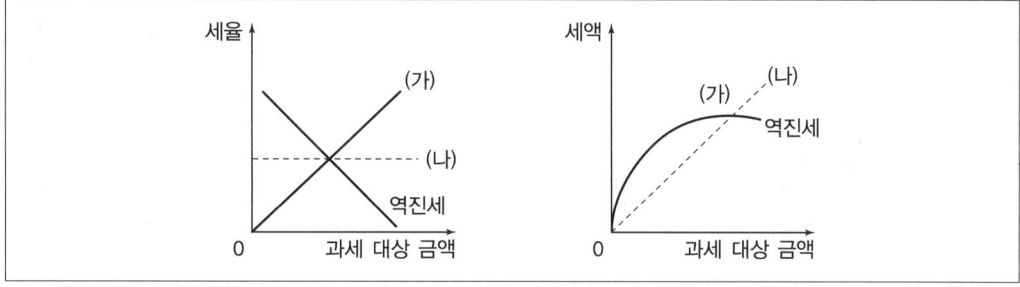

① (가)는 소득이 증가할수록 세율이 높아지는 조세이다.

② (가)에 해당하는 우리나라 세목으로는 소득세가 있다.

③ (나)는 소득 수준에 관계없이 일정한 세율을 적용한다.

④ (나)는 고소득층의 세 부담률이 상대적으로 높아 (가)에 비해 소득 재분배 효과가 크다.

50. 다음은 구축효과에 영향을 미치는 요인을 IS-LM 모형 관점에서 설명한 것이다. ⊙~ⓒ에 들어갈 내용을 순서대로 바르게 나열한 것은?

> 재정 확대 정책이 총수요를 증가시키더라도, 금리 상승으로 민간투자가 위축되면 구축효과가 발생할 수 있다. 이때 IS곡선이 (⊙), LM곡선이 (ⓛ), 경제가 완전고용 수준에 (ⓒ) 구축효과는 더 크게 나타난다.

① 완만할수록 – 가파를수록 – 가까울수록

② 가파를수록 – 완만할수록 – 멀수록

③ 완만할수록 – 완만할수록 – 가까울수록

④ 가파를수록 – 가파를수록 – 가까울수록

51. 다음은 A 국의 경제 상황을 나타낸 자료이다. A 국에서는 티셔츠, 텀블러, 커피만을 생산하며, 이 세 재화만이 존재한다. 20X1년을 기준년도로 할 때, 이에 대한 설명으로 적절한 것은?

구분	20X1년		20X2년	
	생산량	단가	생산량	단가
티셔츠	100개	8,000원	120개	9,000원
텀블러	50개	15,000원	62개	18,000원
커피	150잔	1,000원	180잔	800원

① 20X1년의 명목GDP는 1,800,000원이다.

② 20X2년의 실질GDP는 2,070,000원이다.

③ 20X2년의 명목GDP는 2,440,000원이다.

④ GDP 디플레이터는 약 120.0이다.

52. 다음 그림의 A, B, C는 각각 인접한 두 정책을 동시에 추구하는 정책 조합이다. 아래 사례에서 아르헨티나가 위기 이전까지 선택했던 정책 조합과 위기 과정에서 포기해야 했던 정책 목표가 바르게 연결된 것은?

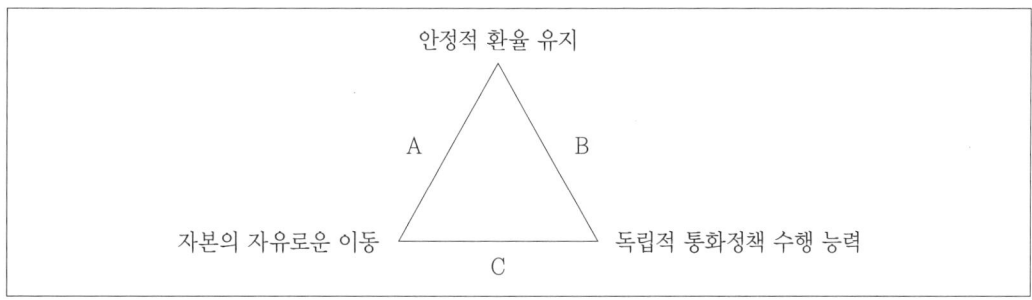

아르헨티나는 1991년부터 컨버터빌리티 플랜을 통해 페소화를 달러화와 1:1로 고정시키는 통화위원회제도를 운영했다. 동시에 자본 이동의 자유화 정책을 추진하여 외국인 투자를 적극 유치했다. 그러나 1999년 경기침체가 시작되자 정부는 경기부양을 위해 확장적 통화정책을 시도했지만, 고정환율제도 하에서 통화정책의 독립성은 제약을 받을 수밖에 없었다. 결국 2001년 외환보유액 고갈과 함께 고정환율제도가 포기되면서 페소화는 급락했고, 심각한 금융위기를 겪게 되었다.

	선택한 정책 조합	포기한 정책 목표
①	A	통화정책 수행 능력
②	B	자본의 자유로운 이동
③	C	안정적 환율 유지
④	A	안정적 환율 유지

53. 다음 글을 근거로 판단할 때, 앞으로 나타날 현상을 예측한 내용으로 적절한 것은?

경제 전문가들은 올해 원·달러 환율이 상승할 것으로 전망한다고 발표했다. 최근 미국 연방준비제도(Fed)의 기준금리 인상과 국제 원자재 가격 상승으로 인해 달러 강세가 지속될 것이라는 분석이다. 이에 따라 원화 약세 현상이 당분간 계속될 것으로 예상된다.

① 미국 주식에 투자한 국내 투자자들은 환차익을 기대할 수 있다.
② 원유 수입업체의 매입 부담은 앞으로 줄어들 것이다.
③ 유럽 여행을 계획 중인 사람들의 경비 부담은 작아질 것이다.
④ 한국 기업의 해외 투자 규모가 크게 늘어날 것이다.

54. 김 팀장은 아래와 같은 팀원들로 구성된 새로운 프로젝트팀을 이끌게 되었다. 리더십 수명주기 이론에 따라 A~D 팀원의 리더십 스타일이 바르게 연결된 것은?

- A: 새로운 일에 대한 열정이 매우 높으나 업무 경험이 전혀 없음
- B: 업무 실력이 부족하고 최근 연속된 실패로 인해 업무에 대한 의욕마저 잃은 상태임
- C: 업무에 대한 의욕이 높고 뛰어난 업무 능력을 보유함
- D: 반복적인 업무로 인해 권태감을 느끼고 있으나 업무 능력은 우수함

	A	B	C	D
①	참여형	지시형	위임형	설득형
②	설득형	지시형	위임형	참여형
③	설득형	참여형	지시형	위임형
④	위임형	참여형	지시형	설득형

55. G 기업의 인사팀은 최근 전사적인 보상체계 개편을 추진하고 있고, 다음과 같은 개선방안들을 검토하고 있다. 다음 중 보상관리 개선방안에 대해 적절하게 설명한 사람을 모두 고르면?

- 갑: 법정 복리후생 제도인 4대보험 뿐만 아니라 퇴직금, 유급휴가 제도 등 법정 외 복리후생 제도를 보완한다.
- 을: 직접적인 임금 인상보다는 선택적 복리후생 확대를 진행했을 때 비용의 효율성이 높다.
- 병: 내부공정성 확보를 위해서는 동종업계의 임금수준 벤치마킹이 필수적이며, 정기적인 임금조사를 통해 시장 경쟁력을 유지해야 한다.
- 정: 합리적인 보상체계 구축을 위해서는 정보정확성, 수정가능성, 대표성, 도덕성을 기반으로 판단하는 절차공정성이 확보되어야 한다.
- 무: 일부 종업원을 대상으로 일정기간 내에 미리 약정된 가격으로 일정 수량의 자사주를 매입할 수 있는 권리를 부여하는 브로드밴딩 제도를 도입해본다.

① 갑, 을   ② 을, 정   ③ 갑, 병, 무   ④ 병, 정, 무

56. 다음은 A 사가 채택하고 있는 퇴직급여제도와 관련한 설명이다. 20X1년 초 퇴직급여채무의 할인율이 10%일 때, A 사의 20X1년 말 순확정급여부채는?

- 20X1년 초 사외적립자산의 공정가치는 250,000원이다.
- 20X1년 초 확정급여채무의 현재가치는 320,000원이다.
- 종업원에 대하여 당기근무원가 600,000원이 증가하였다.
- 종업원 중 일부가 퇴직함에 따라 퇴직금 800,000원을 사외적립자산에서 지급하였다.
- 사외적립자산에 480,000원을 추가로 적립하였다.
- 사외적립자산의 재측정이익은 60,000원이며, 확정급여채무에 대한 재측정손익은 없다.

① 137,000원　　　② 152,000원　　　③ 167,000원　　　④ 197,000원

57. 다음 사례에서 설명하는 전략적 제휴가 바르게 연결된 것은?

(A) ○○기업과 ◇◇기업은 각각 IT와 자동차 분야의 선도 기업으로, 총 100억 원 규모의 자본금을 5:5 비율로 출자해 새로운 법인을 설립하였습니다. 양사는 소프트웨어 기술과 자동차 생산 노하우를 각각 제공하여 전기차용 첨단 인포테인먼트 시스템을 공동 개발하고, 이를 통해 개발 비용과 위험을 절감하고, 신흥 시장 진출 및 기술 경쟁력을 강화할 계획입니다.

(B) □□기업은 강의·시험 데이터 분석에 강점을 지니고 있고, △△기업은 맞춤형 학습관리 플랫폼 개발 전문 기술을 보유하고 있습니다. 두 기업은 서로의 역량을 활용해 인공지능 기반 차세대 교육 플랫폼을 함께 연구·개발하였습니다. 그 결과, 각 기업의 고객들에게 새로운 형태의 교육 서비스를 선보임으로써 서비스 경쟁력을 한층 강화할 수 있었습니다.

	(A)	(B)
①	생산 제휴	기능별 제휴
②	합작투자	기술 제휴
③	기술 제휴	합작투자
④	합작투자	기능별 제휴

58. 다음 사례에서 설명하는 마케팅 전략으로 가장 적절한 것은?

> 최근 소비 시장에서는 '비대면'이라는 새로운 흐름이 빠르게 자리 잡고 있다. 다양한 업계에서 고객과의 직접적인 접촉을 최소화하면서도 만족도를 높일 수 있는 혁신적인 서비스들이 주목받고 있는 것이다.
>
> 대표적으로 스타벅스의 '사이렌 오더'는 모바일 앱을 통해 미리 주문하고, 매장에서는 기다림 없이 음료를 바로 픽업할 수 있는 시스템으로 많은 사람들의 일상에 녹아들었다. 덕분에 소비자는 스스로 주문 과정을 조율할 수 있고, 매장 내 머무르는 시간을 줄일 수 있어 효율성과 편의성을 동시에 누릴 수 있게 되었다. 패스트푸드 업계 역시 이러한 변화에 호응하고 있다. 주요 프랜차이즈 매장에서는 키오스크(무인 주문기)가 필수처럼 자리 잡았는데, 터치 한 번으로 손쉽게 다양한 메뉴를 주문할 수 있어 오래 줄을 서서 기다릴 필요 없이 더욱 빠르고 쾌적한 식사가 가능하다.
>
> 또한, 뷰티 브랜드 이니스프리는 오프라인 매장에 '혼자 볼게요' 바구니를 도입했다. 고객이 이 바구니를 들고 있으면 직원의 설명이나 권유 없이 자유롭게 매장을 둘러볼 수 있도록 한 세심한 배려가 큰 호응을 얻고 있다. 이처럼 여러 산업에서 비대면 소비 환경을 반영한 새로운 서비스들이 잇따라 등장하고 있다. 변화하는 소비자의 기대에 맞춘 이러한 서비스들은 앞으로 더욱 다양해지며, 소비 경험에 새로운 혁신을 가져올 것으로 기대된다.

① 넛지 마케팅　　② 바이럴 마케팅　　③ 언택트 마케팅　　④ 밈 마케팅

59. 다음은 A 기업의 2년간 경영성과 분석이다. 이에 대한 설명으로 가장 적절하지 않은 것은?

> **[올해(20X2년)의 경영성과]**
> - 자산 50조 원, 부채 15조 원, 매출액 8조 원
> - 당기순이익 2,500억 원, 주식수 2억 주
> - 주가 40만 원
>
> **[1년 전(20X1년) 경영성과]**
> - 자산 45조 원, 부채 18조 원, 매출액 6조 원
> - 당기순이익 2,000억 원, 주식수 2억 주
> - 주가 32만 원

① A 기업의 20X2년 자기자본은 35조 원으로 산출된다.

② 현재 주가 기준으로 계산한 A 기업의 전체 기업가치는 80조 원에 해당한다.

③ 주당순이익(EPS)은 전년 대비 500원 증가하여 10,500원이 되었다.

④ 전년 동기 대비 매출액과 당기순이익의 증가율을 비교하면, 매출액의 성장세가 더 높게 나타난다.

60. K 투자자문회사의 김대리는 신입사원 교육에서 자본자산 가격결정 모형(CAPM)에 대해 설명하고 있다. 김대리의 설명 중 CAPM의 기본가정에 해당하는 내용으로 적절한 것을 모두 고르면?

> ⊙ 투자자들은 각자 다른 정보원과 분석방법을 사용하기 때문에, A투자자는 삼성전자 주가가 오를 것으로 예상하는 반면 B 투자자는 하락할 것으로 예상하는 경우가 많다.
> ⓒ 우리 회사 고객들의 투자기간을 보면 대부분 1년 단위로 투자계획을 세우고, 1년 후 수익률만 고려하여 의사결정을 내린다.
> ⓒ 현실적으로 완전히 안전한 투자는 존재하지 않으며, 국고채도 인플레이션 위험이나 금리변동 위험이 있어서 무위험자산이라고 할 수 없다.
> ② 이론적 모델에서는 주식 거래수수료나 양도소득세 같은 거래비용이 없고, 모든 투자자가 동일한 정보에 자유롭게 접근할 수 있다고 가정한다.

① ⊙, ⓒ   ② ⊙, ⓒ   ③ ⓒ, ②   ④ ⓒ, ②

61. IBK기업은행의 주요 자금 조달 수단인 중금채에 대한 설명으로 가장 적절한 것은?

① 중금채는 정부가 허가한 국채로 국책은행인 IBK기업은행이 안정적인 자금을 조달하기 위해 발행한다.

② 중금채는 정부 신용도보다 낮은 수준으로 위험자산에 속하며 주로 중소기업 지원 자금으로 활용된다.

③ 중금채는 저원가성 예금에 비해 금리가 높으며 예금자보호 대상 상품이다.

④ 중금채 금리를 낮추지 않고 중금채 발행을 증가시키면 이자비용이 증가할 가능성이 크다.

62. 다음은 H 기업의 기계장치 관련 자료이다. 이를 바탕으로 계산한 20X1년도 투자활동 순현금흐름은?

[거래내역]

일자	내용	금액	비고
20X1.01.01.	기계장치 A 구입	200,000원	내용연수 10년, 정액법 상각
20X1.07.24.	기계장치 B 매각	XXX	유형자산 처분이익 발생, 매각 시 누적 감가상각누계액 8,000원

[부분 재무상태표]

(단위: 원)

계정명	20X0년 말	20X1년 말
기계장치	60,000	130,000
감가상각누계액	(12,000)	(24,000)

[부분 손익계산서]

(단위: 원)

계정명	20X1년
감가상각비	XXX
유형자산 처분이익	18,000

① 유입 52,000원
② 유출 52,000원
③ 유입 60,000원
④ 유출 60,000원

63. A 사는 당기에 600,000원의 매출을 기록하였으며, 매출의 60%가 매출원가로 추정된다. 또한 A 사의 재고자산 구입은 전액 매입채무를 통해 이루어진다. A 사에 대한 설명으로 가장 적절하지 않은 것은?

구분	기초	기말
재고자산	120,000원	115,000원
매입채무	63,000원	218,000원

① A사는 매출원가는 360,000원으로 추정할 수 있다.
② A사는 당기 중 360,000원의 매입채무가 발생하였을 것이다.
③ A사는 당기 중 355,000원의 재고자산을 매입하였을 것이다.
④ A사는 당기 중 200,000원의 매입채무를 상환하였을 것이다.

64. 20X0년 7월 1일 3,000,000원에 취득한 기계장치 A는 정률법으로 상각하고 있다. 기계장치 A의 내용연수는 5년이고, 잔존가치는 없을 것으로 예상한다. 이때 기계장치 A의 20X2년 감가상각비는 약 얼마인가? (단, 소수점 첫째 자리에서 반올림하여 계산하며, 정률법 상각 시 5년 상각률은 0.451이다.)

① 575,296원   ② 676,500원   ③ 747,797원   ④ 1,047,899원

65. A 사는 20X1년 초 새로운 폐기물처리시설을 설립하기 위해 토지를 1,200,000원에 새롭게 취득하였다. 10년 후 해당 폐기물처리시설을 철거할 때 발생할 것으로 예상되는 복구원가는 200,000원이고, 할인율은 9%일 때, 해당 폐기물처리시설의 취득원가는? (단, 9%의 10년 단일기간 현가계수는 0.4224이다.)

① 591,360원   ② 1,200,000원   ③ 1,284,480원   ④ 1,400,000원

66. 제품 A, B, C를 제조하는 R 사의 20X1년도 총원가는 120,000원이다. 제품 A, B, C의 제조원가 비율과 단위당 판매비용, 단위당 원가가 다음과 같을 때, R 사의 20X1년도 총수익은 얼마인가?

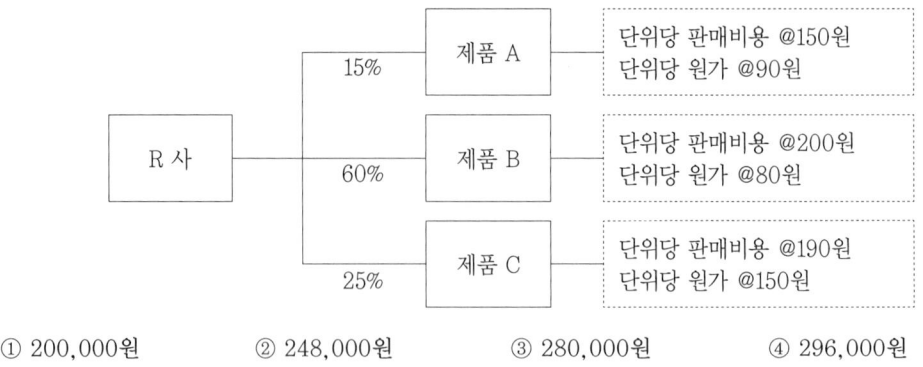

① 200,000원   ② 248,000원   ③ 280,000원   ④ 296,000원

67. A 사의 20X1년 초 자본 총액은 2,500,000원이다. 20X1년 중 발생한 A 사의 자본 관련 변동사항이 다음과 같을 때, 20X1년 말 자본 총액은?

- 보통주 100주 유상증자(액면가 5,000원, 발행가 6,500원)
- 주식배당 400,000원
- 유형자산의 재평가잉여금 50,000원

① 2,800,000원   ② 3,200,000원   ③ 3,400,000원   ④ 3,600,000원

68. 다음과 같은 확률로 주가변동이 예상되는 주식 A가 있다. 현재 주가가 8만 원인 주식 A의 콜옵션과 풋옵션을 각각 10만 원의 행사가격으로 동시에 매수했다고 가정했을 때, 각 옵션의 만기 시 기대가격이 바르게 연결된 것은? (단, 콜옵션의 풋옵션은 만기 시점에 다다라야 사용할 수 있다.)

- 25% 확률로 만기 시 5만 원
- 50% 확률로 만기 시 15만 원
- 25% 확률로 만기 시 30만 원

	콜옵션	풋옵션
①	90,000원	87,500원
②	87,500원	70,000원
③	75,000원	25,000원
④	75,000원	12,500원

69. 차익거래 가격결정이론(APT)에 대한 설명으로 가장 적절하지 않은 것은?

① APT 이론은 시장포트폴리오를 단일 공통요인으로 삼는 CAPM이론보다 일반성을 갖는다.

② APT 이론은 차익거래가 더 이상 일어나지 않는 상태의 가격을 균형가격으로 본다.

③ 단일요인 APT 이론에 따르면 포트폴리오 A의 기대수익률이 5%, 베타가 0.4일 때, 균형을 달성하는 포트폴리오 B의 기대수익률이 6%라면 베타는 0.5이다.

④ APT는 CAPM과 달리 시장 베타만을 사용하여 자산의 위험을 측정하므로 개별 자산의 고유위험을 더 정확히 반영할 수 있다.

70. 김 대리는 현재 주가가 50,000원인 갑 회사 주식에 대해 3개월 후 55,000원에 살 수 있는 금융상품 A 를 2,000원에 구매했으며, 김 대리는 3개월 후에 금융상품 A에 대한 권리를 행사할지 여부를 선택할 수 있다. 이에 대한 설명으로 가장 적절한 것은?

① 김 대리가 구매한 금융상품은 풋옵션이다.

② 김 대리는 갑 회사 주가가 55,000원 이하일 때는 금융상품 A에 대한 권리를 행사하는 것이 유리하다.

③ 김 대리가 3개월 후 금융상품 A에 대한 권리를 포기한다고 해도 최대손실은 2,000원으로 제한된다.

④ 3개월 후 갑 회사 주가가 40,000원으로 하락하면 김 대리의 손실은 15,000원이다.

71. 다음은 총수요(AD)와 총공급(AS) 곡선의 균형 변화에 대한 그래프이다. 아래의 상황이 발생했을 때, AD-AS 모형에서 새로운 균형이 형성되는 방향을 각각 고르면?

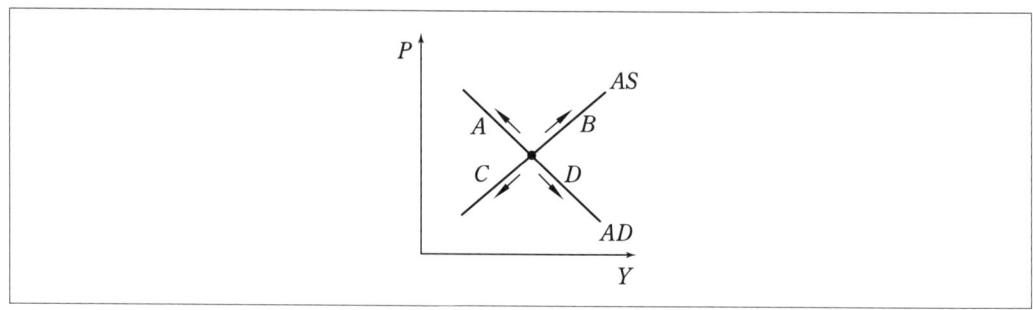

(A) 국제 원자재 가격이 급등하여 국내 기업의 생산비가 크게 증가한 경우
(B) 중앙은행이 기준금리를 인상하여 민간 소비와 투자가 위축된 경우

(A) (　　　)

(B) (　　　)

72. 다음은 N 사의 전기 및 당기의 재무상태표를 나타낸 자료이다. 이를 근거로 판단할 때, 당기에 (A) 영업활동 현금흐름의 유입 또는 유출 여부와 (B) 유입 또는 유출된 금액을 순서대로 작성하면?

[재무상태표]

(단위: 원)

계정명		전기	당기	계정명		전기	당기
자산	매출채권	50,000	55,000	부채	매입채무	30,000	35,000
	재고자산	25,000	23,000		미지급비용	11,000	6,000
	선급비용	5,000	6,000		선수금	16,000	14,000
	건물	120,000	115,000	자본	자본금	200,000	200,000
	토지	80,000	77,000		자본잉여금	23,000	21,000
총합		280,000	276,000	총합		280,000	276,000

(A) (　　　)

(B) (　　　)원

73. W 사는 20X1년 3월 1일 액면금액 1,500,000원의 사채를 발행하였다. 해당 사채의 표시이자율은 12%, 시장이자율은 8%이고, 만기는 3년이다. 아래의 현가계수를 이용하여 계산한 W 사 사채에 대하여 (A) 할증발행 또는 할인발행 여부와 (B) 20X1년도 이자비용을 순서대로 작성하면? (단, 소수점 첫째 자리에서 반올림하여 계산한다.)

이자율	단일기간 현가계수(n = 3)	정상연금 현가계수(n = 3)
8%	0.7938	2.5771
12%	0.7118	2.4018

(A) (　　　)

(B) (　　　)원

74. 무성장 배당평가모형을 따른다고 가정할 때, 다음과 같은 자본구조로 가진 A 기업의 가중평균자본비용은?

- 자기자본: 회사채 200억 원(액면이자율 10%), 시가총액 200억 원
- 1주당 시장가치: 25,000원
- 주당 배당액: 10,000원
- 법인세율: 25%

(   )%

75. 시장수익률이 10%이라고 가정했을 때, 투자자 A는 다음과 같은 투자안을 고려하고있다. 투자자 A의 최적 실물투자금액은? (단, 투자자 A는 현재 소득 20억 원만 있고 미래의 소득은 없다고 가정한다.)

- 투자안 1: 투자비용 1억 3,000만 원, 투자수익률 13%
- 투자안 2: 투자비용 2억 5,000만 원, 투자수익률 8%
- 투자안 3: 투자비용 3억 2,000만 원, 투자수익률 7%
- 투자안 4: 투자비용 3억 4,000만 원, 투자수익률 14%
- 투자안 5: 투자비용 5억 3,000만 원, 투자수익률 11%

(   )억 원

약점 보완 해설집 p.36

무료 바로 채점 및 성적 분석 서비스 바로 가기
QR코드를 이용해 모바일로 간편하게 채점하고 나의 실력이
어느 정도인지, 취약 부분이 어디인지 바로 파악해 보세요!

부록

직무수행
핵심개념정리

직무수행 핵심개념정리

정확히 알지 못하는 내용은 박스(□)에 체크하며 복습해보세요.

001 □ 유량변수	'일정 기간'에 측정할 수 있는 지표로, 소득, GDP(국내총생산), 국제수지, 수출, 수입, 소비, 투자, 수요량 및 공급량 등이 포함됨
002 □ 저량변수	'일정 시점'에서 측정할 수 있는 지표로, 재고량, 통화량, 노동량, 자본량, 국부, 외채, 외환 보유고 등이 포함됨
003 □ 기회비용	여러 가지 가능성 중 하나를 선택했을 때 그 한 가지 선택 때문에 포기하게 되는 다른 가능성의 이익을 비용으로 표시한 것으로, 명시적 비용과 암묵적 비용으로 구성됨
004 □ 비교우위	한 나라가 다른 나라에 비해 더 적은 기회비용으로 어떤 재화나 서비스를 생산할 때 비교우위를 갖는다고 말함
005 □ 절대우위	한 나라가 다른 나라에 비해 어떤 재화나 서비스를 생산하는 데 드는 단위당 생산비가 더 적을 때 절대우위를 갖는다고 말함
006 □ 헥셔-오린 정리	비교우위의 원인을 각국의 생산 요소의 부존량 차이 및 요소 집약도의 차이로 설명하는 근대적인 무역이론으로, 헥셔-오린 정리에 따르면 각국은 상대적으로 부존량이 풍부한 생산 요소를 집약적으로 사용해야 하는 재화의 생산에 비교우위를 갖게 됨
007 □ 경제적 지대	토지, 노동, 자본 등과 같이 공급이 제한되어 있거나 공급 탄력성이 비탄력적인 생산 요소에서 공급자가 기회비용 이상으로 얻는 추가 소득
008 □ 재화의 종류	· 대체재: 서로 대체할 수 있는 관계에 있는 재화로, 같거나 유사한 효용을 가지고 있어 경쟁 관계에 놓이는 재화 · 보완재: 서로 보완하는 관계에 있는 재화로, 두 재화를 함께 소비할 때 효용이 증대되는 재화
009 □ 한계 효용 체감의 법칙	소비하는 재화의 양이 증가할수록 소비자가 느끼는 추가적인 만족도는 점차 감소하는 것
010 □ 탄력성	· 수요의 가격탄력성: 재화의 가격 변화에 따라 재화의 수요량이 변화하는 정도를 측정하는 지표로, 수요의 가격탄력성에는 재화의 성격, 대체재의 수, 재화에 대한 지출액이 가계소득에서 차지하는 비중, 가격 변화에 적응할 시간, 시장의 범위 등이 영향을 미침 · 수요의 교차탄력성: 한 재화의 가격 변화가 다른 재화의 수요량에 미치는 영향을 나타내는 지표로, 대체재는 그 값이 양(+)의 값이 되며 보완재는 그 값이 음(-)의 값이 됨 · 수요의 소득탄력성: 소비자의 소득 변화에 따라 재화의 수요량이 변화하는 정도를 측정하는 지표

011 □ 무차별 곡선	소비자에게 동일한 효용 수준을 주는 재화의 수량 조합을 나타낸 곡선으로, 이 곡선 위의 점에 해당하는 수량의 조합이 실현되면 어느 조합이나 소비자에게 동일한 만족을 주기 때문에 차별이 없다고 표현하며, 무차별 곡선은 우하향하고 대체로 원점을 향하여 볼록한 형태를 취함
012 □ 등량 곡선	동일한 수준의 생산량을 산출하기 위해 필요한 생산 요소의 조합을 나타낸 곡선으로, 주로 노동과 자본의 조합을 연결하는 경우가 많으며, 등량 곡선은 우하향하고 대체로 원점을 향하여 볼록한 형태를 취함 · **한계 기술 대체율**: 생산자가 한 생산 요소의 투입량을 한 단위 줄였을 때, 동일한 생산 수준을 유지하기 위해 증가시켜야 하는 다른 생산 요소의 양
013 □ 최저 가격제	최저 임금제와 같이 가격이 일정 수준 이하로 떨어지지 않도록 제한하는 제도로, 가격 상한제라고도 하며 생산자를 보호하기 위해 시행되지만 초과 공급이 발생하고 사회적 후생 손실이 발생할 수 있는 문제가 생김
014 □ 최고 가격제	이자율 상한제와 같이 가격이 일정 수준 이상으로 오르지 않도록 제한하는 제도로, 가격 하한제라고도 하며 인플레이션을 막고 소비자를 보호하기 위해 시행되지만 초과 수요가 발생하여 암시장이 발생할 수 있는 문제가 생김
015 □ 한계 생산물	생산 요소가 한 단위 증가할 때 더 늘어나는 생산량으로, 재화를 생산하기 위하여 노동을 한 단위 더 투입하였을 때 증가하는 생산량을 노동의 한계 생산물, 재화를 생산하기 위하여 자본을 한 단위 더 투입하였을 때 증가하는 생산량을 자본의 한계 생산물이라고 함 · **한계 생산물 가치**: 한계 생산물에 시장 가격을 곱한 것으로, 하나의 생산 요소를 한 단위 더 투입하였을 때 늘어나는 생산량을 시장에 팔 때 받을 수 있는 금액
016 □ 규모의 경제	투입되는 생산 요소의 양이 증가할수록 생산비는 절약되고 이익은 증가하는 현상으로, 신규 기업에 대한 진입장벽으로 작용할 수 있으며, 모든 생산 요소를 일정 비율 증가시켜 생산량이 그 비율 이상으로 증가할 때는 규모에 대한 수확 체증, 모든 생산 요소의 증가율과 생산량의 증가율이 같을 때는 규모에 대한 수확 불변, 모든 생산 요소의 증가율이 생산량의 증가율을 상회할 때는 규모에 대한 수확 체감이라고 함
017 □ 규모의 불경제	생산량이 증가함에 따라 생산비가 감소하지 않고 오히려 증가하는 현상
018 □ 독점 시장	시장 지배력을 가진 하나의 기업에 의해서 재화와 서비스가 제공되는 시장 형태로, 완전한 진입장벽이 존재함
019 □ 독점적 경쟁 시장	진입과 퇴거가 자유로운 시장에서 다수의 기업이 종류는 동일하더라도 디자인, 기능, 품질 등에 있어 차별화된 제품을 생산하는 시장 형태
020 □ 과점 시장	소수의 기업이 서로 대체할 수 있는 유사한 제품을 생산하며 경쟁하는 시장 형태로, 높은 진입장벽이 존재함
021 □ 완전 경쟁 시장	진입장벽이 존재하지 않으며 동질의 상품이 거래되는 시장 형태로, 시장에 참여하는 경제 주체가 다수이기 때문에 누구도 가격에 영향을 미칠 수 없고, 모든 시장 참가자가 상품의 가격과 품질에 대한 완전한 정보를 갖고 있음

022 ☐ 시장실패	공공재, 규모의 경제, 외부효과 등의 요인 때문에 시장이 제 기능을 발휘하지 못해 자원의 효율적 배분 및 소득의 균등한 분배가 제대로 이루어지지 못하는 상태
023 ☐ 정부실패	시장실패를 바로잡기 위해 정부가 시장에 개입한 것이 예기치 못한 결과를 발생시키거나 오히려 시장의 상태를 더욱 악화시키는 것
024 ☐ 공공재	국방 서비스, 도로 등과 같이 모든 사람이 공동으로 이용할 수 있는 재화나 서비스로, 비배제성과 비경합성이라는 특징을 가짐 · **무임승차자의 문제**: 공공재는 비용을 부담하지 않는 사람의 사용을 배제할 수 없기 때문에 사람들이 공공재 생산에 드는 비용은 부담하지 않으면서 공공재를 소비하려는 경향을 보이게 됨
025 ☐ 외부효과	어떤 사람의 경제활동이 의도치 않게 다른 사람에게 이익을 주거나 피해를 주게 되는 시장실패의 원인 중 하나로, 시장에 의해 자율적으로 통제되기 어렵기 때문에 정부가 직접 개입하여 해결하는 것이 일반적이지만, 세금 부과, 보조금 지급, 당사자 간 협상 등으로 해결하기도 함 · **외부경제**: 한 생산자나 소비자의 행위가 제삼자에게 긍정적인 효과를 미치지만, 그에 대한 대가를 전혀 받지 못하는 것 · **외부불경제**: 한 생산자나 소비자의 행위가 제삼자에게 부정적인 효과를 미치지만, 그에 대한 대가를 전혀 지불하지 않는 것
026 ☐ 정보의 비대칭성	경제적 이해관계에 놓인 당사자들 중 한쪽이 다른 한쪽보다 우월한 정보를 가지고 있는 것 · **도덕적 해이**: 정보가 불투명하거나 비대칭적이어서 상대방의 행동을 예측하기 어렵거나 본인이 최선을 다해도 자신에게 돌아오는 혜택이 거의 없을 때 발생하는 것으로, 정보가 불균형한 상황을 이용해 상대방의 이익에는 반하지만 자신에게는 유리한 행동을 하는 것 · **역선택**: 보험사가 개별 가입자의 건강 상태나 사고 확률을 잘 알지 못해 평균적인 건강 수준에 기초해 보험료를 책정할 경우, 실제로 건강한 사람은 보험 가입을 꺼리고 건강하지 않은 사람들만 보험에 가입하게 되어 보험사의 재정이 악화되는 것처럼 정보의 불균형으로 인해 자신에게 불리한 의사결정을 하는 것
027 ☐ 코즈의 정리	소유권이 잘 확립되고 거래비용이 적거나 없을 때, 정부의 개입 없이도 시장 참여자의 자발적인 협상으로 외부효과 문제가 해결될 수 있다는 이론
028 ☐ 내시균형	게임의 각 참여자가 다른 참여자들의 전략을 주어진 것으로 예상하고 자신에게 최적의 전략을 선택할 때, 그 결과가 균형을 이룰 수 있는 최적 전략의 조합 · **우월전략**: 상대방의 전략 선택과 관계없이 자신의 이득을 더욱 크게 만드는 전략
029 ☐ 애로우의 _불가능성 정리	완비성, 이행성, 파레토 원칙, 비독재성(민주성), 독립성 등 사회효용함수가 지녀야 할 속성 5가지를 제시하여, 5가지 속성을 모두 만족시키는 사회효용함수는 존재할 수 없음을 증명한 이론
030 ☐ 실업유형	· **구조적 실업**: 기술진보에 따른 자본의 유기적 구성 고도화로 야기되는 실업으로, 4차 산업혁명으로 산업 구조가 고도화되고 기술 혁신이 이루어지면서 낮은 기술 수준의 기능 인력에 대한 수요가 감소하여 대량의 실업이 발생할 것으로 예상됨

	· **마찰적 실업**: 이직 시 불충분한 취업 정보로 인해 일시적으로 발생하는 실업
	· **계절적 실업**: 주로 건설업이나 농업 분야에서 계절적 요인으로 인해 발생하는 실업
	· **경기적 실업**: 경기 불황으로 인해 노동 수요가 부족하여 발생하는 실업
031 □ 필립스 곡선	임금 상승률과 실업률의 관계를 나타내는 그래프로, 실업률이 높아질수록 임금 상승률이 낮아지는 반비례 관계를 보임
032 □ 로렌츠 곡선	소득 분포의 불평등한 정도를 측정하는 곡선으로, 가로축을 소득 인원 누적 비율, 세로축을 소득 금액 누적 비율로 나타내며, 이 곡선과 45도 직선의 대각선(완전균등선) 사이의 면적이 넓을수록 불평등도가 심하다고 판단하고 곡선과 대각선이 일치하면 소득의 분포가 균등하다고 판단함
033 □ 지니계수	소득 분포의 불평등도를 측정하기 위한 계수로, 로렌츠 곡선에서 완전균등선과 로렌츠 곡선 사이의 불평등 면적을 완전균등선 아래의 면적으로 나누어 계산한 값으로 나타내며, 그 수치가 0에 가까울수록 소득 분포가 평등하다고 판단함
034 □ 엥겔지수	가구의 생계비 중에서 음식비가 차지하는 비율을 나타낸 것으로, 일반적으로 소득이 증가함에 따라 가계의 총지출에서 식품이 차지하는 비율은 감소하는 경향을 보임
035 □ 슈바베지수	가구의 생계비 중에서 주거비가 차지하는 비율을 나타낸 것으로, 슈바베지수가 높을수록 가구의 주택 부담 능력이 떨어진다고 판단함
036 □ 앳킨슨지수	사회 구성원의 주관적인 가치판단을 반영하여 소득 분포의 불평등도를 측정하기 위한 지수로, 평가자가 소득 분포를 불평등하다고 여길수록 앳킨슨 지수는 커짐
037 □ GDP	Gross Domestic Product(국내총생산)의 약자로, 국적과 관계없이 한 나라의 국경 내에서 모든 경제 주체가 일정 기간 생산활동에 참여하여 창출한 최종 재화와 서비스의 시장 가치
038 □ GNP	Gross National Product(국민총생산)의 약자로, 국경에 관계없이 한 나라의 국민이 일정 기간 국내와 국외에서 생산한 최종 재화와 서비스의 시장 가치
039 □ GNI	Gross National Income(국민총소득)의 약자로, 국경에 관계없이 한 나라의 국민이 일정 기간 생산활동에 참여하여 벌어들인 소득
040 □ 항상소득가설	소득은 정기적이고 확실한 항상소득과 임시적인 수입인 일시소득으로 구분되며 이때 소비는 항상소득으로 인해 결정된다는 이론으로, 이를 제창한 밀턴 프리드먼은 항상소득의 비중이 클수록 소비성향이 높고, 일시소득의 비중이 클수록 저축성향이 높아진다고 분석함
041 □ 한계소비성향	새롭게 늘어난 소득 중 소비에 쓰는 금액의 비율을 의미하는 것으로, 보통 저소득층일수록 한계소비성향이 높은 것으로 알려져 있음 · **한계저축성향**: 늘어난 소득 중 저축에 해당하는 금액의 비율
042 □ 인플레이션 (Inflation)	화폐 가치가 하락하고 물가 수준이 지속적으로 상승하는 현상 · **인플레이션의 영향**: 실질 소득이 감소하고 실물 자산의 가치가 상승하기 때문에 금융 자산 보유자, 채권자, 수출업자, 봉급생활자, 연금생활자는 불리해지고, 실물 자산 보유자, 채무자, 수입업자는 유리해짐

043 ☐ 인플레이션 유형	• **수요견인 인플레이션**: 상품에 대한 수요가 지속적으로 상승할 때 물가가 함께 상승하는 현상으로, 총수요가 증가하여 총수요곡선이 우측으로 이동하는 경우에 발생하는 인플레이션 • **비용인상 인플레이션**: 상품 생산을 위한 비용이 지속적으로 상승할 때 물가가 함께 상승하는 현상으로, 총공급이 감소하여 총공급곡선이 좌측으로 이동하는 경우에 발생하는 인플레이션
044 ☐ 초인플레이션 (Hyperinflation)	1년에 수백 % 이상으로 물가가 상승하는 경우로, 일반적으로 정부나 중앙은행이 과도하게 통화량을 증대시키는 경우에 발생함
045 ☐ 피셔 효과	실질 이자율과 예상 인플레이션율의 합이 명목 이자율과 같다는 이론으로, 예상 인플레이션이 1% 오를 경우 명목 이자율도 1% 오른다고 봄
046 ☐ 먼델–토빈 효과	명목 이자율의 변화와 예상 인플레이션율이 1대1의 관계가 성립하지 않고, 인플레이션에 대한 예상에 변화가 있을 경우 명목 이자율의 변화분은 예상 인플레이션율의 변화분보다 낮은 정도로 오른다는 이론
047 ☐ 디플레이션 (Deflation)	통화량의 축소에 따라 물가가 하락하고 경제 활동이 침체되는 현상
048 ☐ 피구 효과	물가의 하락으로 자산의 실질 가치가 상승하면 소비 지출이 증가한다는 이론
049 ☐ 스태그플레이션 (Stagflation)	불황기에 물가가 계속 상승하여 경기 침체와 물가 상승이 동시에 일어나고 있는 상태
050 ☐ 경기종합지수	경기의 과거, 현재, 미래를 따로따로 나타내어 만든 경기 지수로, 장기적인 추세 변동·주기적인 경기 변동·돌발적인 불규칙 변동 등을 감안하고 개별 지표에 가중치를 두어 만듦 • **경기선행지수**: 재고순환지표, 경제심리지수, 기계류 내수 출하지수(선박 제외), 건설 수주액, 장단기 금리차, 코스피 지수, 수출입 물가비율 등의 지표로 구성됨 • **경기동행지수**: 광공업 생산지수, 서비스업 생산지수, 소매판매액지수, 비농림어업 취업자 수, 수입액, 내수 출하지수 등의 지표로 구성됨 • **경기후행지수**: 취업자 수, 소비자 물가지수 변화율, 소비재 수입액, 생산자제품 재고지수, 회사채 유통수익률 등의 지표로 구성됨
051 ☐ 경기 변동 이론	자본주의 경제의 독특한 현상인 경기 변동의 여러 양상을 분석하고, 그 원인을 규명하고자 하는 경제학 이론 • **실물적 경기 변동 이론**: 기술 수준의 변화, 생산성 변화와 같은 실물적 요인이 경기 변동의 주된 요인이라고 주장하는 이론 • **화폐적 경기 변동 이론**: 신용 창조, 수축과 같은 화폐적 요인이 경기 변동의 주된 요인이라고 주장하는 이론

052 ☐ 재정정책	정부가 재정의 수입과 지출을 조정하여 국민경제를 조정하는 정책 · **확장적 재정정책**: 국공채를 재원으로 하면서 재정 규모를 확대하여 경기를 부양하려는 정책 · **긴축적 재정정책**: 재정 규모를 축소하고 가능한 한 조세를 재원으로 하여 경기 과열을 억제하려는 정책
053 ☐ 구축효과	스태그플레이션이 재정 지출 확대만으로 해결되지 않는 이유를 설명한 이론으로, 정부가 경기 활성화를 위해 재정 지출을 늘림에도 오히려 투자와 소비가 위축되는 현상
054 ☐ 통화정책	중앙은행은 지급준비율(금융기관의 총예금액에 대한 현금준비 비율), 국공채(중앙은행이 시장에 참여하여 보유하고 있던 유가증권), 기준금리(중앙은행의 금융통화위원회가 매달 회의를 통해 결정하는 금리), 금융중개지원대출(중앙은행이 시중은행별로 정해놓은 한도 내에서 저금리로 돈을 대출해주는 제도) 등을 통하여 통화량을 조절할 수 있음 · 지급준비율 인상 → 통화량 감소, 지급준비율 인하 → 통화량 증가 · 국공채 매각 → 통화량 감소, 국공채 매입 → 통화량 증가 · 기준금리 인상 → 통화량 감소, 기준금리 인하 → 통화량 증가 · 금융중개지원대출 자금 축소 → 통화량 감소, 금융중개지원대출 자금 확대 → 통화량 증가
055 ☐ 중앙은행	특별법에 기초하여 설립된 한 나라의 금융 정책과 통화 정책의 중심적인 기관으로, 한국의 한국은행, 미국의 연방준비제도(FRB), 영국의 잉글랜드은행이 대표적이며, 발권은행으로서의 기능, 은행의 은행으로서의 기능, 정부의 은행으로서의 기능을 수행함
056 ☐ 유동성 함정	중앙은행이 금리를 낮춰 통화량을 늘렸음에도 불구하고 기업의 생산 및 투자나 가계의 소비가 늘지 않아 경기가 활성화되지 않는 상태
057 ☐ 본원통화	중앙은행 지급준비금 계정에 예치된 금융기관 자금과 시중에 유통되고 있는 현금을 합한 것
058 ☐ 기축통화	국제간의 결제나 금융 거래의 기본이 되는 화폐를 의미하는 것으로, 과거에는 영국의 파운드가 사용되었으나 현재는 미국의 달러가 기축통화의 역할을 하고 있음
059 ☐ 구매력 평가지수 (PPP)	국가 간의 환율은 각국의 구매력에 의해 결정된다는 구매력 평가설을 바탕으로 한 지수로, 전 세계적으로 팔리고 있는 제품의 가격을 통해 각국의 화폐 가치와 물가 수준을 비교한 것
060 ☐ 환율	자국 통화와 외국 통화의 교환비율로, 한 단위의 외화를 얻기 위해 지불해야 하는 자국 통화의 양 · **환율의 변동**: 외화의 수요와 공급에 의해 결정됨(외환시장에서의 수요 증가 및 공급 감소 → 환율 상승, 외환시장에서의 수요 감소 및 공급 증가 → 환율 하락) · **환율 상승(원화 약세)의 영향**: 수출 증가 및 수입 감소, 경상수지 개선, 국내 물가 상승, 외채 상환 부담 증가 · **환율 하락(원화 강세)의 영향**: 수출 감소 및 수입 증가, 경상수지 악화, 국내 물가 하락, 외채 상환 부담 감소

061 □ 환율 정책	· **고정환율**: 단기적으로 기준 환율을 고정하고 환율의 변동 폭을 작은 범위 내로 한정하는 제도로, 환율 변동 폭에 제한이 있기 때문에 환율이 그 제한선의 상한이나 하한에 달했을 때 정부나 금융기관의 환율시장 개입이 필요해지게 되고, 결과적으로 국제수지 상황에 의해 금융정책이 좌우되는 경우가 많아지게 됨 · **변동환율**: 기준 환율을 고정하지 않고 변동 폭도 규제하지 않은 환율 제도로, 국제수지 상황에 따라 환율이 자동적으로 조정되기 때문에 정부나 금융기관의 환율시장 개입이 필요하지 않고, 금융정책도 국내의 정책 목적에 따라 운용할 수 있게 됨
062 □ 환포지션	외국환은행이 원화를 지불하고 매입한 외환금액과 원화를 받고 매도한 외환금액과의 차액, 즉 외화채권의 재고량을 의미하는 것으로, 대표적으로 오버 보트 포지션(Over bought position), 오버 솔드 포지션(Over sold position), 스퀘어 포지션(square position)이 있음
063 □ 국제수지	일정 기간 한 나라와 다른 나라 사이에서 이루어진 경제적 거래를 체계적으로 집계한 것으로, 경상수지(상품수지＋서비스수지＋본원소득수지＋이전소득수지)와 자본 및 금융계정으로 구성됨
064 □ 보호무역	자기 나라의 산업을 보호·육성하기 위하여 국가가 대외 무역을 간섭하고 수입에 여러 가지 제한을 두는 무역으로, 19세기에 독일, 미국 등지에서 자기 나라의 산업을 보호하기 위하여 채택함 · **신보호무역주의**: 선진국들이 무역과 외화에 대한 규제 조치를 강화하기 위하여 내세운 새로운 보호무역주의 경향으로, 관세, 세이프 가드 등의 방식으로 진행되며, 전통적인 후진국이 자국 시장을 보호하기 위하여 각종 규제를 행하는 전통적 보호무역주의와는 차이가 있음
065 □ 마샬－러너의 조건	환시세절하(평가절하)가 국제수지를 개선시키도록 하기 위해서는 외국과 자국이 지니는 수입 수요 탄력성의 합이 1보다 커야 한다는 조건으로, 만일 양국의 수입 수요 탄력성의 합이 1보다 작을 때는 평가절하되더라도 수지는 악화되며, 반면 1보다 클 때는 평가절상이 수지를 악화시킴
066 □ J커브 효과	무역수지의 개선을 위해 환율의 상향 조정을 유도하더라도 그 초기에는 무역수지가 오히려 악화되었다가 상당 기간이 지난 후에야 개선되는 현상으로, 환율의 변동과 무역수지와의 관계를 나타냄
067 □ 주식회사	주식을 발행함으로써 여러 사람으로부터 자본을 조달받는 회사로, 7인 이상의 주주가 유한책임사원이 되어 설립되며 자본과 경영이 분리되는 회사의 대표적 형태임
068 □ 유한회사	1인 이상 50인 이하의 유한책임사원으로 구성된 회사로, 사원들은 회사에 출자 의무를 부담하고 회사 채무에 대하여서는 출자액의 한도 내에서만 책임을 지며, 원칙적으로 소유와 경영이 분리된 구조임
069 □ 유한책임회사	1인 이상 50인 이하의 유한책임사원으로 구성된 회사로, 사원들은 회사에 출자 의무를 부담하고 회사 채무에 대하여서는 출자액의 한도 내에서만 책임을 지며, 출자한 사원 모두가 경영에 참여하는 구조임
070 □ 합명회사	2인 이상의 무한책임사원으로 구성된 회사로, 원칙적으로 무한책임사원은 회사에 출자하고 회사의 채무에 대해 회사와 연대하여 변제할 책임이 있음

071 ☐ 합자회사	두 사람 이상이 자본을 대어 만드는 회사로, 유한책임사원과 무한책임사원으로 구성되며 무한책임사원은 업무의 집행에 관한 권리 및 의무를 지니고, 유한책임사원은 재산에 대한 한정된 권한 및 감독권을 지님
072 ☐ 이자보상배율	기업이 수입에서 얼마를 이자 비용으로 쓰고 있는지를 나타내는 수치로, 기업의 채무 상환능력을 보여줌 • **이자보상배율의 계산**: 영업이익을 이자 비용으로 나누어 계산하는데, 이때 이자보상배율이 1이면 영업활동에서 창출한 돈을 이자지급비용으로 다 사용한다는 의미이고, 이자보상배율이 1보다 크면 이자를 지불하고 나서도 영업활동에서 창출한 돈이 남는다는 의미이며, 이자보상배율이 1보다 작으면 영업활동에서 창출한 돈으로 금융비용조차 지불할 수 없는 잠재적 부실기업이라는 의미임
073 ☐ 적대적 M&A	인수 대상 기업의 동의 없이 행해지는 기업 인수 합병 • **적대적 M&A의 공격전략**: 곰의 포옹, 공개매수, 시장매집, 위임장 대결, 토요일 밤 특별작전, 흑기사 등 • **적대적 M&A의 방어전략**: 차등의결권제도, 백기사, 시차 임기제, 왕관의 보석, 포이즌 필, 황금 낙하산 등
074 ☐ 주식	자금 조달을 목적으로 발행하는 출자증권
075 ☐ 채권	국가, 지방 자치 단체, 은행, 회사 등이 사업에 필요한 자금을 차입하기 위해 발행하는 유가증권으로, 발행 주체, 보증 여부, 담보제공 여부, 이자지급방법 등에 따라 다양하게 구분됨
076 ☐ RP	Repurchase Agreement(환매조건부채권)의 약자로, 금융기관이 일정 기간 후 확정 금리를 보태어 되사는 조건으로 발행하는 채권
077 ☐ 금리 역전 현상	장기채권 수익률이 단기채권 수익률보다 낮은 보기 드문 현상으로, 보통은 경기침체의 전조로 해석함
078 ☐ 오퍼레이션 트위스트	중앙은행이 장기국채를 매입하고 단기국채를 매도함으로써 장기금리를 끌어내리고 단기금리는 올리는 공개시장 조작방식
079 ☐ 펀드(Fund)	불특정 다수의 투자자로부터 신탁받은 자금을 주식, 채권, 부동산 등 다양한 자산에 분산투자하여 얻은 이익을 투자지분에 따라 배분하는 간접투자상품으로, 투자대상, 투자전략 등에 따라 다양하게 구분됨
080 ☐ ETF	Exchange Traded Fund의 약자로, 인덱스 펀드를 거래소에 상장해 주식처럼 증권시장에서 직접 거래할 수 있고 즉시 사고팔 수 있도록 한 펀드
081 ☐ MMF	Money Market Fund의 약자로, 단기금융상품에 집중적으로 투자해 발생한 수익을 투자자들에게 돌려주는 실적배당상품
082 ☐ ABS	Asset-Backed Securities(자산유동화증권)의 약자로, 금융기관 및 기업이 부동산을 비롯한 여러 가지 형태의 자산 중 일부를 담보로 발행하는 증권을 의미하며, 주요 자산유동화증권에는 CDO(부채담보부증권), CARD, ABCP, 부동산 PF ABS 등이 있음

083 ☐ 파생상품	주식과 채권 같은 전통적인 금융상품을 기초 자산으로 하여 새로운 현금 흐름을 만드는 증권으로, 위험을 감소시키거나 새로운 금융상품을 만들어 내는 기능을 하며 대표적인 파생상품으로는 선도 거래와 선물, 옵션, 스와프 등이 있음
084 ☐ 선물	장래의 일정한 시기에 상품이나 금융자산을 인도한다는 조건으로 매매 계약을 하는 거래 종목 · **선도 거래**: 미래의 일정한 시점에 쌍방이 합의한 가격에 자산의 인도를 요구할 수 있는 계약인 점은 선물과 비슷하지만, 정형화된 거래소를 통해 거래가 이루어지는 선물과 달리 장외시장에서 거래 당사자끼리 혹은 딜러를 통해 거래가 진행됨
085 ☐ 옵션(Options)	거래 당사자 간에 미리 정한 가격으로 특정 시점에 일정 자산을 사거나 팔 수 있는 권리 · **콜옵션**: 자산을 살 수 있는 권리 · **풋옵션**: 자산을 팔 수 있는 권리
086 ☐ 스와프(Swap)	두 개의 금융자산 또는 부채에서 파생되는 미래의 서로 다른 자금 흐름을 교환하기로 하는 계약으로, 대표적으로 통화스와프, 금리스와프 등이 있음
087 ☐ CDS	Credit Default Swap(신용부도스와프)의 약자로, 부도가 발생하여 채권이나 대출 원리금을 돌려받지 못할 경우를 대비한 신용파생상품
088 ☐ 베이시스(Basis)	선물 가격과 현물 가격의 차이 · **콘탱고**: 베이시스가 양의 값을 띄는 정상 시장 · **백워데이션**: 베이시스가 음의 값을 띄는 역조 시장
089 ☐ 파생결합증권	파생 금융상품과 유가증권을 결합하여 기초 자산의 가치 변동에 따라 수익률이 결정되는 증권으로, 개별 기업 주가나 주가지수 외에도 합리적으로 가격을 매길 수 있다면 이자율, 환율, 주가, 신용, 실물 등 무엇이든 기초 자산이 될 수 있으며, 대표적으로 주식워런트증권(ELW), 주가연계증권(ELS), 상장지수증권(ETN) 등이 있음
090 ☐ ELS	Equity-Linked Securities(주가연계증권)의 약자로, 특정 주식의 가격이나 지수에 연계되어 투자수익이 결정되는 유가증권이며 원금 또는 최저 수익률을 보장하면서 만기에 주가가 일정 조건을 충족하면 약속한 수익률을 지급함
091 ☐ CD	Certificate of Deposit(양도성 예금 증서)의 약자로, 제삼자에게 양도가 가능한 무기명식의 정기 예금을 의미하며 만기일에 증서의 마지막 소유자가 원금과 이자를 얻게 됨
092 ☐ 공매도	주가 하락에서 생기는 차익금을 노리고 주권을 실제로 가지고 있지 않거나 가지고 있더라도 상대에게 인도할 의사 없이 신용거래로 환매하는 행위
093 ☐ 서킷브레이커 (Circuit breakers)	코스피 지수나 코스닥 지수가 일정 수준 이상 하락하는 경우 투자자들이 냉정하게 투자 판단을 할 수 있도록 시장에서의 모든 매매 거래를 일시 중단하는 제도로, 우리나라의 경우 코스피 지수나 코스닥 지수가 직전 매매 거래일의 종가 대비 8% 이상 떨어진 상태가 1분간 지속되면 1단계, 15% 이상 떨어진 상태가 1분간 지속되고 1단계 발동 지수 대비 1% 이상 추가 하락한 경우 2단계 서킷브레이커가 발동되어 각각 20분간 매매 거래가 중단되며, 20% 이상 급락하고 2단계 발동 지수 대비 1% 이상 추가 하락한 경우 3단계 서킷브레이커가 발동되어 당일 장 운영이 종료됨

094 □ 사이드카 (Sidecar)	시장 상황이 급변할 경우 프로그램매매의 호가 효력을 일시적으로 제한함으로써 프로그램매매가 주식시장에 미치는 충격을 완화하고자 하는 제도로, 코스닥의 경우 코스닥 150지수 선물 가격이 6% 이상 상승·하락하고 코스닥 150지수 현물 가격이 3% 이상 상승·하락한 상태가 1분간 지속될 때, 코스피의 경우 코스피 200지수 선물의 가격이 5% 이상 상승·하락한 상태가 1분간 지속될 때 발동되어 프로그램매매 매수호가 또는 매도호가의 효력을 5분간 정지함
095 □ 예금자보호제도	금융회사가 파산 등으로 인해 고객의 금융자산을 지급하지 못할 경우 예금보험공사가 예금의 일부 또는 전액을 돌려주는 것으로, 2022년을 기준으로 1인당 원금과 소정의 이자를 합해 1인당 최고 5,000만 원까지 보호됨
096 □ DSR	Debt Service Ratio(총부채원리금상환비율)의 약자로, 주택담보대출은 물론 신용대출, 카드론 등 모든 대출금에 대한 원리금 상환액을 연간소득으로 나누어 대출한도를 정하는 계산 비율
097 □ LTV	Loan To Value ratio(주택담보대출비율)의 약자로, 주택을 담보로 돈을 빌릴 때 적용하는 담보 주택의 실제 가치 대비 대출 가능 비율
098 □ DTI	Debt To Income(총부채상환비율)의 약자로, 금융부채 상환능력을 소득으로 따져서 대출한도를 정하는 계산 비율을 의미하며 대출상환액이 소득의 일정 비율을 넘지 않도록 제한하기 위해 시행됨
099 □ 그림자 금융	은행과 비슷한 역할을 하지만, 중앙은행의 감독을 받지 않는 금융 회사
100 □ 순현재가치법	투자로 인해 발생하는 현금흐름 총유입액의 현재가치에서 총유출액의 현재가치를 차감한 순현재가치를 이용하여 투자안을 평가하는 방법으로, 순현재가치가 0보다 클 때 투자 가치가 있는 것으로 판단함
101 □ 회수기간법	투자를 했을 때 그 투자로 인해 발생하는 현금흐름으로부터 투자자금을 모두 회수하기까지 걸리는 기간을 재무관리자가 사전에 정해놓은 회수기간과 비교하여 투자안을 평가하는 방법으로, 회수기간이 짧을수록 비교 우위에 있는 투자안으로 평가함
102 □ 자본자산가격결정 모형(CAPM)	투자자들의 투자활동을 통해 자본시장이 균형상태를 이룰 때 주식이나 채권 등 자본자산의 기대수익률과 위험의 관계를 설명하는 모형으로, 개별종목의 총위험이 시장과 연관되어 나타나는 체계적 위험과 시장과 관계없이 나타나는 비체계적 위험으로 분류하고 비체계적 위험은 분산투자에 의해 제거될 수 있다고 설명함
103 □ 기업 공개(IPO)	개인이나 소수 주주로 구성되어 폐쇄성을 띠고 있는 기업이 법정 절차와 방법에 따라 그 주식을 일반 대중에게 분산하고 재무 내용을 공시하는 일
104 □ 공시제도	기업의 주요 내용을 공개적으로 게시하는 제도로, 발행시장 공시와 유통시장 공시로 분류됨 · **발행시장 공시**: 증권 신고서, 투자 설명서, 증권발행 실적보고서 등 · **유통시장 공시**: 정기공시(사업 보고서, 반기 보고서, 분기 보고서 등), 지분공시(주식 등의 대량보유 상황보고서 등), 특수공시(공개매수 신고서 등), 주요사항 보고서 ,수시공시, 공정공시

105 ☐ **MSCI지수**	MSCI Barra가 작성하여 발표하는 글로벌 주가 지수로 전 세계 시장을 대상으로 한 대형 투자 펀드의 주요 지표로 활용되며, 미국계 자산운용사들이 운용 기준으로 중요하게 참고하는 지수
106 ☐ **공포지수(VIX)**	시장 상황에 대한 정보와 함께 주가에 영향을 주는 요소 중 하나인 투자자들의 심리를 수치로 표현한 지표로, VIX가 50이라고 한다면 향후 한 달 동안 주가가 상승과 하락을 반복하며 50%의 변동성을 보일 것이라고 예상하는 투자자들이 많다는 것을 의미
107 ☐ **디파이**	블록체인 기술을 기반으로 정부나 기업과 같은 중앙기관의 개입 없이 오직 인터넷만 연결되어 있으면 누구나 금융 서비스를 이용할 수 있는 형태의 분산형 금융 시스템
108 ☐ **박스권**	주가가 정해진 범위 내에서 상승과 하락을 반복하는 현상
109 ☐ **스톡옵션**	기업이 임직원들에게 권리행사기간 동안 권리행사가격으로 자사주를 일정 수량 매입할 수 있는 법적 권리를 부여하는 보상 제도
110 ☐ **스프레드**	금융 시장에서 두 가격 또는 두 금리 간 차이를 의미함
111 ☐ **인사이트 펀드**	정부가 아닌 민간 투자회사가 전 세계 시장을 대상으로 제한 없이 투자하며, 높은 위험과 높은 수익을 추구하는 펀드
112 ☐ **테이퍼링**	출구전략의 하나로서, 미국 중앙은행이 통화 유동성을 관리하기 위해 양적완화 정책의 규모를 단계적으로 줄여나가는 것
113 ☐ **파킹**	기업 인수를 위해 주식을 사들이는 투자자가 자신의 매집 사실을 숨기기 위해 해당 주식을 자신의 브로커나 증권회사에 맡기는 것
114 ☐ **프로토콜 경제**	탈중앙화를 통해 다양한 경제주체들이 직접 연결되어 활동하는 경제 모델로, 거래수수료나 사용수수료 등을 지불하지 않아도 되는 특징이 있음
115 ☐ **슈퍼사이클**	공급이 제한된 상품의 장기적인 가격 상승 추세
116 ☐ **더블딥**	경기침체 이후 일시적으로 회복 국면을 거쳤다가 다시 침체 상태로 돌아가는 이중 침체 현상
117 ☐ **TRS**	Total Return Swap의 약자로, 기초자산의 위험을 전부 이전하는 대신 수수료를 받는 거래 방식이며, 자산운용사가 증권사에 증거금을 제공하고 자산을 매입해 손익을 인수하는 형태
118 ☐ **경제고통지수**	미국 경제학자 오쿤이 고안한 지표로 국민들이 체감하는 경제적 삶의 질을 수치로 나타내며, 인플레이션율과 실업률을 합산해 산출함
119 ☐ **P2P대출**	기존 금융회사의 중개 없이 온라인 플랫폼을 통해 개인과 개인이 직접 돈을 빌려주고 이자를 받는 새로운 방식으로, 자금 중개에 대한 수수료만 취하며, 대출금 상환에 대한 보증 책임은 지지 않음

120 □ 신파일러	금융거래기록이 거의 없어 신용평가 시 불리한 영향을 받은 가능성이 높은 사람을 의미함
121 □ KIKO	Knock-In Knock-Out의 약자로, 수출기업이 환율 하락으로 인한 환차손 위험을 줄이기 위해 은행과 체결하는 파생금융상품 계약의 일종이며, 환율이 일정 수준 이하로 하락하면 이익을 얻을 수 있지만 환율이 일정 수준을 초과해 상승할 경우 큰 손실이 발생할 수 있음
122 □ ETF	Exchange Traded Fund의 약자로, KOSPI200이나 특정 자산을 기준으로 만들어진 상장지수펀드임. 지수에 포함된 10개 이상의 종목들을 골라 펀드 포트폴리오를 구성하며, 증권거래소에 상장되어 있어 일반 주식처럼 자유롭게 사고 팔 수 있음
123 □ PIR	Price to Income Ratio의 약자로, 주택 가격 변동을 평가할 때 소득 수준 변화를 함께 반영하기 위해 만들어진 지표이며, 가구소득 대비 주택가격의 비율로 측정함
124 □ SDR	Special Drawing Rights의 약자로, 국제통화기금이 달러화와 금의 한계를 보완하기 위해 1969년에 도입한 가상의 국제통화로, IMF와 각국 정부 및 중앙은행 간의 거래에 사용됨
125 □ 구인배율	노동시장의 수요와 공급 상황을 나타내는 지표로, 전체 일자리 수를 취업 희망자 수로 나누어 계산함. 해당 수치가 높을수록 기업이 인력을 구하기 어려워지고, 낮을수록 구직자가 일자리를 찾기 힘든 것을 의미함
126 □ 국민부담률	국민이 부담하는 세금과 사회보장 기금을 합산한 금액이 국내총생산에서 차지하는 비율로, 조세부담률에 사회보장부담률을 합산한 지표
127 □ 디폴트	공채, 사채, 은행 대출 등은 계약에 따라 원리금 상환 시기, 이자율, 이자 지급일 등이 사전에 정해져 있지만, 채무자가 경제적 어려움 등으로 인해 이러한 조건을 지키지 못하고 이자나 원리금을 제때 상환하지 못하는 상태
128 □ 확장실업률	표면적인 실업률로는 파악하기 어려운 체감 실업 수준을 보다 정확하게 반영하기 위해 고용의 질적 요소를 포함해 산출한 지표로, 주당 36시간 이하로 일하면서 추가 취업을 희망하는 시간 관련 추가 취업가능자나 구직 활동 여부와 관계없이 일할 의사와 능력이 있는 잠재경제활동인구 등을 포함하여 계산함
129 □ 피셔효과	물가상승률과 명목이자율 사이의 1:1 대응 관계를 나타내는 공식으로, 통상적으로 '명목이자율=실질이자율+물가상승률'의 형태로 표현됨
130 □ 프레카리아트	'불안정한'을 뜻하는 이탈리아어 'Precario'와 '무산 노동자 계급'을 뜻하는 영어 'Proletariat'의 합성어로, 인간의 노동이 대부분 AI로 대체된 사회에서 임시직이나 프리랜서 형태의 단순 업무에 종사하며 낮은 임금을 생계를 이어가는 계층
131 □ 한계기업	재무 상태가 악화되어 영업이익으로도 이자 비용을 충당하지 못하고, 경쟁력 저하로 인해 지속적인 성장이 어려운 기업을 말하며, 좀비기업이라도 함
132 □ 카니발리제이션	한 기업에서 새롭게 출시한 상품이 기존에 판매하던 다른 상품의 판매량, 수익 또는 시장 점유율을 감소시키는 현상

1회 실전모의고사

성명	

수험번호

| 0 1 2 3 4 5 6 7 8 9 |
| 0 1 2 3 4 5 6 7 8 9 |
| 0 1 2 3 4 5 6 7 8 9 |
| 0 1 2 3 4 5 6 7 8 9 |
| 0 1 2 3 4 5 6 7 8 9 |
| 0 1 2 3 4 5 6 7 8 9 |

응시분야

감독관 확인

번호	답란	번호	답란	번호	답란	번호	답란	번호	답란
01	① ② ③ ④	16	① ② ③ ④	31	① ② ③ ④	46	① ② ③ ④	61	① ② ③ ④
02	① ② ③ ④	17	① ② ③ ④	32	① ② ③ ④	47	① ② ③ ④	62	① ② ③ ④
03	① ② ③ ④	18	① ② ③ ④	33	① ② ③ ④	48	① ② ③ ④	63	① ② ③ ④
04	① ② ③ ④	19	① ② ③ ④	34	① ② ③ ④	49	① ② ③ ④	64	① ② ③ ④
05	① ② ③ ④	20	① ② ③ ④	35	① ② ③ ④	50	① ② ③ ④	65	① ② ③ ④
06	① ② ③ ④	21	① ② ③ ④	36	① ② ③ ④	51	① ② ③ ④	66	① ② ③ ④
07	① ② ③ ④	22	① ② ③ ④	37	① ② ③ ④	52	① ② ③ ④	67	① ② ③ ④
08	① ② ③ ④	23	① ② ③ ④	38	① ② ③ ④	53	① ② ③ ④	68	① ② ③ ④
09	① ② ③ ④	24	① ② ③ ④	39	① ② ③ ④	54	① ② ③ ④	69	① ② ③ ④
10	① ② ③ ④	25	① ② ③ ④	40	① ② ③ ④	55	① ② ③ ④	70	① ② ③ ④
11	① ② ③ ④	26	① ② ③ ④	41	① ② ③ ④	56	① ② ③ ④	71	① ② ③ ④
12	① ② ③ ④	27	① ② ③ ④	42	① ② ③ ④	57	① ② ③ ④	72	① ② ③ ④
13	① ② ③ ④	28	① ② ③ ④	43	① ② ③ ④	58	① ② ③ ④	73	① ② ③ ④
14	① ② ③ ④	29	① ② ③ ④	44	① ② ③ ④	59	① ② ③ ④	74	① ② ③ ④
15	① ② ③ ④	30	① ② ③ ④	45	① ② ③ ④	60	① ② ③ ④	75	① ② ③ ④

2회 실전모의고사

번호	①	②	③	④	번호	①	②	③	④	번호	①	②	③	④	번호	①	②	③	④	번호	①	②	③	④
01	①	②	③	④	16	①	②	③	④	31	①	②	③	④	46	①	②	③	④	61	①	②	③	④
02	①	②	③	④	17	①	②	③	④	32	①	②	③	④	47	①	②	③	④	62	①	②	③	④
03	①	②	③	④	18	①	②	③	④	33	①	②	③	④	48	①	②	③	④	63	①	②	③	④
04	①	②	③	④	19	①	②	③	④	34	①	②	③	④	49	①	②	③	④	64	①	②	③	④
05	①	②	③	④	20	①	②	③	④	35	①	②	③	④	50	①	②	③	④	65	①	②	③	④
06	①	②	③	④	21	①	②	③	④	36	①	②	③	④	51	①	②	③	④	66	①	②	③	④
07	①	②	③	④	22	①	②	③	④	37	①	②	③	④	52	①	②	③	④	67	①	②	③	④
08	①	②	③	④	23	①	②	③	④	38	①	②	③	④	53	①	②	③	④	68	①	②	③	④
09	①	②	③	④	24	①	②	③	④	39	①	②	③	④	54	①	②	③	④	69	①	②	③	④
10	①	②	③	④	25	①	②	③	④	40	①	②	③	④	55	①	②	③	④	70	①	②	③	④
11	①	②	③	④	26	①	②	③	④	41	①	②	③	④	56	①	②	③	④	71				
12	①	②	③	④	27	①	②	③	④	42	①	②	③	④	57	①	②	③	④	72				
13	①	②	③	④	28	①	②	③	④	43	①	②	③	④	58	①	②	③	④	73				
14	①	②	③	④	29	①	②	③	④	44	①	②	③	④	59	①	②	③	④	74				
15	①	②	③	④	30	①	②	③	④	45	①	②	③	④	60	①	②	③	④	75				

성명

수험번호

⓪	①	②	③	④	⑤	⑥	⑦	⑧	⑨
⓪	①	②	③	④	⑤	⑥	⑦	⑧	⑨
⓪	①	②	③	④	⑤	⑥	⑦	⑧	⑨
⓪	①	②	③	④	⑤	⑥	⑦	⑧	⑨
⓪	①	②	③	④	⑤	⑥	⑦	⑧	⑨
⓪	①	②	③	④	⑤	⑥	⑦	⑧	⑨

응시일자

감독관 확인

📖 해커스 잡

3회 실전모의고사

문항	①	②	③	④	문항	①	②	③	④	문항	①	②	③	④	문항	①	②	③	④	문항	①	②	③	④
01	①	②	③	④	16	①	②	③	④	31	①	②	③	④	46	①	②	③	④	61	①	②	③	④
02	①	②	③	④	17	①	②	③	④	32	①	②	③	④	47	①	②	③	④	62	①	②	③	④
03	①	②	③	④	18	①	②	③	④	33	①	②	③	④	48	①	②	③	④	63	①	②	③	④
04	①	②	③	④	19	①	②	③	④	34	①	②	③	④	49	①	②	③	④	64	①	②	③	④
05	①	②	③	④	20	①	②	③	④	35	①	②	③	④	50	①	②	③	④	65	①	②	③	④
06	①	②	③	④	21	①	②	③	④	36	①	②	③	④	51	①	②	③	④	66	①	②	③	④
07	①	②	③	④	22	①	②	③	④	37	①	②	③	④	52	①	②	③	④	67	①	②	③	④
08	①	②	③	④	23	①	②	③	④	38	①	②	③	④	53	①	②	③	④	68	①	②	③	④
09	①	②	③	④	24	①	②	③	④	39	①	②	③	④	54	①	②	③	④	69	①	②	③	④
10	①	②	③	④	25	①	②	③	④	40	①	②	③	④	55	①	②	③	④	70	①	②	③	④
11	①	②	③	④	26	①	②	③	④	41	①	②	③	④	56	①	②	③	④	71				
12	①	②	③	④	27	①	②	③	④	42	①	②	③	④	57	①	②	③	④	72				
13	①	②	③	④	28	①	②	③	④	43	①	②	③	④	58	①	②	③	④	73				
14	①	②	③	④	29	①	②	③	④	44	①	②	③	④	59	①	②	③	④	74				
15	①	②	③	④	30	①	②	③	④	45	①	②	③	④	60	①	②	③	④	75				

성명

수험번호

⓪	①	②	③	④	⑤	⑥	⑦	⑧	⑨
⓪	①	②	③	④	⑤	⑥	⑦	⑧	⑨
⓪	①	②	③	④	⑤	⑥	⑦	⑧	⑨
⓪	①	②	③	④	⑤	⑥	⑦	⑧	⑨
⓪	①	②	③	④	⑤	⑥	⑦	⑧	⑨
⓪	①	②	③	④	⑤	⑥	⑦	⑧	⑨

응시직렬

감독관 확인

2025 하반기 최신판

해커스
IBK 기업은행
NCS+직무수행능력 실전모의고사

초판 1쇄 발행 2025년 9월 9일

지은이	해커스 NCS 취업교육연구소
펴낸곳	㈜챔프스터디
펴낸이	챔프스터디 출판팀

주소	서울특별시 서초구 강남대로61길 23 ㈜챔프스터디
고객센터	02-537-5000
교재 관련 문의	ejob.Hackers.com
	해커스잡 사이트(ejob.Hackers.com) 교재 Q&A 게시판
학원 강의 및 동영상강의	ejob.Hackers.com

ISBN	978-89-6965-666-7 (13320)
Serial Number	01-01-01

취업강의 1위,
해커스잡 **ejob.Hackers.com**

🎓 해커스잡

- 공기업 전문 스타강사의 본 교재 인강(교재 내 할인쿠폰 수록)
- IBK 기업은행 합격을 위한 **전공필기 강의**(교재 내 할인쿠폰 수록)
- 합격을 위해 반드시 알아야 할 IBK 기업은행 면접 기출 문제(PDF)
- 내 점수와 석차를 확인하는 **무료 바로 채점 및 성적 분석 서비스**

20년 연속 베스트셀러 1위*
대한민국 영어강자 해커스!

"1분 레벨테스트"로
바로 확인하는 내 토익 레벨! ▶

| 토익 교재 시리즈

유형+문제		500점⁺ 목표	600점⁺ 목표	700점⁺ 목표	800점⁺ 목표	900점⁺ 목표
	한권 시리즈	해커스 첫토익 LC+RC+VOCA	한 권으로 끝내는 해커스 토익 600+ LC+RC+VOCA	한 권으로 끝내는 해커스 토익 700+ LC+RC+VOCA	한 권으로 끝내는 해커스 토익 800+ LC+RC+VOCA	한 권으로 끝내는 해커스 토익 900+ LC+RC+VOCA
	오리지널	해커스 토익 왕기초 리딩/리스닝	해커스 토익 스타트 리딩/리스닝	해커스 토익 750+ 리딩/리스닝	해커스 토익 리딩/리스닝	

실전 모의고사

해커스 토익 실전 LC+RC 1 | 해커스 토익 실전 LC+RC 2 | 해커스 토익 실전 LC+RC 3 | 해커스 토익 실전 1000제 1 리딩/리스닝 (문제집+해설집) | 해커스 토익 실전 1000제 2 리딩/리스닝 (문제집+해설집) | 해커스 토익 실전 1000제 3 리딩/리스닝 (문제집+해설집)

보카 / 파트별 문제집

해커스 토익 기출 보카 | 스타토익 필수 문법 공식 Part 5&6 | 해커스 토익 Part 7 집중공략 777

문법·독해

 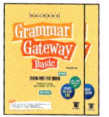   

그래머 게이트웨이 베이직 Light Version | 그래머 게이트웨이 베이직 [한국어판/영문판] | 그래머 게이트웨이 인터미디엇 [한국어판/영문판] | 해커스 그래머 스타트 | 해커스 구문독해 100

| 토익스피킹 교재 시리즈

해커스 토익스피킹 스타트 | 만능 템플릿과 위기탈출 표현으로 해커스 토익스피킹 5일 완성 | 해커스 토익스피킹 | 해커스 토익스피킹 실전모의고사 15회

| 오픽 교재 시리즈

해커스 오픽 스타트 Intermediate 공략 | 서베이부터 실전까지 해커스 오픽 매뉴얼 | 해커스 오픽 Advanced 공략

* [해커스 어학연구소] 교보문고 종합 베스트셀러 토익/토플 분야 1위
(2005~2024 연간 베스트셀러 기준, 해커스 토익 보카 12회/해커스 토익 리딩 8회)

2025 하반기 최신판

해커스
IBK 기업은행
NCS+직무수행능력 실전모의고사

약점 보완 해설집

해커스
IBK 기업은행
NCS+직무수행능력 실전모의고사

약점 보완 해설집

해커스

1회 실전모의고사

정답

Ⅰ 직업기초

p.22

01 의사소통능력	02 의사소통능력	03 의사소통능력	04 의사소통능력	05 의사소통능력	06 의사소통능력	07 문제해결능력	08 문제해결능력	09 문제해결능력	10 문제해결능력
③	④	②	③	①	③	③	②	③	①
11 문제해결능력	12 문제해결능력	13 문제해결능력	14 문제해결능력	15 자원관리능력	16 자원관리능력	17 자원관리능력	18 자원관리능력	19 자원관리능력	20 자원관리능력
③	②	②	③	②	④	②	④	③	②
21 조직이해능력	22 조직이해능력	23 수리능력	24 수리능력	25 수리능력	26 수리능력	27 수리능력	28 수리능력	29 수리능력	30 수리능력
③	④	③	③	①	④	②	③	①	③
31 수리능력	32 수리능력	33 수리능력	34 수리능력	35 수리능력	36 수리능력	37 정보능력	38 정보능력	39 정보능력	40 정보능력
②	①	③	④	②	③	④	①	③	④

Ⅱ 직무수행

p.62

41 경제·경영 상식	42 경제·경영 상식	43 경제·경영 상식	44 경제·경영 상식	45 경제·경영 상식	46 경제·경영 상식	47 경제·경영 상식	48 경제·경영 상식	49 경제·경영 상식	50 경제·경영 상식
④	④	③	①	②	③	①	③	④	④
51 경제·경영 상식	52 경제·경영 상식	53 경제·경영 상식	54 경제·경영 상식	55 경제·경영 상식	56 경제·경영 상식	57 경제·경영 상식	58 경제·경영 상식	59 경제·경영 상식	60 경제·경영 상식
③	②	④	②	③	③	④	②	③	④
61 경제·경영 상식	62 경제·경영 상식	63 경제·경영 상식	64 경제·경영 상식	65 경제·경영 상식	66 경제·경영 상식	67 경제·경영 상식	68 경제·경영 상식	69 경제·경영 상식	70 경제·경영 상식
①	④	④	③	③	②	②	③	④	①
71 경제·경영 상식	72 경제·경영 상식	73 경제·경영 상식	74 경제·경영 상식	75 경제·경영 상식					
1,100	80	5	2,400	(A) (−) 9,000 (B) 13,000					

실력 점검표

제한 시간 내에 푼 문제 수	맞힌 문제 수	정답률
/75	/75	%

※ 정답률(%) = (맞힌 개수/전체 개수) × 100

해설

[01 - 02]

01 직업기초 - 의사소통능력 정답 ③

(다) 단락은 도매-소매 2단계 구조의 장점과 도전과제에 대한 내용으로, 블록체인 기술의 한계나 CBDC 도입 지연, 민간 암호화폐 시장 급성장에 대한 우려를 언급하지 않는다. 따라서 (다)에 대한 소제목은 "CBDC의 도매-소매 2단계 구조의 이점과 도전과제"가 적절하다.

02 직업기초 - 의사소통능력 정답 ④

(다) 단락에서 2단계 구조의 한계로 금융 포용성 측면에서 금융 소외계층의 접근성 문제가 발생할 수 있다고 했으므로 적절하지 않은 내용이다.

> 오답 체크
> ① (다) 단락에서 중앙은행은 모든 개인 고객을 직접 관리해야 하는 부담에서 벗어나 통화정책과 금융안정에 집중할 수 있고 금융기관들은 새로운 서비스 개발을 통해 수익 기회를 창출할 수 있다고 했으므로 적절한 내용이다.
> ② (나) 단락에서 소매 CBDC 소비자들은 금융기관을 통해 디지털 화폐를 사용할 수 있으며, 금융기관은 고객확인, 자금세탁방지, 테러자금조달방지 등 규제 준수 책임을 담당하여 서비스를 제공할 수 있다고 했으므로 적절한 내용이다.
> ③ (라) 단락에서 한국은행은 CBDC 플랫폼 구축에 있어 블록체인 기술과 분산원장기술(DLT)의 적용을 검토하고 있으나, 성능과 확장성을 고려하여 하이브리드 방식을 채택할 가능성이 높다고 했으므로 적절한 내용이다.

[03 - 04]

03 직업기초 - 의사소통능력 정답 ②

세 번째 단락에서 ESG 채권 시장의 과제로 그린워싱 문제, ESG 성과 측정의 통일된 기준 부족, 제3자 검증 체계 미비, 국제적으로 통일된 분류체계 부재 등이 언급되고 있으나, ESG 채권 발행에 따른 세제 혜택 부족에 대한 내용은 언급되지 않았다. 따라서 ESG 채권 시장이 직면한 과제에 대한 내용으로 언급하지 않은 것은 ②이다.

04 직업기초 - 의사소통능력 정답 ③

네 번째 단락에서 한국이 'K-택소노미 2.0'을 2025년 5월에 발표하며 국제 표준과의 정합성을 강화했다고 했으므로 옳은 내용이다.

> 오답 체크
> ① 두 번째 단락에서 2025년 상반기 글로벌 ESG 채권 발행 규모는 전년 동기 대비 15%정도 감소했으며, 아시아 태평양 지역은 발생 규모의 감소폭이 상대적으로 작아 비중이 상승했다고 했으므로 아시아 태평양 지역의 ESG 채권 발행이 증가한 것은 아님을 알 수 있다.
> ② 두 번째 단락에서 초기에는 에너지, 유틸리티 기업의 녹색채권 위주였으나, 최근에는 제조업, IT, 바이오, 소비재 등 거의 모든 산업 분야에서 다양한 유형의 ESG 채권이 발행되고 있다고 했으므로 현재 ESG 채권은 다양한 산업으로 확대되었음을 알 수 있다.
> ④ 네 번째 단락에서 국제증권감독기구는 2024년 10월 'ESG 채권 표준화 로드맵'을 발표하며 글로벌 스탠다드 확립을 위한 장기 계획을 제시했으므로 단기적 대응책이 아닌 장기 계획을 제시했음을 알 수 있다.

[05 - 06]

05 직업기초 - 의사소통능력 정답 ①

이 글은 바젤 3 엔드게임의 도입 배경, 주요 내용, 그리고 예상되는 영향에 대해 설명하고 있다. 따라서 이 글의 중심 내용으로 가장 적절한 것은 ①이다.

> 오답 체크
> ② 금융위기 이후 변화 과정의 일부만 언급되었고, 한계점에 대해서는 다루고 있지 않으므로 적절하지 않은 내용이다.
> ③ 유럽과 미국 은행의 바젤 3 엔드게임 도입 영향이 간략히 언급되었으나 글 전체를 포괄할 수 없으므로 적절하지 않은 내용이다.
> ④ 내부등급법과 표준측정법에 대한 기술적 세부사항에 대해서는 다루고 있지 않으므로 적절하지 않은 내용이다.

06 직업기초 - 의사소통능력 정답 ③

마지막 단락에서 각국 감독기관들은 자국 은행 시스템의 특성과 경제 상황을 고려하여 바젤 3 엔드게임 도입 시기와 방식을 조율하고 있으며, 국제 금융규제의 조화를 추구하는 동시에 각국의 상황에 맞게 유연한 적용을 모색하는 것이 현재 바젤 3 엔드게임 도입의 핵심 과제라고 했으므로 바젤 3 엔드게임이 모든 국가에서 동일한 시기에 도입되는 것은 아님을 알 수 있다.

① 두 번째 단락에서 바젤 3 엔드게임은 내부등급법에 제약을 가하여 은행이 자체적으로 개발한 모형을 통한 위험 측정의 자율성을 제한하고, 표준화된 접근법의 위험 민감도를 높여 정확한 리스크 측정을 유도한다고 했으므로 옳은 설명이다.

② 두 번째 단락에서 자본하한은 내부모형을 사용하는 은행이 산출한 위험가중자산이 표준모형으로 계산한 값의 72.5% 미만이 될 수 없도록 하는 규제라고 했으므로 옳은 설명이다.

④ 세 번째 단락에서 이미 높은 자본비율과 보수적인 리스크 관리를 유지하고 있는 미국 은행들은 상대적으로 영향이 적을 것으로 전망된다고 했으므로 옳은 설명이다.

[07 - 08]

07 직업기초 – 문제해결능력　　　　　정답 ③

'4-가'에서 부서별 총 구매 한도는 전체 부서원의 80%가 최대로 구매할 때의 금액과 동일한 금액으로 설정한다고 했다. 부서의 80%에 해당하는 인원이 이미 할인된 온누리상품권을 구매했다면 추가 구매가 불가능한 경우가 있을 수 있으므로 옳은 설명이다.

① 모바일 상품권은 10% 할인이 적용되고, 총 구매금액이 50만 원을 초과하여 추가 3%의 할인을 받고, 전월 85만 원 구매실적으로 인해 추가로 2% 할인을 받지만 세 할인율은 더해서 15%가 되는 것이 아니라 순차적으로 적용되므로 옳지 않은 설명이다.

② 모바일상품권 60만 원과 지류상품권 30만 원을 구매할 경우 총 구매금액 50만 원 초과에 따른 추가 3% 할인은 받을 수 있지만 전월 실적에 따른 2% 추가 할인은 적용받지 못하므로 옳지 않은 설명이다

④ 안내문 4-다에 따르면 차기 특판 행사에서 할인율 2% 상향 조정 예정이라고 되어 있다. 현재 특판 행사는 2025년 8월~9월이므로, 목표 달성 시 그 다음 특판 행사에 할인율이 상향 조정되므로 옳지 않은 설명이다

08 직업기초 – 문제해결능력　　　　　정답 ②

모바일상품권 60만 원에 10% 할인 적용하면 $60 \times 0.9 = 54$만 원, 지류상품권 20만 원에 5% 할인 적용하면 $20 \times 0.95 = 19$만 원으로 총 구매 금액은 $54 + 19 = 73$만 원이다. 이때 총 구매 금액 50만 원 초과에 따른 추가 3% 할인을 적용하면 $730,000 \times 0.97 = 708,100$원이고, 전월 구매실적에 따른 추가 2% 할인을 적용하면 $708,100 \times 0.98 ≒ 693,930$원이다.

[09 - 10]

09 직업기초 – 문제해결능력　　　　　정답 ③

ⓒ B 기업의 경우 마케팅 및 홍보 비용인 제품 홍보 영상 제작과 인건비 그리고 시제품 개발 비용으로 모두 허용 항목에 해당하며, 인건비의 경우 총 지원금의 30% 이내인 $500 / 2,000 = 25.0\%$이므로 적절하다.

ⓒ 프로토타입 개발 비용으로 실제 개발 비용의 70%를 지원받을 수 있으며, 최대 1,500만 원까지 지원 가능하다. C 기업의 경우 2,000만 원의 70%인 1,400만 원을 지원받으려 하는데, 이는 최대 지원 한도인 1,500만 원 이내이므로 가능하다.

㉠ 인건비는 총 지원금의 30% 이내여야 하는데, A 기업은 800만 원을 인건비로 사용하려고 한다. 이는 2,000만 원의 40%에 해당하므로 규정을 초과한다.

ⓔ 사무실 임대료 및 관리비는 불허 항목에 명시되어 있어 운영비로 300만 원을 사용할 수 없다.

10 직업기초 – 문제해결능력　　　　　정답 ①

기업별 최종 점수를 계산하면 다음과 같다.

기업	가산점				최종점수
	핀테크 연계성	등록 특허	일자리 창출	ESG 실천	
갑	5점	4점	1점	2점	$(85 \times 0.4 + 92 \times 0.6) + 12$ = 101.2점
을	3점	6점	2점	2점	$(90 \times 0.4 + 88 \times 0.6) + 13$ = 101.8점
병	5점	2점	2점	1점	$(80 \times 0.4 + 95 \times 0.6) + 10$ = 99.0점
정	3점	6점	1점	1점	$(88 \times 0.4 + 90 \times 0.6) + 11$ = 100.2점

따라서 마포센터에 최종 선발 기업은 갑과 을이다.

[11 - 12]

11 직업기초 – 문제해결능력　　　　　정답 ③

만기 후 5개월이 경과한 시점에 인출하면 만기 후 1개월 초과 6개월 이내에 해당되어 만기 시 이율의 30%가 적용된다. 따라서 만기 시 이율의 30%가 감소하게 되는 것이 아닌 만기시 이율의 70%가 감소하게 되는 것이므로 적절하지 않은 답변이다.

12 직업기초 - 문제해결능력　　　　정답 ②

- 약정 이율: 36개월 계약이므로 4.5%
- 경과비율 = 경과개월수 / 전체계약개월수 = (22 / 36) × 100 ≒ 61.1%
- 인정률: 60%
- 중도해지이율 = 약정이율 × 인정률 = 4.50% × 60% = 2.70%

각 납입금액마다 예치기간이 다르므로 월별 이자 계산 필요하다. 첫 달 이자는 300,000원 × 2.70% × (1 / 12) = 675원, 22번째 달 이자는 300,000원 × 2.70% × (22 / 12) = 14,850원이므로 다음을 등차수열의 합 공식을 이용하여 계산하면 총 이자 = (첫 달 이자 + 마지막 달 이자) × 납입 횟수 / 2 = (675 + 14,850) × 22 / 2 = 15,525 × 11 = 170,775원이다.
따라서 총 수령액은 원금 + 이자이므로 (300,000 × 22) + 170,775 = 6,770,775원이다.

[13-14]
13 직업기초 - 문제해결능력　　　　정답 ②

- ⊙ 2. 신청 절차에 따르면 구매 지원신청서 제출 전 전기자동차 제작·수입사와 차량 구매계약 체결을 해야하며, 자격 부여 통보일로부터 2개월 이내 출고 가능한 차량에 한하여 신청 가능하다고 했으므로 옳은 내용이다.
- ⓔ 3. 지원 내용에 따르면 소형 전기화물차의 기본 보조금은 국비 보조금과 사비 보조금의 합으로 1,050 + 300 = 1,350만 원이다. 이때 소상공인, 자영업자는 기본 보조금의 30%를 추가로 받을 수 있다. 따라서 1,350 × 1.3 = 1,755만 원의 보조금을 받을 수 있으므로 옳은 내용이다.

- ⓒ 3. 지원 내용에 따르면 택시 보조금은 중소기업 택시법인만 해당된다고 했다. 따라서 개인택시에는 적용되지 않으므로 옳지 않은 설명이다.
- ⓒ 2. 신청 절차 따르면 지원 대상자 선정은 접수순이 아닌 출고·등록순으로 이루어진다고 했으므로 옳지 않은 설명이다.

14 직업기초 - 문제해결능력　　　　정답 ③

- A: 중형 전기 승용차 기본 보조금은 국비 580만 원과 시비 50만 원으로 630만 원이다. 이때 A의 차량 가격이 7,000만 원으로 5.3천만 원 이상 8.5천만 원 미만이므로 기본 보조금의 50%인 630 × 0.5 = 315만 원이 지원된다. 또한 만 19세~34세 청년이 생애 첫 전기 승용차를 구매 시 기본 보조금의 20% 추가 지급하므로 630 × 0.2 = 126만 원을 추가로 받는다. 따라서 A가 받는 총 지원금은 315 + 126 = 441만 원이다.

- B: 소형 전기 승용차 기본 보조금은 국비 530만 원과 시비 40만 원으로 570만 원이다. 이때 B의 차량 가격이 4,500만 원으로 5.3천만 원 미만이므로 기본 보조금의 100%인 570만 원이 지원된다. 또한 자녀가 3명인 다자녀 가구의 경우 200만 원이 추가 지원되므로 총 지원금은 570 + 200 = 770만 원이다.
- C: 중형 전기 승용차 기본 보조금은 국비 580만 원과 시비 50만 원으로 630만 원이다. 이때 C의 차량 가격이 8,500만 원으로 8.5천만 원 이상이므로 기본 보조금은 지원되지 않는다. 또한 노후 전기 승용차 폐차 후 재구매하는 경우 20만 원의 추가 지원금이 지급되지만 전기 화물차는 해당하지 않으므로 C는 지원금을 받을 수 없다.

따라서 A, B, C의 전기 자동차 보조금 지원 금액을 모두 합한 금액은 441 + 770 = 1,211만 원이다.

[15-16]
15 직업기초 - 자원관리능력　　　　정답 ②

평일에 대공연장을 5시간 이용 시 요금은 기본 요금 800,000원에 추가 요금 1시간 150,000원을 적용하여 800,000 + 150,000 = 950,000원이고 촬영 목적임에 따라 50%의 가산액이 붙어 950,000 × 1.5 = 1,425,000원을 지불해야 하므로 옳은 설명이다.

① 8월 평일 공연 목적으로 소공연장 4시간 이용 시 요금은 400,000 × 1.2 = 480,000원이고 부대시설 냉방비 이용 요금은 40,000 × 4 = 160,000원으로 총 480,000 + 160,000 = 640,000원을 지불해야 하므로 옳지 않은 설명이다.
③ 주말에 소공연장을 일반 목적으로 6시간 이용 시 요금은 기본 요금 600,000원에 추가 2시간 요금 80,000 × 2 = 160,000원을 적용하여 총 760,000원이다. 이용일 6일 전 취소 시에는 이용 요금의 80%가 수수료로 부과되므로 환불받을 수 있는 금액은 이용 요금의 20%이다. 따라서 환불받을 수 있는 금액은 760,000 × 0.2 = 152,000원이므로 옳지 않은 설명이다.
④ 주말에 대공연장을 일반 목적으로 5시간 이용 시 요금은 기본 요금 1,200,000원에 추가 1시간 요금 150,000원을 적용하여 1,200,000 + 150,000 = 1,350,000원이며, 부대시설 이용금액은 음향 장비 100,000원, 프로젝터 80,000원으로 180,000원이다. 따라서 총 1,350,000 + 180,000 = 1,530,000원을 지불해야 하므로 옳지 않은 설명이다.

16 직업기초 – 자원관리능력 정답 ④

- 7월 15일(금): 공연 목적이므로 이용 요금에 120%를 적용한다. 총 이용 요금은 기본 4시간 요금 400,000원에 1시간 추가 요금 80,000원을 더해 400,000 + 80,000 = 480,000원이며, 여기에 120% 할증을 적용해 480,000 × 1.2 = 576,000원이 된다. 부대시설로는 음향 장비 100,000원과 전문 엔지니어 150,000원으로 총 250,000원을 지불하고, 냉방비는 40,000 × 5 = 200,000원이 추가된다. 따라서 7월 15일의 총 비용은 576,000 + 250,000 + 200,000 = 1,026,000원이다.
- 7월 17일(일): 촬영 목적이므로 이용 요금에 150%를 적용한다. 총 이용 요금은 기본 4시간 요금 1,200,000원에 1시간 추가 요금 150,000원을 더해 1,200,000 + 150,000 = 1,350,000원이며, 여기에 150% 할증을 적용해 1,350,000 × 1.5 = 2,025,000원이 된다. 부대시설로는 조명 장비 120,000원과 전문 엔지니어 180,000원으로 총 300,000원을 지불하고, 냉방비는 40,000 × 5 = 200,000원이 추가된다. 따라서 7월 17일의 총 비용은 2,025,000 + 300,000 + 200,000 = 2,525,000원이다.
- 7월 20일(수): 일반 목적이므로 할증 없이 이용 요금을 계산한다. 총 이용 요금은 기본 4시간 요금 800,000원에 1시간 추가요금 150,000원을 더해 800,000 + 150,000 = 950,000원이 된다. 부대시설로는 프로젝터 80,000원을 이용하고, 냉방비는 40,000 × 5 = 200,000원이 추가된다. 따라서 7월 20일의 총 비용은 950,000 + 80,000 + 200,000 = 1,230,000원이다.

따라서 A 기획사가 지불해야 할 총 비용은 1,026,000 + 2,525,000 + 1,230,000 = 4,781,000원이다.

[17 – 18]

17 직업기초 – 자원관리능력 정답 ②

A~E의 최종 점수는 다음과 같다.

지원자	지원분야	평가 점수	가산점 및 감점	최종 점수
A	IT/소프트웨어	(86+88) × 0.3 + (92+85) × 0.2 = 87.6점	5점	92.6점
B	서비스/콘텐츠	(90+91) × 0.3 + (83+90) × 0.2 = 88.9점	5점	93.9점
C	서비스/콘텐츠	(90+85) × 0.3 + (99+92) × 0.2 = 90.7점	3점	93.7점
D	IT/소프트웨어	(87+78) × 0.3 + (88+91) × 0.2 = 85.3점	7점	92.3점
E	IT/소프트웨어	(88+82) × 0.3 + (70+86) × 0.2 = 82.2점	10점	92.2점

시장성 점수가 가장 높은 지원자와 최종 점수가 가장 높은 지원자는 모두 B이므로 옳은 설명이다.

오답 체크
① IT/소프트웨어 분야에 지원한 A, D, E 중 최종 점수가 92.6점으로 가장 높은 A가 최종 선발되므로 옳지 않은 설명이다.
③ 서비스/콘텐츠 분야에 지원한 B, C 중 최종 점수가 93.9점으로 가장 높은 B가 최종 선발되므로 옳지 않은 설명이다.
④ 최종 선발된 A의 기술력 점수는 92점이지만 B의 기술력 점수는 83점으로 85점 미만이므로 옳지 않은 설명이다.

18 직업기초 – 자원관리능력 정답 ④

변경된 기준에 따른 A~E의 최종 점수는 다음과 같다.

지원자	지원분야	평가 점수	가산점 및 감점	최종 점수
A	IT/소프트웨어	86 × 0.4 + 88 × 0.25 + 92 × 0.2 + 85 × 0.15 = 87.55점	5점	92.55점
B	서비스/콘텐츠	90 × 0.4 + 91 × 0.25 + 83 × 0.2 + 90 × 0.15 = 88.85점	5점	93.85점
C	서비스/콘텐츠	90 × 0.4 + 85 × 0.25 + 99 × 0.2 + 92 × 0.15 = 90.85점	3점	93.85점
D	IT/소프트웨어	87 × 0.4 + 78 × 0.25 + 88 × 0.2 + 91 × 0.15 = 85.55점	7점	92.55점
E	IT/소프트웨어	88 × 0.4 + 82 × 0.25 + 70 × 0.2 + 86 × 0.15 = 82.60점	8점	90.60점

IT/소프트웨어 분야에 지원한 A와 D의 최종점수는 92.55점으로 동일하나 D의 사업계획서 점수가 87점으로 더 높으므로 IT/소프트웨어 분야에 선발되는 사람은 D이다. 서비스/콘텐츠 분야에 지원한 B와 C의 최종 점수는 93.85점으로 동일하고, 사업계획서 점수도 90점으로 동일하다. 이때 사업계획서 점수도 동일할 경우 기술력 점수가 높은 지원자를 우선 선발하므로 서비스/콘텐츠에 선발되는 사람은 C이다.
따라서 IT/소프트웨어 분야와 서비스/콘텐츠 분야에 선발되는 지원자는 각각 D와 C이다.

19 직업기초 – 자원관리능력   정답 ③

교통수단별 소요 시간 및 전시회장 도착 시간은 다음과 같다.

구분	자택 → 출발지	출발지 → 도착지	도착지 → 전시회장	소요시간	도착시간
자가용	–	400 / 80 = 5시간	–	5시간	13:20
회사 차량	10분	360 / 90 = 4시간	–	4시간 10분	13:10
기차	20분	325 / 130 = 2.5시간	25분	3시간 15분	13:05
고속버스	30분	390 / 104 = 3.75시간	30분	4시간 45분	13:35
비행기	40분	300 / 360 ≒ 0.83시간 ≒ 50분	25분	1시간 55분	13:40

따라서 유 과장이 전시회에 가장 빨리 도착하기 위해 선택해야 할 교통수단은 기차이다.

20 직업기초 – 자원관리능력   정답 ②

전시회는 기존에 14시에 진행될 예정이었으나 시작 시간이 30분 앞당겨졌다고 했으므로 13시 30분에 시작된다. 이에 따라 전시회장 도착시간이 13시 35분인 고속버스, 13시 40분인 비행기는 선택할 수 없다. 자가용, 회사 차량, 기차의 편도비용을 계산하면 다음과 같다.

구분	지하철 요금	교통비	고속도로 통행료	주차비	택시요금	총 요금
자가용	–	400 × (1 / 14) × 1,750 = 50,000	11,500	15,000	–	76,500
회사 차량	1,500	360 × (1 / 12) × 1,750 = 52,500	9,000	15,000	–	78,000
기차	1,500	59,800	–	–	12,000	73,300

따라서 전시회 시작 시간에 맞춰 도착 가능한 교통수단 중 비용이 가장 저렴한 교통수단은 기차이며, 편도 요금은 73,300원이다.

21 직업기초 – 조직이해능력   정답 ③

ⓒ 제2조 제1항 결재권한에 따르면 과장은 100만 원 이상 500만 원 미만의 지출을 결재할 수 있으므로 이과장이 450만 원의 출장경비 지출을 직접 결재한 것은 적절하다.

ⓒ 제2조 제1항 결재권한에 따르면 인사발령은 대표이사의 결재권한이다. 제5조에 따르면 결재권자의 부재 시 결재권자의 차상위자가 대결하고, 인사 관련 사항의 경우 사항은 반드시 결재권자의 사후 확인을 받아야 한다. 따라서 대표이사가 출장으로 부재 중일 때 정 본부장이 중요 인사발령 건을 대결한 후 대표이사에게 사후 확인을 받은 것은 적절하다.

오답 체크

ⓐ 제2조 제1항 결재권한에 따르면 팀장은 500만 원 이상 1,000만 원 미만의 지출을 결재할 수 있으므로 팀장과 본부장 모두에게 결재를 받았다는 것은 불필요한 절차이다.

ⓓ 제2조 제1항에 따르면 본부장은 1,000만 원 이상 5,000만 원 미만의 지출 결재 권한을 가지고 있으므로 4,000만 원 규모의 프로젝트라면 최 팀장은 본부장에게 결재받아야 한다. 제5조 제4항에서 긴급을 요하는 사안으로 결재권자와 연락이 불가능한 경우, 대결 후 24시간 이내에 결재권자에게 보고해야 한다고 했으므로 대결이 아닌 직접 결재한 최 팀장의 행동은 적절하지 않다.

22 직업기초 – 조직이해능력   정답 ④

2,000만 원 규모의 신규 광고 캠페인은 본부장의 결재 권한에 해당하지만, 본부장이 부재중이므로 결재경로에 따라 대표이사의 결재가 필요하다. 또한 기밀정보가 포함되어 있어 제6조 제2항에 따라 보안담당자의 확인이 필요하고, 예산 초과가 예상되므로 제6조 제3항에 따라 재무팀의 검토의견을 첨부해야 한다.

오답 체크

① 제7조 제3항에 따르면 차상위 결재권자에게 통보할 수 있는 경우는 결재권자가 정당한 사유 없이 기한 내 결재하지 않을 경우이므로 옳지 않은 내용이다.

② 제6조 제1항에 따르면 법적 분쟁 가능성이 있는 사안은 반드시 법무팀의 검토를 받아야 한다고 했으나, 해당 캠페인이 법적 분쟁 가능성이 있는 사안인지는 알 수 없으므로 옳지 않은 내용이다.

③ 제5조 제1항에 따르면 결재권자의 부재 시 결재권자의 차상위자가 대결한다고 했다. 본부장의 차상위 결재권자는 대표이사이므로 김대리가 대결처리하고 사후에 보고할 수 있는 것은 옳지 않은 내용이다.

23 직업기초 – 수리능력   정답 ③

ⓒ 2022년 부분공개 건수는 75,760건으로 비공개 건수의 2배인 38,850 × 2 = 77,700건 미만이므로 옳지 않은 설명이다.

ⓓ 전체 행정정보 처리 건수에서 전부공개 건수가 차지하는 비중은 2022년에 (191,040 / 305,650) × 100 ≒ 62.5%, 2023년에 (223,890 / 342,910) × 100 ≒ 65.3%로 2023년에 전년 대비 증가했으므로 옳지 않은 설명이다.

㉠ 비공개 건수가 전년 대비 감소한 2023년에 재판관련 정보로 인한 비공개 건수의 전년 대비 감소율은 {(7,380 − 5,880) / 7,380} × 100 ≒ 20.3%로 20% 이상이므로 옳은 설명이다.

㉢ 부분공개 건수와 비공개 건수가 가장 많은 해는 모두 2024년이므로 옳은 설명이다.

24 직업기초 – 수리능력   정답 ③

2023년 비공개 처리 건수 중 국가안보로 인한 비공개 처리 건수의 비중은 (7,350 / 36,720) × 100 ≒ 20.02%로 20% 이상이지만, 그래프에서는 20%보다 낮게 나타나므로 옳지 않은 그래프이다.

① 연도별 전체 행정정보 처리 건수는 표와 일치하므로 옳은 그래프이다.

② 개인정보 보호로 인한 비공개 처리 건수의 전년 대비 증가량은 2021년에 18,670 − 16,070 = 2,600건, 2022년에 20,230 − 18,670 = 1,560건, 2023년에 21,360 − 20,230 = 1,130건, 2024년에 22,470 − 21,360 = 1,110건이므로 옳은 그래프이다.

④ 2020년 유형별 행정정보 처리 건수 구성비는 전부공개가 (156,270 / 238,460) × 100 ≒ 65.5%, 부분공개가 (52,460 / 238,460) × 100 ≒ 22.0%, 비공개가 (29,730 / 238,460) × 100 ≒ 12.5%이므로 옳은 그래프이다.

[25 – 26]
25 직업기초 – 수리능력   정답 ①

㉠ 2023년 공공데이터 전체 개방 건수는 77,620건으로 전년 대비 약 {(77,620 − 66,210) / 66,210} × 100 ≒ 17.2% 증가하였으므로 옳지 않은 설명이다.

㉡ 중앙행정기관의 경우 2024년 공공데이터 활용 건수가 전년 대비 27,543 − 24,959 = 2,584건 증가하였으므로 옳은 설명이다.

㉢ 기타를 제외한 교통, 환경, 보건/복지, 문화/관광, 행정/재정 등 모든 분야에서 공공데이터 활용 건수가 2021년부터 2024년까지 지속적으로 증가했으므로 옳은 설명이다.

㉣ 2021년 대비 2024년 공공데이터 활용 건수의 증가율은 교통 분야가 {(22,456 − 12,587) / 12,587} × 100 ≒ 78.4%로 가장 높으므로 옳은 설명이다.

26 직업기초 – 수리능력   정답 ④

환경 분야 공공데이터 활용 건수의 전년 대비 증가율은 2022년에 {(9,875 − 8,060) / 8,060} × 100 ≒ 22.5%, 2023년에 {(12,340 − 9,875) / 9,875} × 100 ≒ 25.0%, 2024년에 {(14,250 − 12,340) / 12,340} × 100 ≒ 15.5%로 2023년에 가장 크다. 이에 따라 2023년 공공데이터 활용 건수의 전년 대비 증가량은 문화/관광 분야가 11,283 − 9,453 = 1,830건, 행정/재정 분야가 19,878 − 17,543 = 2,335건이다.

따라서 2023년 문화/관광 분야의 공공데이터 활용 건수와 행정/재정 분야의 공공데이터 활용 건수의 전년 대비 증가량의 차이는 2,335 − 1,830 = 505건이다.

[27 – 28]
27 직업기초 – 수리능력   정답 ②

2019년 대비 2023년의 계좌이체 거래액 증가량은 924,290 − 582,380 = 341,910억 원, 모바일결제 거래액 증가량은 1,026,400 − 326,780 = 699,620억 원이다. 따라서 2019년 대비 2023년의 계좌이체 거래액 증가량은 모바일결제 거래액 증가량의 절반인 699,620 / 2 = 349,810억 원 이하이므로 옳지 않은 설명이다.

① 2020년 은행의 디지털 결제 시장점유율은 45.6%이고, 카드사와 핀테크의 디지털 결제 시장점유율 합계는 28.1 + 19.2 = 47.3%로 은행보다 크므로 옳은 설명이다.

③ 현금결제 거래액의 전년 대비 감소액은 2022년에 568,220 − 482,760 = 85,460억 원, 2023년에 482,760 − 415,940 = 66,820억 원으로 2022년이 2023년보다 크므로 옳은 설명이다.

④ 2023년 전체 거래액에서 모바일결제 거래액이 차지하는 비중은 (1,026,400 / 4,211,920) × 100 ≒ 24.4%로 25% 미만이므로 옳은 설명이다.

⏱ **빠른 문제 풀이 Tip**

② 거래액의 증가량을 대략적으로 계산하고 역으로 곱하기를 이용해 정오를 판별한다. 2019년 대비 2023년의 계좌이체 거래액 증가량은 924,290 − 582,380 = 341,xxx억 원이고 이 값의 2배는 대략 68x,xxx억 원이다. 이때 모바일결제 거래액 증가량은 1,026,400 − 326,780 = 69x,xxx억 원으로 계좌이체 거래액 증가량의 두배 이상이므로 옳지 않음을 알 수 있다.

28 직업기초 – 수리능력 정답 ③

디지털 결제 거래액은 카드결제, 모바일결제, 계좌이체의 거래액 합계로 2022년에 1,625,470 + 942,350 + 755,640 = 3,323,460억 원으로 처음으로 3,000천억 원을 넘었다.

따라서 2022년 디지털 결제 거래액에서 계좌이체 거래액이 차지하는 비중은 (755,640 / 3,323,460) × 100 ≒ 22.7%이다.

[29 - 30]
29 직업기초 – 수리능력 정답 ①

2024년 곡물 생산량은 A 국이 C 국의 135.2 / 54.5 ≒ 2.48배이므로 옳지 않은 설명이다.

오답 체크

② 2023년 대비 2024년 식량자급률 증감폭은 A 국이 91.5 - 86.4 = 5.1%p, B 국이 68.8 - 62.2 = 6.6%p, C 국이 38.4 - 34.5 = 3.9%p, D 국이 74.5 - 66.8 = 7.7%p, E 국이 102.6 - 95.6 = 7.0%p로 가장 큰 국가는 D 국이므로 옳은 설명이다.

③ 제시된 기간 동안 곡물 생산량이 많은 순서에 따른 국가별 순위는 매년 D 국, E 국, A 국, B 국, C 국으로 같으므로 옳은 설명이다.

④ 2022년 곡물 생산량의 2년 전 대비 증가율은 E 국이 {(218.6 - 196.8) / 196.8} × 100 ≒ 11.1%로 가장 높으므로 옳은 설명이다.

30 직업기초 – 수리능력 정답 ③

2023년 식량 자급률이 세 번째로 큰 국가는 D 국이다. 국내 소비량 = (국내 생산량 / 식량자급률) × 100임을 적용하여 구하면 D 국의 국내소비량은 2023년에 (336.4 / 74.5) × 100 ≒ 451.5백만 톤, 2024년에 (348.5 / 66.8) × 100 ≒ 521.7백만 톤이다.

따라서 D 국의 2024년 국내 소비량의 전년 대비 증가율은 {(521.7 - 451.5) / 451.5} × 100 ≒ 15.5%이다.

[31 - 32]
31 직업기초 – 수리능력 정답 ②

피부과 비대면 진료 상담 건수의 전년 대비 증가율은 2022년에 {(555 - 354) / 354} × 100 ≒ 56.8%, 2023년에 {(925 - 555) / 555} × 100 ≒ 66.7%, 2024년에 {(1,412 - 925) / 925} × 100 ≒ 52.6%로 매년 50% 이상의 증가율을 보이므로 옳은 설명이다.

오답 체크

① 2021년 330만 건이었던 전체 비대면 진료 상담 건수는 2024년 792만 건으로 약 {(792 - 330) / 330} × 100 = 140% 증가하였으나, 2024년 내과의 비대면 진료 상담 건수는 전년 대비 감소하였으므로 옳지 않은 설명이다.

③ 2021년 대비 2024년 전체 평균 이용률은 40.3 / 19.0 ≒ 2.1배 증가하였으므로 옳지 않은 설명이다.

④ 2021년 대비 2024년 70대 이상의 만족도는 65.7 - 58.4 = 7.3%p 상승했으므로 옳지 않은 설명이다.

⏱ 빠른 문제 풀이 Tip

② 피부과 비대면 진료 상담 건수의 전년 대비 증가율이 50% 이상이라는 것은 당해년도 비대면 진료 상담 건수가 전년도 피부과 비대면 진료 상담 건수의 1.5배 이상이라는 의미임을 활용한다. 2021년 피부과 비대면 상담 건수의 1.5배는 354 × 1.5 = 531로, 2022년 피부과 비대면 상담 건수의 1.5배는 555 × 1.5 = 832.5, 2023 피부과 비대면 상담 건수의 1.5배는 925 × 1.5 = 1387.5로 모두 다음해의 피부과 비대면 상담 건수보다 작으므로 옳음을 알 수 있다.

32 직업기초 – 수리능력 정답 ①

2022년 내과와 정신건강의학과 비대면 진료 상담 건수 합은 1,156 + 938 = 2,094천 건이지만, 그래프에서는 2,100천 건 이상으로 나타나므로 옳지 않은 그래프이다.

오답 체크

② 전체 비대면 진료 상담 건수의 전년 대비 증가율은 2022년에 {(4,791 - 3,300) / 3,300} × 100 ≒ 45.2%, 2023년에 {(7,032 - 4,791) / 4,791} × 100 ≒ 46.8%, 2024년에 {(7,920 - 7,032) / 7,032} × 100 ≒ 12.6%이므로 옳은 그래프이다.

③ 연도별 40대 비대면 진료 이용률은 표와 일치하므로 옳은 그래프이다.

④ 2022년 비대면 진료 이용자 중 '만족' 또는 '매우 만족'으로 응답하지 않은 비율은 20대 이하가 100 - 81.2 = 18.8%, 30대가 100 - 79.5 = 20.5%, 40대가 100 - 75.9 = 24.1%, 50대가 100 - 73.4 = 26.6%, 60대가 100 - 68.2 = 31.8%, 70대 이상이 100 - 62.7 = 37.3%이므로 옳은 그래프이다.

[33 - 34]
33 직업기초 – 수리능력 정답 ③

클라우드 서비스 도입을 검토 중인 30~99인 기업체 수는 2023년에 165 × 0.218 ≒ 36.0개, 2024년에 180 × 0.183 ≒ 33.0개로 2024년에 전년 대비 감소하였으므로 옳은 설명이다.

① 2024년 기준 클라우드 서비스를 적극도입 또는 전면도입한 기업의 비율은 21.6 + 7.4 = 29.0%로, 전체 기업의 30% 미만이므로 옳지 않은 설명이다.

② 2024년 300인 이상 기업은 일부도입이 24.6%, 적극도입이 46.2%로 적극도입이 가장 높은 응답을 차지했으므로 옳지 않은 설명이다.

④ 2024년에 100~299인 기업이 클라우드 서비스를 적극도입하는 비율은 34.7%로 2023년의 1.5배인 23.3 × 1.5 = 34.95% 미만이므로 옳지 않은 설명이다.

34 직업기초 – 수리능력   정답 ④

2024년 기업체 수의 전년 대비 증가량은 1~9인이 190 − 180 = 10개, 10~29인이 285 − 250 = 35개, 30~99인이 180 − 165 = 15개, 100~299인이 120 − 95 = 25개, 300인 이상이 65 − 60 = 5개로 두 번째로 큰 기업 규모는 100~299인이다.

따라서 100~299인 기업의 2023년 평균점수는 (9.5% × 1) + (15.8% × 2) + (43.0% × 3) + (23.3% × 4) + (8.4% × 5) ≒ 3.05점이다.

[35 - 36]
35 직업기초 – 수리능력   정답 ②

2021년 이후 친환경 차량 충전기 보급률의 전년 대비 증가폭은 2021년에 26.2 − 23.1 = 3.1%p, 2022년에 28.5 − 26.2 = 2.3%p, 2023년에 31.4 − 28.5 = 2.9%p, 2024년에 34.8 − 31.4 = 3.4%p로 두 번째로 큰 해는 2021년이다.

따라서 2021년 전체 등록대수에서 하이브리드 자동차 등록 대수가 차지하는 비중은 (208,440 / 324,540) × 100 ≒ 64.2%이다.

36 직업기초 – 수리능력   정답 ③

전기 자동차와 수소 자동차 등록대수의 합은 2020년에 32,590 + 6,790 = 39,380대, 2021년에 102,820 + 13,280 = 116,100대, 2022년에 121,430 + 12,550 = 133,980대, 2023년에 128,940 + 13,880 = 142,820대, 2024년에 124,760 + 23,660 = 148,420대로 두 번째로 큰 해는 2023년이다. 친환경 차량 충전기 수 = (친환경 차량 충전기 보급률 × 친환경 차량 등록대수) / 100임을 적용하여 구한다.

따라서 2023년 친환경 차량 충전기 수는 (31.4 × 448,980) / 100 ≒ 140,980개이다.

[37 - 38]
37 직업기초 – 정보능력   정답 ④

2023년 12월 기 지역에서 출시된 기업 대상 펀드 중액 고급 상품의 코드 번호는 J2312A2FE이다.

① 2024년 6월 병 지역에서 출시된 여성 대상 예금 프리미엄 대액 상품의 코드 번호는 W2406P3DW이다.

② 2024년 11월 무 지역에서 출시된 일반 대상 외환 중급 중액 상품의 코드 번호는 K2411M2MG이다.

③ 2025년 4월 갑 지역에서 출시된 시니어 대상 보험 기본 소액 상품의 코드 번호는 S2504C1NS이다.

38 직업기초 – 정보능력   정답 ①

상품 특성이 프리미엄이나 고급인 상품은 2번, 4번, 5번, 7번, 10번으로 5개, 상품 특성이 중급이나 기본인 상품은 1번, 3번, 6번, 8번, 9번으로 5개이다. 따라서 상품 특성이 프리미엄이나 고급인 상품의 개수는 상품 특성이 중급이나 기본인 상품의 개수와 같으므로 옳지 않은 설명이다.

② 예금 상품은 2번, 4번, 7번, 10번이다. 따라서 4개로 가장 많으므로 옳은 설명이다.

③ 정 지역에서 출시한 상품은 2번, 10번으로 2개, 기 지역에서 출시한 상품은 5번, 7번으로 2개이다. 따라서 개수가 서로 같으므로 옳은 설명이다.

④ 2023년 7월 이후 출시한 상품은 1번, 2번, 5번, 7번, 8번, 10번으로 6개이므로 옳은 설명이다.

[39 - 40]
39 직업기초 – 정보능력   정답 ③

㉠ 주택 구매 목적이므로 주택담보대출이 추천된다.

㉢ 주택 구매 목적이 아니고, 사업자도 아니며, 신용점수가 650점으로 700점 미만이므로 일반신용대출이 추천된다.

㉣ 주택 구매 목적이 아니고, 사업자도 아니며, 신용점수가 780점으로 700점 이상이므로 우량신용대출이 추천된다.

따라서 올바르게 추천되는 대출 상품은 ㉠, ㉢, ㉣로 총 3개이다.

㉡ 사업자이고 연 매출액이 2억 원으로 1억 원 이상이므로 사업자우대대출이 추천되어야 한다.

㉤ 사업자이고 연 매출액이 8,500만 원으로 1억 원 미만이므로 일반사업자대출이 추천되어야 한다.

40 직업기초 – 정보능력 정답 ④

김미경 씨의 경우 사업자이며 매출액이 8,000만 원으로 1억 원 미만이므로 일반사업자대출이 추천된다. 일반사업자대출의 기본금리는 5.2%이나 결제계좌 연동과 사업계획서를 모두 제출한 경우 각각 0.3%p, 0.2%p 낮아져 최종 금리는 4.7%이다. 이대호 씨의 경우 신용점수가 740점으로 700점 이상이므로 우량신용대출 추천된다. 우량신용대출 기본금리는 5.0%이나 자동이체, 급여이체, 예·적금 가입을 모두 한 경우 각각 0.2%p, 0.3%p, 0.2%p낮아져 최종 금리는 4.3%이다.
대출 기간은 모두 5년으로 원금 균등 상환 방식이며, 매년 초 잔액에 연이율을 곱해 이자를 계산하므로 연차별 이자는 다음과 같다.

구분	김미경	이대호
1년차	5,000만 원×4.7% = 2,350,000원	5,000만 원×4.3% = 2,150,000원
2년차	4,000만 원×4.7% = 1,880,000원	4,000만 원×4.3% = 1,720,000원
3년차	3,000만 원×4.7% = 1,410,000원	3,000만 원×4.3% = 1,290,000원

두 사람이 처음 3년 동안 납부하게 될 총 이자는 2,350,000+2,150,000+1,880,000+1,720,000+1,410,000+1,290,000=10,800,000원이다.

41 직무수행 – 경제·경영 상식 정답 ④

긴축 통화정책은 시중 유동성을 흡수하는 정책이므로 주식시장의 유동성은 감소한다. 또한 금리 상승으로 채권 등 안전자산의 매력도가 높아져 주식시장에서의 자금이 이탈하고, 기업의 자금조달 비용 증가로 실적 악화 우려가 커져 주가에는 하락 압력이 작용하므로 옳지 않은 설명이다.

오답 체크
① 기준금리가 인상되면 시중 대출금리도 상승하여 기업과 개인의 대출 부담이 증가한다. 이로 인해 대출 수요가 감소하고 은행의 신용 창출이 위축된다.
② 금리 인상으로 주택담보대출 금리가 상승하면 부동산 구매력이 감소하여 거래량이 줄어들고, 가격 상승세가 둔화되거나 하락할 가능성이 높다.
③ 기준금리 인상에 따라 예금금리도 상승하므로 저축의 매력도가 높아져 저축 유인이 증가한다.

42 직무수행 – 경제·경영 상식 정답 ④

명목경제성장률은 인플레이션율에 실질경제성장률을 합산하여 구한다. 따라서 명목경제성장률은 7%+-1%=6%이므로 적절하다.

오답 체크
① 화폐수량설을 변화율에 대한 식으로 바꾸면 $dM/M+dV/V=dP/P+dY/Y$, 즉 통화증가율+유통속도변화율=인플레이션율+실질경제성장률이다. 식에 대입하면 6%+0%=인플레이션율+-1%이므로 인플레이션율은 7%이다.
② 명목이자율은 실질이자율에서 인플레이션율을 합산하여 구할 수 있으므로 명목이자율은 2%+7%=9%이다.
③ 화폐의 유통속도가 일정하다고 가정하였으므로 화폐의 유통속도 증가율은 0%이다.

43 직무수행 – 경제·경영 상식 정답 ③

c=한계소비성향, t=비례세율, m=한계수입성향이라고 할 때, 수출승수는 수출 증가가 얼만큼의 소득증가를 유발하는지 나타내는 승수로 $\frac{1}{1-c(1-t)-i+m}$으로 나타낼 수 있다.
따라서 정부수출승수는 $\frac{1}{1-0.8(1-0.25)-0+0.1}=\frac{1}{0.5}=2.0$이다.

44 직무수행 – 경제·경영 상식 정답 ①

㉠ 중앙은행의 기준금리가 인하하면 투자비용이 감소하고 투자 및 소비가 증가하게 되어 총수요곡선이 우측으로 이동한다.
㉡ 국제 유가가 급등하면 원자재비용이 상승하고 생산비용이 증가해 총공급곡선이 좌측으로 이동한다.
㉢ 정부의 지출이 증가하면 총수요가 증가하여 총수요곡선이 우측으로 이동한다.
㉣ 생산기술의 혁신으로 생산 효율성이 향상되어 총공급곡선이 우측으로 이동한다.

45 직무수행 – 경제·경영 상식 정답 ②

그래프에서 공급곡선의 기울기가 가팔라진 것을 볼 수 있다. 이는 가격이 높을수록 단위당 조세 부담이 커지는 종가세의 특징을 나타내는 것이며, 공급곡선이 변화했으므로 생산자에게 종가세가 부과된 것이다.

🔍 더 알아보기
종량세는 단위당 일정액이 부과되어 공급곡선이 평행이동하지만, 종가세는 가격의 일정 비율로 부과되어 공급곡선의 기울기가 변화한다.

46 직무수행 – 경제·경영 상식   정답 ③

연도별 해당 정보는 다음과 같다.

구분	20X1년	20X2년	20X3년	20X4년
경제활동인구수	120만 명	130만 명	140만 명	144만 명
취업자 수	96만 명	104만 명	112만 명	126만 명
실업자 수	24만 명	26만 명	28만 명	18만 명
실업률	20%	20%	20%	12.5%

㉠ 20X1년의 실업률은 (24 / 120) × 100 = 20%이므로 옳은 설명이다.

㉣ 20X4년의 경제활동인구는 20X1년보다 144 – 120 = 24만 명 증가했으므로 옳은 설명이다.

㉡ 20X2년의 실업자 수는 26만명, 20X3년의 실업자 수는 28만명 이므로 옳지 않은 설명이다.

㉢ 20X2년의 실업률은 (26 / 130) × 100 = 20%, 20X3년의 실업 률은 (28 / 140) × 100 = 20%로 20X3년과 20X2년의 실업률 이 동일하므로 옳지 않은 설명이다.

🔍 더 알아보기
- 경제활동인구수 = 15세 이상 인구수 × 경제활동참가율
- 취업자 수 = 15세 이상 인구수 × 고용률
- 실업자 수 = 경제활동인구수 – 취업자 수
- 실업률 = (실업자 수 / 경제활동인구수) × 100

47 직무수행 – 경제·경영 상식   정답 ①

두 국가의 각 재화 생산의 기회비용은 다음과 같다.

구분	갑 국	을 국
밀	2(= 120 / 60)	0.75(= 90 / 120)
쌀	0.5(= 60 / 120)	1.33(= 120 / 90)

비교우위 이론에 따르면, 각국은 상대적으로 기회비용이 낮은 제품을 생산하는 것이 유리하다. 따라서 갑 국은 쌀을 특화하 고, 을 국은 밀을 특화해야 한다.

48 직무수행 – 경제·경영 상식   정답 ③

AFC = FC / Q = 6 / Q로 고정비용(FC)은 6이므로 적절하지 않다.

④ 한계수입(MR)은 완전경쟁시장에서 시장가격과 동일하므로 한 계수입 MR = 8이다. Q = 3일때의 한계비용은 8이다. MR = MC 일 때 이윤이 극대화되므로 기업은 생산량 Q = 3일 경우 최대 이 윤을 실현할 수 있다.

49 직무수행 – 경제·경영 상식   정답 ④

㉣ B가 연주를 허용하기 위해서는 소음으로 인한 손실인 180 – 90 = 90만 원을 최소한 보상받아야 하므로 적절하지 않다.

50 직무수행 – 경제·경영 상식   정답 ④

A 그룹 수요의 가격탄력성은 1로 단위탄력적이고, B 그룹 수요 의 가격탄력성은 0으로 완전비탄력적이다. 따라서 A 그룹이 B 그룹보다 가격 변화에 더 민감하므로 적절하지 않다.

🔍 더 알아보기

구분	의미	수요곡선 형태
탄력성 = 0	완전비탄력적	수직선
탄력성 < 1	비탄력적	기울기 가파름(우하향)
탄력성 = 1	단위탄력적	직각쌍곡선
탄력성 > 1	탄력적	기울기 완만(우하향)
탄력성 = ∞	완전탄력적	수평선

51 직무수행 – 경제·경영 상식   정답 ③

콥-더글러스 효용함수의 무차별곡선은 원점에 대해 볼록한 (convex) 형태이므로 적절하지 않다.

52 직무수행 – 경제·경영 상식   정답 ②

각 상품의 기댓값을 계산해보면 아래와 같다.
- 상품 X: 9천만 원 × 0.04% – 3만 원 = 6,000원
- 상품 Y: 4천만 원 × 0.05% – 2만 원 = 0원
- 상품 Z: 2천만 원 × 0.06% – 1만 원 = 2,000원

따라서 갑은 기댓값이 6,000원인 상품 X와 2,000원인 상품 Z 중 기댓값이 낮은 상품 Z를 선택했으므로 위험회피, 을 또한 기 댓값이 0원인 상품 Y와 기댓값이 2,000원인 상품 Z 중 기댓값 이 낮은 상품 Y를 선택했으므로 위험회피 성향이다.

53 직무수행 – 경제·경영 상식　　정답 ④

ⓜ 공용 자전거는 대여료를 지불해야 하므로 배제적이며, 한 사람이 사용하면 다른 사람은 사용할 수 없으므로 경합적이다. 이는 사유재인 A 유형에 해당한다.

따라서 A~D 유형에 해당하는 사례로 적절한 것은 ㉠, ㉡, ㉢, ㉣이다.

54 직무수행 – 경제·경영 상식　　정답 ②

△△산업의 시장 성장률은 10% 미만이므로 저성장에 속하고, A 기업의 상대적 시장점유율은 46.5%로 높은 편이므로 시장 성장률이 낮아 상대적 시장 점유율이 높은 BCG 매트릭스의 '캐시카우(Cash cow)'에 속한다. 캐시카우에 속하는 기업들은 추가적인 투자를 진행하기 보다 현재의 시장 점유율을 유지하는 전략을 펼칠 것으로 예상할 수 있으므로 적절하다.

오답 체크

① 지속적인 투자를 통해 시장에서의 점유율을 더욱 강화하고자 하는 것은 '스타(Star)'에 해당하는 전략이 맞지만, A 기업은 스타에 속하지 않는다.

③ 다른 사업에 집중하기 위해 현재 진행하는 사업을 철수하는 것은 '개(Dog)'에 대한 설명이다.

④ 향후 이익을 증대시키기 위해 지속적으로 투자하여 회사 규모를 확대하는 것은 '물음표(Question mark)'에 대한 설명이다.

🔍 더 알아보기

BCG 매트릭스
BCG 매트릭스는 '시장 성장률'과 '상대적 시장 점유율'을 기준으로 사업을 구분한다. 일반적으로 상대적 시장점유율은 1을 기준으로, 시장성장률은 10%를 기준으로 높고 낮음 여부를 파악하지만 산업별로 그 기준이 다를 수 있다.

상대적 시장점유율 / 시장성장율	High	Low
High	Star	Question Mark
Low	Cash Cow	Dog

55 직무수행 – 경제·경영 상식　　정답 ④

K 기업이 기존시장, 기존제품인 식품산업에서 신시장, 신제품인 영화산업으로 사업 영역을 넓힌 것은 전형적인 '다각화 전략'에 해당한다. 다각화 전략이란 기존 사업의 시장과 제품이 아닌 완전히 새로운 시장과 새로운 제품 및 서비스로 진출하는 전략으로, 위험도가 높지만 성장 가능성이 큰 미래 신사업을 발굴하는 데 주로 사용된다.

오답 체크

① 시장 개발 전략: 기존 제품을 새로운 시장 진출시키는 전략으로 가격 인하, 판촉 활동 강화 등이 있다.

② 시장 침투 전략: 기존 시장에서 기존 제품의 점유율을 높이는 전략으로 소비자가 인지하고 있지 못했던 기존 제품의 특징을 광고하는 방법 등이 있다.

③ 제품 개발 전략: 기존 시장에 새로운 제품을 출시하여 매출을 확대하는 전략으로 신제품 출시, 기존 제품의 업그레이드 등이 있다.

🔍 더 알아보기

앤소프(Ansoff) 매트릭스

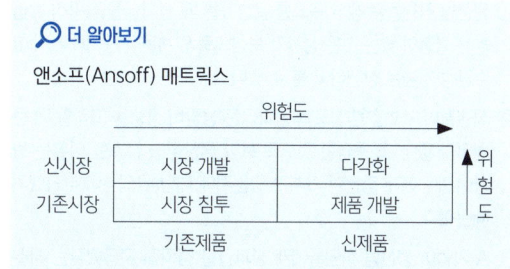

56 직무수행 – 경제·경영 상식　　정답 ③

테일러의 과학적 관리법의 특징에 해당하는 관리 방식은 ㉠, ㉢, ㉣로 총 3개이다.

오답 체크

㉡ 작업자가 스스로 작업 방법을 결정하도록 하는 것은 테일러가 주장한 '기획부제도'와 '명확한 역할 분담 원칙'에 위배된다.

㉤ 테일러는 관리자와 작업자 간의 '명확한 역할 분업'을 강조했다. 관리자는 계획과 지시에 집중하고, 작업자는 실행에만 전념하여 명확하게 분업해야 하며, 공동 의사결정은 이 원칙에 위배된다.

🔍 더 알아보기

테일러의 과학적 관리법

동작연구와 시간연구	· '직무 → 과업 → 요소' 동작으로 세분화하여 시간 및 동작 연구 · 불필요한 동작을 제거 · 표준시간 측정 및 분석
차별적 성과급제	· 작업 성과에 따라 임금을 차등 지급하여 금전적 동기부여
기획부제도	· 주기적으로 시간 및 동작 연구를 수행하여 지속적으로 표준과업을 관리 및 개선함
직능별 직장제도	· 전문분야별 감독자를 배치하여 작업의 전문화 및 효율적 관리
작업지도표제도	· 표준작업방법과 시간을 기록하고 동작 순서대로 기입된 표를 활용하여 체계적이고 일관된 작업 지도

57 직무수행 – 경제·경영 상식　　정답 ④

젊은 직원들이 "승진 기회나 교육 지원이 더 매력적일 것"이라고 답한 것을 보아, 직원들은 금전적 보상보다 성장 기회에 더 높은 가치를 두고 있다. 직원들이 가치를 크게 두지 않는 15만 원의 성과급 대신 교육 지원을 실시한다면 유의성이 높아져 동기부여가 강화될 것이므로 적절하다.

오답 체크

① 생산팀 직원들은 생산 목표를 달성했을 때 성과급을 정확히 지급받은 경험이 있는 것은 성과가 보상으로 연계된다는 기대에 대한 수단성이 높은 상태라고 볼 수 있다.

② 직원들이 "15만 원 정도의 성과급은 생활비 상승을 고려할 때 큰 의미가 없다"고 응답한 것으로 보아 생산성이 감소한 이유는 보상이 개인에게 충분한 가치가 있는지에 대한 유의성이 부족했기 때문이다.

③ A 기업이 생산팀 직원들에게 성과급을 정확히 지급했다는 사실은 수단성을 높이는 요소이다.

🔍 더 알아보기

브룸의 기대이론

정의		'ㆍ개인의 노력 → 성과 → 보상 → 개인에게 의미'가 있을 때 동기부여가 발생한다는 이론
공식		ㆍ동기부여 = 기대성 × 수단성 × 유의성
구성 요소	기대성	ㆍ개인이 노력하면 성과를 얻을 것이라고 믿는 정도 ㆍ노력과 성과의 관계
	수단성	ㆍ성과를 달성하면 보상이 주어질 것이라고 믿는 정도 ㆍ성과와 보상의 관계
	유의성	ㆍ주어진 보상이 개인에게 의미 있는 정도 ㆍ보상과 개인의 관계

58 직무수행 – 경제·경영 상식　　정답 ②

영업활동 현금흐름을 증가시키는 계정은 재무상태표상 매출채권의 감소, 재고자산의 감소, 매입채무의 증가와 손익계산서상 감가상각비이다. 따라서 매입채무의 증가분 40,000원은 영업활동 현금흐름의 증가시키는 계정이다.

오답 체크

① 건물은 투자활동 현금흐름과 관련된 계정이다.

③ 유형자산 처분이익은 영업활동 현금흐름을 감소시킨다.

④ 재고자산의 증가는 영업활동 현금흐름을 감소시킨다.

🔍 더 알아보기

영업활동 현금흐름의 증가와 감소

재무상태표의 차변 계정이 증가하면 영업활동 현금흐름이 감소하고, 차변 계정이 감소하면 영업활동 현금흐름이 증가한다. 반면 대변 계정이 증가하면 영업활동 현금흐름이 증가하고, 대변 계정이 감소하면 영업활동 현금흐름이 감소한다.

59 직무수행 – 경제·경영 상식　　정답 ③

- 20X1년 초 사채 장부금액 = (1,000,000 × 0.7118) + {(1,000,000 × 10%) × 2.4018} = 951,980원
- 20X1년 이자비용 = 951,980 × 12% ≒ 114,238원
- 20X1년 말 사채 장부금액 = 951,980 + 114,238 − 100,000 = 966,218원

[60 - 61]
60 직무수행 – 경제·경영 상식　　정답 ④

20X1년	20X2년	20X3년
1,000,000(FV) —	900,000 —	800,000
	(−)100,000	(−)100,000
	(+)90,000 (OCI)	(−)90,000 (OCI)
		(−)30,000 (NI)

1,000,000 —— 910,000　　　　　680,000(FV)
　(−)90,000

1) 20X1년

ㆍ20X1.01.01. 분개

　(차) 건물　　　　1,000,000　(대) 현금　　　　1,000,000

ㆍ20X1.12.31. 분개

　(차) 감가상각비(NI)　90,000[1)]　(대) 감가상각누계액　90,000

　(차) 건물　　　　90,000　(대) 재평가잉여금(OCI) 90,000[2)]

1) (1,000,000 − 100,000)/10년 = 90,000
2) 1,000,000원(FV) − 910,000원(BV) = 90,000

2) 20X2년

ㆍ20X2.12.31. 분개

　(차) 감가상각비(NI)　100,000[1)]　(대) 감가상각누계액　100,000

1) (1,000,000 − 100,000)/9년 = 100,000원

3) 20X3년

· 20X3.12.31. 분개

(차) 감가상각비(NI) 100,000[1] (대) 감가상각누계액 100,000

(차) 재평가잉여금(OCI)90,000 (대) 건물 120,000

재평가손실(NI) 30,000[2]

1) (900,000 − 100,000)/8년 = 100,000
2) 800,000원(BV) − 680,000원(BV) − 90,000(20X1년도에 인식한 재평가잉여금) = 30,000

재평가손실이 발생할 경우 이전에 인식했던 재평가잉여금을 우선 차감한 후 재평가손실을 인식한다.

따라서 20X3년도 당기순이익(NI)은 감가상각비와 재평가손실을 더한 (−)100,000 + (−)30,000 = (−)130,000원이다.

🔍 더 알아보기

유형자산 재평가모형

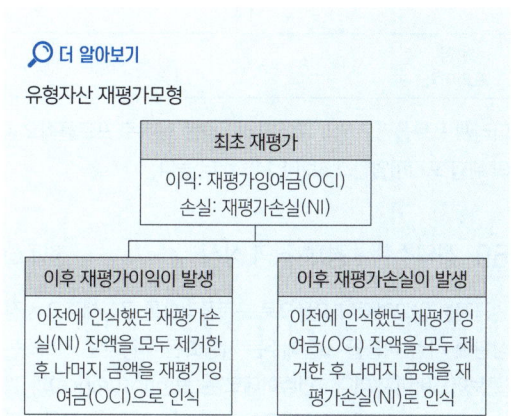

최초 재평가
이익: 재평가잉여금(OCI)
손실: 재평가손실(NI)

이후 재평가이익이 발생	이후 재평가손실이 발생
이전에 인식했던 재평가손실(NI) 잔액을 모두 제거한 후 나머지 금액을 재평가잉여금(OCI)으로 인식	이전에 인식했던 재평가잉여금(OCI) 잔액을 모두 제거한 후 나머지 금액을 재평가손실(NI)로 인식

61 직무수행 – 경제·경영 상식   정답 ①

1) 20X1년

· 20X1.01.01. 분개

(차) 기계 500,000 (대) 현금 500,000

· 20X1.12.31. 분개

(차) 감가상각비(NI) 225,500[1] (대) 감가상각누계액 225,500

(차) 손상차손(NI) 24,500 (대) 손상차손누계액 24,500

1) 500,000 × 0.451 = 225,500

2) 20X2년

· 20X2.12.31. 분개

(차) 감가상각비(NI) 112,750[1] (대) 감가상각누계액 112,750

(차) 손상차손누계액 12,750 (대) 손상차손환입(NI) 12,750[2]

1) 250,000 × 0.451 = 112,750
2) 150,000 − (250,000 − 112,750) = 12,750

따라서 20X2년도 당기순이익(NI)은 감가상각비와 손상차손환입을 더한 (−)112,750 + 12,750 = (−)100,000원이다.

🔍 더 알아보기

유형자산 원가모형 적용 시 손상차손환입

· 유형자산 원가모형은 손상차손환입은 손상차손을 인식하기 전을 가정했을 경우의 장부금액을 초과할 수 없다.

· 손상차손에 대한 회수가능액은 순공정가치와 사용가치 중 큰 금액이다.

62 직무수행 – 경제·경영 상식   정답 ④

매출채권회전율은 500,000 / {(22,000 + 18,000) / 2} = 25회이므로 적절하지 않다.

오답 체크

① 전기 부채비율 = 270,000 / 230,000 ≒ 117%, 당기 부채비율 = 243,000 / 297,000 ≒ 81.8%로 전기에 비해 당기의 부채비율은 감소하였으므로 적절하다.

② 매출총이익률은 220,000 / 500,000 = 44%이므로 적절하다.

③ 재고자산회전율은 280,000 / {(12,500 + 27,500) / 2} = 14회이므로 적절하다.

🔍 더 알아보기

재무비율

· 유동비율 = 유동자산 / 유동부채

· 부채비율 = 부채 / 자본

· 매출총이익률 = 매출총이익 / 매출액

· 매출채권회전율 = 매출액 / 평균매출채권

· 재고자산회전율 = 매출원가 / 평균재고자산

63 직무수행 – 경제·경영 상식   정답 ④

이익잉여금은 당기 이전의 오류를 수정한 내역들을 모두 반영해야 한다. 따라서 오류 수정 시 20X2년 말 이익잉여금은 오류 수정 전 20X2년 말 이익잉여금에서 20X1년 감가상각비 과소계상, 20X1년 재고자산 과대계상, 20X2년 미지급급여 과소계상을 빼고 20X1년 재고자산 과대계상 자동조정을 더한 138,000 − 3,000 − 8,000 − 9,000 + 8,000 = 126,000원이다.

오답 체크

① 오류 수정 시 20X1년 말 당기순이익은 오류 수정 전 20X1년 말 당기순이익에서 20X1년 감가상각비 과소계상, 20X1년 재고자산 과대계상을 뺀 79,000 − 3,000 − 8,000 = 68,000원이다.

② 오류 수정 시 20X1년 말 이익잉여금은 오류 수정 전 20X1년 말 이익잉여금에서 20X1년 감가상각비 과소계상, 20X1년 재고자산 과대계상을 뺀 123,000 − 3,000 − 8,000 = 112,000원이다.

③ 오류 수정 시 20X2년 말 당기순이익은 오류 수정 전 20X2년 말 당기순이익에서 20X1년 재고자산 과대계상 자동조정을 더하고 20X2년 미지급급여 과소계상을 뺀 81,000 + 8,000 - 9,000 = 80,000원이다.

🔍 더 알아보기

회계처리의 오류수정
- 손익계산서에 계상되는 수익 및 비용에 대한 오류를 수정하는 경우, 수정 이후 회계기간의 순이익에 미치는 영향은 없다.
- 재무상태표에 계상되는 자산 및 부채의 과대/과소계상에 대한 오류를 수정하는 경우, 수정 이후 회계기간에 자동조정오류로 표시한다.

64 직무수행 – 경제·경영 상식 　　　정답 ③

- 공헌이익 = 매출액 - 변동원가 = 1,000단위 × (@800원 - @560원) = 1,000단위 × @240원 = 240,000원
- 영업이익 = 공헌이익 - 총고정원가 = 240,000원 - 총고정원가
- 영업레버리지(DOL) = 공헌이익 / 영업이익 = 240,000원 / (240,000원 - 총고정원가) = 3

따라서 총고정원가는 160,000원이다.

65 직무수행 – 경제·경영 상식 　　　정답 ③

인터넷 전문 은행에서 제공하는 상품 또한 일반 은행과 동일하게 예금자보호법의 적용을 받으며, 예금자보호 대상 여부는 인터넷 전문 은행의 상품인지 여부와 무관하므로 적절하지 않다.

66 직무수행 – 경제·경영 상식 　　　정답 ②

글에서 설명하고 있는 금융상품은 ETF이다. ETF는 유동성공급자가 ETF로 하여금 기초지수와 유사한 가격을 형성할 수 있도록 거래하기 때문이 일반적인 개별주식보다 가격 주가조작 가능성이 낮으므로 적절하지 않다. 유동성공급자는 ETF가격이 조작되지 않도록 ETF의 순자산 가치에 가깝게 호가하여 가격괴리를 방지한다.

67 직무수행 – 경제·경영 상식 　　　정답 ②

원달러환율은 S_t, 1년 만기 국내 이자율은 r, 1년 만기 미국 이자율은 r_f, 잔여 만기가 $T-t$라 할 때, 균형 선물환 가격은 $S_t\{1 + (r - r_f) \times T - t/365\}$임을 적용하여 구한다.
따라서 균형 선물환 가격은 $1,500\{1 + (0.05 - 0.03) \times 365/365\} = 1,530$원/달러이다.

68 직무수행 – 경제·경영 상식 　　　정답 ③

위험 프리미엄은 기대수익률에서 무위험 수익률을 차감하여 계산한다. 포트폴리오별 위험 프리미엄은 다음과 같다.

구분	포트폴리오 X	포트폴리오 Y
경제성장 시 수익률 (30%)	(800 - 500) / 500 = 60%	(1,500 - 1,000) / 1,000 = 50%
경제둔화 시 수익률 (70%)	(450 - 500) / 500 = -10%	(1,100 - 1,000) / 1,000 = 10%
기대수익률	0.3 × 60% + 0.7 × (-10%) = 18% - 7% = 11%	0.3 × 50% + 0.7 × 10% = 15% + 7% = 22%
위험 프리미엄	11% - 8% = 3%	22% - 8% = 14%

따라서 포트폴리오 Y의 위험 프리미엄은 14%로 포트폴리오 X의 위험 프리미엄인 3%보다 11%p 더 높다.

69 직무수행 – 경제·경영 상식 　　　정답 ④

인공지능 알고리즘이 자동으로 포트폴리오를 구성해주고 시장 상황에 따라 비중을 조절해주는 자동화된 투자자문 서비스는 '로보어드바이저'이다. '인슈어테크'는 보험(Insurance)과 기술(Technology)을 결합한 용어로 디지털 기술을 활용해 기존 맞춤형 보험상품을 추천하거나 실시간으로 위험관리 등을 실시하는 보험 서비스이다.

70 직무수행 – 경제·경영 상식 　　　정답 ①

서로 상이한 시점에서 발생하는 현금흐름의 크기와 화폐의 시간적 가치가 고려된 평균 투자수익률 개념은 내부수익률이다. 내부수익률은 현금유출액의 현재가치와 현금유입액의 현재가치를 일치시키는 할인율로 계산된다. 이에 따라 아래 식을 만족시키는 r이 내부수익률이 된다.
$50 = 70 / (1 + r) + 30 / (1 + r)^2$
시행착오법에 의해서 ㉠을 내부수익률로 제시하고 있는 선지 ①과 선지 ③을 비교해보면 아래와 같다.

r = 75%인 경우	$49.80 \approx 70 / (1 + 0.75) + 30 / (1 + 0.75)^2$
r = 60%인 경우	$55.47 \approx 70 / (1 + 0.6) + 30 / (1 + 0.6)^2$

따라서 r이 75%인 경우의 현금유출액의 현재가치인 50과 현금유입액의 현재가치인 49.80이 더 유사하므로 75%가 내부수익률에 가장 근사한 값이다.

71 직무수행 – 경제·경영 상식　　　　　정답 1,100

각 기업은 배출권을 자유롭게 거래하여 비용을 최소화하려고 할 것이다. 배출권 가격이 1톤당 8만 원이므로, 정화처리비용이 8만 원보다 낮으면 직접 정화처리를 하고, 8만 원보다 높으면 배출권을 구매하여 정화처리를 하지 않는 것이 유리하다. 전체 배출량은 370톤이지만 전체 할당된 배출권은 50톤 × 4 = 200톤이므로, 170톤을 반드시 정화처리해야 한다. 효율적 배분에 따라 정화처리비용이 낮은 B 기업과 D 기업이 정화처리를 담당한다. 따라서 사회 전체의 정화처리비용은 540 + 560 = 1,100만 원이다.

구분	A	B	C	D	합계
배출량(톤)	150	90	50	80	370
배출권 사용량(톤)	150	0	50	0	200
정화처리량(톤)	0	90	0	80	170
정화처리 비용(만 원)	0 × 15 = 0	90 × 6 = 540	0 × 8 = 0	80 × 7 = 560	1,100

72 직무수행 – 경제·경영 상식　　　　　정답 80

주식 A의 표준편차는 σ_A, 주식 B의 표준편차는 σ_B, 주식 A와 주식 B의 상관계수는 σ_{AB}라고 할 때, 주식 A의 투자비율은 $\dfrac{\sigma_B^2 - \sigma_{AB}}{\sigma_A^2 + \sigma_B^2 - 2\sigma_{AB}}$이고, $\sigma_{AB} = \sigma_A \times \sigma_B \times \rho_{AB}$임을 적용하여 구한다.

따라서 주식 A의 투자비율은 $\dfrac{0.6^2 - 0.3 \times 0.6 \times 0}{0.3^2 + 0.6^2 - 2 \times 0.3 \times 0.6 \times 0} = 0.8$ = 80%이다.

73 직무수행 – 경제·경영 상식　　　　　정답 5

주식의 가치는 P_0, 다음 기의 주당순이익은 EPS_1, 유보율은 b, 배당성향은 1−b, 요구수익률은 k, 성장률은 g, 자기자본 이익률은 ROE라 할 때, $PER = \dfrac{P_0}{EPS_1} = \dfrac{1-b}{k-g} = \dfrac{1-b}{k-(b \times ROE)}$임을 적용하여 구한다.

따라서 $PER = \dfrac{0.3}{0.2 - (0.7 \times 0.2)} = \dfrac{0.3}{0.06} = 5$이다.

74 직무수행 – 경제·경영 상식　　　　　정답 2,400

재고자산 평가손실은 보고기간 말 재고자산 × (단위당 취득원가 − 단위당 순실현가능가치이므로 80개 × (200원 − 170원) = 2,400원이다.

🔍 더 알아보기
재고자산 평가손실
- 재고자산의 평가손실 = 취득원가 − 순실현가능가치
- 원재료의 평가손실 = 취득원가 − 현행대체원가
- 순실현가능가치 = 예상판매가격 − (추가 완성원가 + 판매비용)

75 직무수행 – 경제·경영 상식　　　　　정답 (A) (−)9,000　(B) 13,000

(A) 재고자산의 감모손실은 (100개 − 85개) × 1,600원 = 24,000원이고, 당기손익은 기타포괄손익 공정가치 금융자산의 이자수익에서 재고자산 감모손실을 뺀 15,000 − 24,000 = (−)9,000원이다.

(B) 기타포괄손익은 기타포괄손익 공정가치 금융자산의 평가이익인 13,000원이다.

🔍 더 알아보기
기타포괄손익 공정가치(FVOCI) 금융자산
기타포괄손익 공정가치(FVOCI) 금융자산은 공정가치로 평가하는 금융자산이다. 평가손익은 기타포괄손익(OCI)에 반영되지만, 이자수익은 당기손익(NI)에 반영된다. 또한 기타포괄손익 공정가치(FVOCI) 금융자산을 매각할 경우 기타포괄손익 잔액을 자본으로 반영한다.

재고자산 감모손실
재고자산 감모손실 = (장부상 수량 − 실지 수량) × 단위당 취득원가

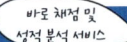

2회 실전모의고사

정답

I 직업기초

p.80

01 의사소통능력	02 의사소통능력	03 의사소통능력	04 의사소통능력	05 의사소통능력	06 의사소통능력	07 문제해결능력	08 문제해결능력	09 문제해결능력	10 문제해결능력
④	④	④	①	③	③	④	③	③	④
11 문제해결능력	12 문제해결능력	13 문제해결능력	14 문제해결능력	15 자원관리능력	16 자원관리능력	17 자원관리능력	18 자원관리능력	19 자원관리능력	20 자원관리능력
④	④	①	③	①	②	④	④	②	③
21 자원관리능력	22 자원관리능력	23 조직이해능력	24 조직이해능력	25 수리능력	26 수리능력	27 수리능력	28 수리능력	29 수리능력	30 수리능력
③	②	③	④	③	③	①	②	②	②
31 수리능력	32 수리능력	33 수리능력	34 수리능력	35 수리능력	36 수리능력	37 정보능력	38 정보능력	39 정보능력	40 정보능력
②	③	③	③	②	③	③	②	②	③

II 직무수행

p.118

41 경제·경영 상식	42 경제·경영 상식	43 경제·경영 상식	44 경제·경영 상식	45 경제·경영 상식	46 경제·경영 상식	47 경제·경영 상식	48 경제·경영 상식	49 경제·경영 상식	50 경제·경영 상식
④	②	③	②	③	②	③	④	④	④
51 경제·경영 상식	52 경제·경영 상식	53 경제·경영 상식	54 경제·경영 상식	55 경제·경영 상식	56 경제·경영 상식	57 경제·경영 상식	58 경제·경영 상식	59 경제·경영 상식	60 경제·경영 상식
③	③	①	④	③	③	④	②	②	④
61 경제·경영 상식	62 경제·경영 상식	63 경제·경영 상식	64 경제·경영 상식	65 경제·경영 상식	66 경제·경영 상식	67 경제·경영 상식	68 경제·경영 상식	69 경제·경영 상식	70 경제·경영 상식
①	③	②	②	②	②	②	④	②	①
71 경제·경영 상식	72 경제·경영 상식	73 경제·경영 상식	74 경제·경영 상식	75 경제·경영 상식					
125	400	126,000	825	54.5					

실력 점검표

제한 시간 내에 푼 문제 수	맞힌 문제 수	정답률
/75	/75	%

※ 정답률(%) = (맞힌 개수/전체 개수) × 100

[01 - 02]

01 직업기초 – 의사소통능력   정답 ④

(라) 단락에서는 라벨드 채권의 정의, 시장 규모, 공시·검증 메커니즘을 설명하고 있으며, 세제 혜택이나 세무 처리 방안은 언급되지 않는다. 따라서 (라)에 대한 소제목은 "라벨드 채권의 정의·시장 성장 및 공시·검증 메커니즘"이 적절하다.

02 직업기초 – 의사소통능력   정답 ④

(다) 단락에서 퍼페추얼 채권은 만기가 없고 발행사만 콜 권리를 행사할 수 있다고 했으므로 투자자가 풋 옵션으로 언제든 상환받을 수 있다는 것은 알 수 없다.

오답 체크

① (나) 단락에서 고정금리채는 금리가 오르면 가격이 크게 떨어지고, 변동금리채는 시장 금리에 따라 지급 이자율이 조정되어 금리 상승기에 가격 방어력이 높다고 했으므로 적절한 내용이다.
② (가) 단락에서 국채는 가장 낮은 금리로 거래되고 지방자치단체가 발행하는 지방채, 공공기관이 발행하는 특수채·기관채, 기업이 발행하는 회사채와 금융채 순으로 금리가 상승하는 구조를 가진다고 했으므로 적절한 내용이다.
③ (라) 단락에서 지속가능연계 채권은 목표 미달 시 지급 이자율이 더 높아지도록 설계되었다고 설명했으므로 적절한 내용이다.

[03 - 04]

03 직업기초 – 의사소통능력   정답 ④

네 번째 단락에서 금융당국은 디폴트 옵션에서 원금보장 상품의 비중을 30% 이하로 제한하는 것을 검토하고 있다고 했으므로 금융당국이 가입자 손실 위험을 최소화하기 위해 원금 보장 상품 비중을 70 % 이상 유지하도록 권고하고 있다는 것은 적절하지 않은 내용이다.

오답 체크

① 첫 번째 단락에서 디폴트 옵션은 확정기여(DC)·개인형 퇴직연금(IRP) 가입자가 일정 기간 운용 지시를 내리지 않아도 적립금을 방치하지 않도록, 사전에 지정된 포트폴리오로 자동 배분하는 방식이라고 했으므로 적절한 내용이다.
② 두 번째 단락에서 디폴트 옵션으로 운용되는 적립금은 중 약 90%가 예·적금이나 초단기 채권 상품에 집중되어 있다고 했으므로 적절한 내용이다.

③ 두 번째 단락에서 원리금 보장형 상품에 장기간 노출될 경우, 가입자는 마이너스 실질 수익률이 고착될 위험이 있다고 했고, 세 번째 단락에서 디폴트 옵션은 급여나 퇴직금이 계좌에 들어오거나 기존 상품의 만기가 되어도 새로운 지시가 없으면 시스템이 자동으로 해당 비율대로 자산을 재배분한다고 했으므로 적절한 내용이다.

04 직업기초 – 의사소통능력   정답 ①

두 번째 단락에 따르면 장기 물가상승률이 3% 내외로 형성된 상황에서 명목이자가 1.5%인 원리금 보장형 상품에 노출될 경우, B는 마이너스 실질 수익률이 고착될 수 있으므로 가장 적절하지 않은 행동이다.

오답 체크

② 세 번째 단락에서 금융회사는 디폴트 옵션 발동 여부, 누적 수익률, 운용보수 등을 분기 단위 보고서로 가입자에게 통지해야 한다고 했으므로 적절한 행동이다.
③ 네 번째 단락에서 금융당국은 목표 수익률에 미달할 경우 자산 배분을 자동으로 조정하는 리밸런싱 의무화 검토 중이라고 했으므로 B가 수익률 증대를 위해 가입자에게 유리한 제도의 도입 시기를 찾아보는 것은 적절한 행동이다.
④ 네 번째 단락에서 금융당국은 가입자가 요청할 경우 모바일로 쉽게 상품을 바꿀 수 있는 원 클릭 전환 시스템 표준화를 검토중이라고 했으므로 적절한 행동이다.

[05 - 06]

05 직업기초 – 의사소통능력   정답 ③

제5조 제2항에서 의심거래보고 의무는 금액의 다과를 불문하고 이루어져야 한다고 했으므로 거래 금액이 1천유로 이하였더라도 의심거래보고 의무가 있으므로 옳지 않은 설명이다.

오답 체크

① 제6조 제1항에서 위험도가 높다고 인정되는 거래를 수행하려는 경우 고객의 신원·주소·거래목적 및 자금의 원천 등을 확인하여야 한다고 했고, 제21조에서 임원 또는 종업원이 그 법인의 업무에 관하여 제20조의 위반행위를 한 때에는 행위자를 벌하는 외에 그 법인에도 해당 벌금형을 과할 수 있다고 했으므로 옳은 설명이다.
② 제6조 제1항에서 1천유로 상당을 초과하는 거래 또는 위험도가 높다고 인정되는 거래를 수행하려는 경우 고객의 신원·주소·거래목적 및 자금의 원천 등을 확인하여야 한다고 했으므로 900유로이면서 위험도가 낮다면 고객확인의무가 적용되지 않으므로 옳은 설명이다.

④ 제8조 제1항에서 금융회사등은 고객확인기록·거래내역 및 위탁 보고 내역을 5년간 보존하여야 한다고 했으므로 옳은 설명이다.

06 직업기초 – 의사소통능력　　　　정답 ③

제5조 제1항에서 의심거래를 인지한 경우 그 날부터 3일 이내에 금융정보분석원장에게 보고해야 한다고 했고, 제5조 제3항에서 전자보고시스템 장애 시에는 서명으로 대신할 수 있다고 하였지만 기한의 연장에 대한 내용은 없으므로 적절하지 않은 대답이다.

오답 체크

① 제12조 제2항에서 가상자산사업자가 신고 사항을 변경하고자 하는 때에는 변경일부터 30일 이내에 변경신고를 하여야 한다고 했으므로 적절한 대답이다.

② 제10조 제1항에서 금융위원회는 의심거래에 대하여 거래중지 또는 지급정지 명령을 할 수 있다고 했으므로 적절한 대답이다.

④ 제6조 제1항에서 금융회사등은 1천유로 상당을 초과하는 거래를 수행하려는 경우 고객의 신원·주소·거래목적 및 자금의 원천 등을 확인하여야 한다고 했고, 제20조 제2항에서 이를 위반하여 고객확인을 실시하지 아니한 자는 3년 이하의 징역 또는 3천만 원 이하의 벌금에 처한다고 했으므로 적절한 대답이다.

[07 – 08]
07 직업기초 – 문제해결능력　　　　정답 ④

단리이자 = 단리 예금 만기수령액 − 원금 = 원금 × (이자율 × $\frac{예치 개월 수}{12}$)임을 적용하여 구한다. 1,500만 원을 A 은행에 18개월 간 예치하였고, 기본금리 3.20%가 적용되었을 때 이자는 $15,000,000 × 0.032 × \frac{18}{12} = 720,000$원으로 최소 72만 원 이상의 이자를 받을 수 있으므로 옳은 설명이다.

오답 체크

① 복리이자 = 월복리 예금 만기수령액 − 원금 = 원금 × $(1 + \frac{이자율}{12})^{예치 개월 수}$ − 원금임을 적용하여 구한다. 500만 원을 D 은행에 4개월 간 예치하였고, 우대 금리 적용을 받지 못해 기본금리 3.60%가 적용되었을 때 이자는 $500 × (1 + \frac{0.036}{12})^4 − 500 = 500 × 1.012$ $− 500 = 6$만 원이다. 따라서 최소 6만 원이상의 이자를 받을 수 있으므로 옳지 않은 설명이다.

② C 은행을 주거래 은행으로 쓰는 사람이 연금상품에 매월 자동이체를 설정한 경우 최소 기본금리 3.50%에 우대금리 0.20%가 적용된 3.70%의 금리를 적용 받을 수 있다. 이때 D 은행에서 받을 수 있는 최대 우대금리는 4.0%이므로 A~D 은행 중 항상 C 은행의 상품의 이자율이 가장 높은 것은 아님을 알 수 있다.

③ A 은행의 기본금리는 3.20%이고, 최고우대금리는 0.50%이므로 우대금리 조건을 모두 충족하더라도 최대 3.70%까지의 금리를 적용받을 수 있으므로 옳지 않은 설명이다.

08 직업기초 – 문제해결능력　　　　정답 ③

· 스마일 e 저축(A 은행): 더 높은 우대금리를 받을 수 있다면 자동이체 은행을 변경할 의향이 있다고 했으므로 조건 3이 충족되어 이자율은 3.20 + 0.30 = 3.50%이다.
· 모바일 플러스예금(B 은행): 가능한 우대금리 적용 항목이 없으므로 이자율은 3.40%이다.
· 주거래 우대정기예금(C 은행): 가족 모두가 C 은행을 주거래 은행으로 사용하고 있으며 가족 결합 등록이 완료된 상태이므로 조건 2가 충족되어 이자율은 3.50 + 0.30 = 3.80%이다.
· 온라인 전용예금(D 은행): 만기 후에도 원금을 계속 재예치하기를 원한다고 했으므로 조건 3이 충족되어 이자율은 3.60 + 0.10 = 3.70%이다.
따라서 A~D 은행의 예금상품 중 갑이 선택할 상품은 이자율이 3.80%로 가장 높은 주거래 우대정기예금이다.

[09 – 10]
09 직업기초 – 문제해결능력　　　　정답 ③

통상임금이 285만 원인 한부모 가정의 경우 법령 개정 전 1~3개월 차에는 통상임금의 100%인 285만 원이 상한액인 250만 원보다 높으므로 250만 원씩을 지급받고, 4~6개월 차에는 150만 원씩 지급받게 되어 총 (250 × 3) + (150 × 3) = 1,200만 원을 지급받는다. 법령 개정 후에는 1~3개월 차의 상한액이 300만 원임에 따라 통상임금의 100%인 285만 원씩을 지급받고, 4~6개월 차에는 통상임금의 100%인 285만 원이 상한액인 200만 원보다 높으므로 200만 원씩을 지급받게 되어 총 (285 × 3) + (200 × 3) = 1,455만 원을 지급받게 되므로 차액은 1,455 − 1,200 = 255만 원임에 따라 적절한 설명이다.

오답 체크

① 3. 경과조치에 따르면 시행 전 신청자에 대하여는 기존 제도 기준이 적용된다. 따라서 2025년 2월 23일 이전에 신청한 사람은 출산 후 90일까지만 배우자 출산휴가를 사용할 수 있음에 따라 신청이 수리되지 않을 것이므로 적절하지 않은 설명이다.

② 법령 개정 후 개인별 최대 육아휴직 사용 기간은 1.5년으로, 부가 10개월을 사용해도 모는 최대 18개월까지만 사용할 수 있으므로 적절하지 않은 설명이다.

④ 개정 전 육아휴직을 사용한 일반 근로자는 복직 후 6개월 뒤에 사후지급금을 일괄적으로 지급받는다고 했으므로 적절하지 않은 설명이다.

10 직업기초 – 문제해결능력 　　　정답 ②

자녀가 18개월 이하이면서 부모가 순차적으로 모두 육아휴직을 신청했으므로 갑과 을은 부모 동시 육아휴직 상한 특례를 적용받을 수 있다. 이에 따라 갑은 통상임금이 월 320만 원이므로 1~3개월에는 상한액만큼 받고, 4~6개월 차에는 각 개월별 상한액보다 통상임금이 낮으므로 320만 원씩 받을 수 있으므로 총 $250 + 250 + 300 + (320 \times 3) = 1,760$만 원을 받을 수 있다. 을은 통상임금이 월 280만 원이므로 1~2개월에는 상한액만큼 받고, 3~6개월 차에는 각 개월별 상한액보다 통상임금이 낮으므로 280만 원씩 받을 수 있고, 7~9개월 차에는 통상임금의 80%인 $280 \times 0.8 = 208$만 원이 상한 160만 원보다 높으므로 160만 원씩 받을 수 있어 총 $250 + 250 + (280 \times 4) + (160 \times 3) = 2,100$만 원을 받을 수 있다.

따라서 갑과 을이 지급받을 수 있는 육아휴직 급여 총액은 $1,760 + 2,100 = 3,860$만 원이다.

[11 – 12]
11 직업기초 – 문제해결능력 　　　정답 ④

ⓒ 3) 지원 내용 – 상환 기간에 따르면 원리금 분할상환은 거치기간 2년 후 5년에 걸쳐 이루어지므로 2025년 9월 15일에 대출을 받았다면 2027년 9월 15일부터 원리금 분할상환이 시작되어 2028년 4월 14일까지는 7회의 원리금 분할상환을 하게 될 것임을 알 수 있다.

ⓔ 2) 지원대상에 따르면 자격 요건의 판단 기준일은 신청일이며, 심사 진행 중 발생한 변동은 원칙적으로 자격 판단에 반영하지 않는다고 했으므로 신청일 이후 신청자의 소득이 증가하여 7,000만 원을 넘었더라도 해당 심사가 보류되는 것은 아님을 알 수 있다.

오답 체크

ⓐ 4) 제출 서류에 따르면 예비 창업자와 초기 창업자 모두 신청일 기준 3개월 안에 발급받은 소득금액증명원을 제출해야 함을 알 수 있다.

ⓒ 2) 지원 대상에 따르면 대표자 및 핵심경영진 전원이 무주택자여야 한다고 했으므로 평사원 2명은 대표자나 핵심경영진에 해당되지 않아 대표자가 무주택자라면 청년 ESG 창업자금 대출을 신청할 수 있음을 알 수 있다.

12 직업기초 – 문제해결능력 　　　정답 ④

A~D의 우대금리 적용 여부는 다음과 같다.

구분	여성·장애인 창업자	창업교육 이수자	지역특화· 산업단지 입주기업	최종 금리
A	X	X	X	1.9%
B	X	○	X	1.8%
C	○	○	○	1.4%
D	○	X	X	1.7%

이에 따라 A~D의 첫 달 이자를 계산하면 다음과 같다.

- A: $50,000,000 \times 0.019 / 12 ≒ 79,167$원
- B: $42,000,000 \times 0.018 / 12 = 63,000$원
- C: $60,000,000 \times 0.014 / 12 = 70,000$원
- D: $40,000,000 \times 0.017 / 12 ≒ 56,667$원

따라서 첫 달에 내는 이자가 가장 적은 사람은 D이다.

[13 – 14]
13 직업기초 – 문제해결능력 　　　정답 ①

- 1지망 배정과정: 대출 라인을 1지망으로 뽑은 A와 F는 각각 여신 분야 전문가, 세무 분야 전문가이므로 모두 1지망 라인에 배정된다. 카드 라인을 1지망으로 뽑은 G와 H는 둘 다 카드 분야 전문가이므로 같은 전문분야 상담사는 각 상담 라인당 최대 1명까지 배정될 수 있다는 규칙에 따라 내부평가 점수가 더 높은 H가 카드 라인에 배정된다. 기업금융 라인을 1지망으로 뽑은 상담사는 L 1명이므로 기업금융 라인에 배정된다. 외환 라인을 1지망으로 뽑은 C와 J는 둘 다 외환 분야 전문가이며, 내부평가 점수가 76점으로 동일하므로 경력이 5년으로 더 긴 C가 외환 라인에 배정된다. 디지털/IT 라인을 1지망으로 뽑은 D와 I는 둘 사이에 분쟁 기록이 있어 이해충돌 방지 원칙에 따라 둘 중 한 명만 배정될 수 있으므로 내부평가 점수가 더 높은 D가 디지털/IT 라인에 배정된다. 마지막으로 민원·분쟁 라인을 1지망으로 뽑은 B, E, K 중 내부평가 점수가 가장 높은 B가 배정되고, E와 K는 내부평가 점수와 총 경력 연수가 같으므로 우대조건이 있는 K가 배정된다.
- 2지망 배정과정: 1지망에 배정되지 못한 E, G, I, J는 2지망에 대해 1지망 배정과정과 동일한 조건 및 기준에 따라 배정된다. 먼저 카드 라인에는 한 자리가 남아있는데, J가 카드 라인을 2지망으로 뽑았고 기존 카드 라인 배정자인 H와 다른 전문 분야이므로 J는 카드 라인에 배정된다. 남은 E, G, I가 희망하는 대출과 민원·분쟁 라인은 2명이 모두 배정되었으므로 세 명은 2지망에 배정되지 못한다.

· 잔여 자리 배정과정: I는 C와 사촌관계임에 따라 외환 라인에 배정될 수 없고, 앞서 D와 분쟁 기록이 있음에 따라 디지털/IT 라인에 배정될 수 없으므로 기업금융 라인에 배정된다. 남은 외환, 디지털/IT 라인 중 E는 C와 모자관계임에 따라 외환 라인에 배정될 수 없으므로 E는 디지털/IT 라인에, G는 외환 라인에 배정된다.

A~L의 상담 라인 배정 결과는 다음과 같다.

대출	카드	기업금융	외환	디지털/IT	민원·분쟁
A, F	H, J	L, I	C, G	D, E	B, K

따라서 내부평가 점수가 가장 높은 상담사인 B는 민원·분쟁 라인에 배정되었으므로 옳지 않은 설명이다.

㉠ 외환라인에는 외환 분야 전문가인 C와 카드 분야 전문가인 G가 배정되었으므로 옳은 설명이다.

㉢ 1지망 라인 배정에 실패한 상담사는 E, G, I, J 네 명이므로 옳은 설명이다.

㉣ A는 대출 라인에, G는 외환 라인에 배정되었으므로 옳은 설명이다.

14 직업기초 – 문제해결능력   정답 ③

1지망, 2지망 모두 아닌 라인에 배정된 상담사는 E, G, I이므로 ③이 적절하다.

[15 – 16]
15 직업기초 – 자원관리능력   정답 ①

㉠ 보증료 = 대출금액 × 보증료율 = 5,000 × (0.0013 + 0.0003) = 8만 원이므로 옳은 설명이다.

㉢ 다자녀가구는 수도권 기준 최대 2억 4천만 원까지 대출 가능하며, 대출 한도는 임대차계약서상 전세보증금의 80% 이내이다. 따라서 수도권 지역의 전세보증금 3억 원 아파트에 입주하려는 다자녀가구는 전세보증금의 80%인 최대 2억 4천만 원까지 대출받을 수 있으므로 옳은 설명이다.

㉡ 기한연장조건에 따르면 기한 연장 시마다 최초 대출금의 10%이상 상환하거나 상환불가 시 연 0.1%p 금리 가산하면되므로 반드시 최초 대출금의 10% 이상을 상환해야 하는 것은 아님을 알 수 있다.

㉣ 대출 실행일로부터 1년 후 4천만 원을 중도상환하였으므로 중도상환 수수료는 4,000 × 0.0085 × (1 / 2) = 17만 원이므로 옳지 않은 설명이다.

16 직업기초 – 자원관리능력   정답 ②

수도권 일반가구의 대출한도는 2억 2천만 원이며, 전세보증금의 80%는 2억 8천만 원 × 0.8 = 2억 2,400만 원이다. 따라서 최대 대출 가능 금액은 2억 2,000만 원이다. 부부합산 연소득은 6,700만 원이며, 보증금은 1억 원을 초과하므로 대출금리는 연 2.9%이다. 만기일시상환 방법의 이자는 (대출금액 × 대출이자율 × 이자일수) / 365임에 따라 (220,000,000 × 0.029 × 730) / 365 ≒ 12,760,000원이다.

따라서 부부가 만기 시 상환해야 하는 이자는 12,760,000원이다.

[17 – 18]
17 직업기초 – 자원관리능력   정답 ④

지원자별 총점을 계산하면 다음과 같다.

구분	영역 평가 점수	가점	총점
갑	(75 + 90) × 0.2 + (65 + 85 + 70 + 80) × 0.15 = 78.00점	5	83.00점
을	(60 + 95) × 0.2 + (75 + 80 + 60 + 70) × 0.15 = 73.75점		73.75점
병	(95 + 75) × 0.2 + (90 + 60 + 90 + 95) × 0.15 = 84.25점	5	89.25점
정	(80 + 65) × 0.2 + (88 + 70 + 95 + 65) × 0.15 = 76.70점		76.70점
무	(70 + 85) × 0.2 + (68 + 88 + 72 + 78) × 0.15 = 76.90점	5	81.90점

이에 따라 병, 갑, 무, 정, 을 순으로 파견 지역을 배정받게 된다. 먼저 병이 알프스를 1순위로 선택함에 따라 알프스에 배정되고, 갑은 사하라사막을 1순위로 선택했으므로 사하라사막에 배정된다. 다음으로 무는 1순위로 알프스를 선택했지만 이미 병이 배정되었으므로 2순위로 선택한 동남아에 배정되게 되며, 정은 1순위로 선택한 동남아에 이미 병이 배정됨에 따라 2순위로 선택한 사헬에 배정되게 된다. 마지막으로 을은 1순위로 선택한 사하라사막과 2순위로 선택한 동남아와 3순위로 선택한 사헬에 각각 갑, 무, 정이 배정되었으므로 남아있는 아마존에 배정되게 된다. 국제봉사 경력 여부를 고려하지 않는다면 갑, 병, 무의 점수가 각각 5점씩 하락하지만 셋 중 가장 점수가 낮았던 무의 점수에서 5점을 차감하더라도 을, 정보다 점수가 높으므로 총점의 순위는 변하지 않는다.

따라서 국제봉사 경력 여부를 고려하지 않더라도 배정되는 지역은 변하지 않음에 따라 정은 여전히 사헬에 배정될 것이므로 옳지 않은 설명이다.

① 1순위~3순위 모두에 배정되지 못한 지원자는 을 1명이므로 옳은 설명이다.

② 알프스의 배정 인원이 2명이 되었다면, 병과 갑의 배정 지역은 바뀌지 않지만 기존에 알프스를 1순위로 선택했던 무가 알프스에 배정받을 수 있게 됨에 따라 정은 1순위로 선택했던 동남아에, 을은 3순위로 선택했던 사헬에 배정될 수 있다. 따라서 지역이 바뀐 지원자는 3명이므로 옳은 설명이다.

③ 사하라사막에 배정된 지원자는 갑이므로 옳은 설명이다.

18 직업기초 – 자원관리능력 　　　　정답 ④

올바르게 반영된 정보에 따른 지원자별 총점을 계산하면 다음과 같다.

구분	영역 평가 점수	가점	총점
갑	$(75+90) \times 0.2 + (65+85+70+80) \times 0.15 = 78.00$점		78.00점
을	$(70+95) \times 0.2 + (75+80+72+70) \times 0.15 = 77.55$점	5	82.55점
병	$(95+75) \times 0.2 + (90+60+90+95) \times 0.15 = 84.25$점		84.25점
정	$(80+65) \times 0.2 + (88+70+95+65) \times 0.15 = 76.70$점	5	81.70점
무	$(60+85) \times 0.2 + (68+88+60+78) \times 0.15 = 73.10$점		73.10점

이에 따라 병, 을, 정, 갑, 무 순으로 파견 지역을 배정받게 된다. 먼저 병이 1순위로 선택한 알프스에 배정되고, 을도 1순위로 선택한 사하라사막에 배정되며, 정 역시 1순위로 선택한 동남아에 배정된다. 다음으로 갑은 1순위로 선택한 사하라사막에 이미 을이 배정되었으므로 2순위인 사헬에 배정되며, 무는 1순위인 알프스와 2순위인 동남아를 각각 병과 정이 배정되었으므로 3순위인 아마존에 배정된다.

따라서 기존에는 갑이 사하라사막, 을이 아마존, 병이 알프스, 정이 사헬, 무가 동남아에 배정되어 있으므로 지원자 정보를 올바르게 반영한 후 새롭게 배정했을 때, 기존과 다른 지역에 배정된 지원자는 병을 제외한 4명이다.

[19 - 20]

19 직업기초 – 자원관리능력 　　　　정답 ②

H 기업 담당자는 본사에서 출발해 중소기업 A, B, C, D를 모두 한 번씩 방문한 뒤 검수센터로 가야한다. C와 직통으로 연결된 기업이 없으므로 이동 거리를 최소화하기 위해서는 휴게소로 가는 거리를 최소화해야 한다. 각 구간별 거리는 본사 → B가 6km, B → 휴게소가 6km, 본사 → A가 12km, A → 휴게소가 5km이므로 A보다 B를 먼저 방문하는 것이 유리함을 알 수 있다.

따라서 최단 경로는 본사 → B → 휴게소 → C → 휴게소 → A → D → 분점 → 검수센터이며, 이에 소요되는 최단 거리는 6 + 6 + 7 + 7 + 5 + 24 + 7 + 8 = 70km이다.

20 직업기초 – 자원관리능력 　　　　정답 ③

지하철 요금은 이동 거리와 상관없이 1,400원이고 C와 D 사이에 거리가 10km인 직통 도로가 개통된다면 비용을 최소화하기 위해서는 개통된 도로와 지하철을 모두 이용해야 한다. 본사 → B → A 경로에서 지하철을 이용할 수 있으므로, 본사 → B → A → 휴게소 → C → D → 분점 → 검수센터의 경로를 따라 이동한다. 이때 H → B → A 경로에서는 지하철 비용 1,400원이 소요되고, 택시를 이용하는 A → 휴게소 → C → D → 분점 → 검수센터 경로의 총 거리는 5 + 7 + 10 + 7 + 8 = 37km이며, 1km당 비용은 200원임에 따라 $(37 \times 200) + 1,500 = 8,900$원이 소요되므로 총 비용은 1,400 + 8,900 = 10,300원이다. 또한, 택시의 속도는 60km/h이므로 1km당 소요시간은 1분, 지하철 정거장당 이동시간은 2분이므로 본사 → B → A → 휴게소 → C → D → 분점 → 검수센터의 경로의 이동시간은 4 + 6 + 5 + 7 + 10 + 7 + 8 = 47분이다. 이때 이동 수단 변경 시에는 환승 대기 시간으로 5분이 소요되고, 중소기업 A, B, C, D 방문 시에 필요한 정차 시간 40분을 더하면 총 소요 시간은 92분이다.

따라서 담당자가 오전 8시에 출발했다면, Z 검수센터에는 오전 9시 32분에 도착하게 된다.

해커스 IBK 기업은행 NCS+직무수행능력 실전모의고사

[21 - 22]

21 직업기초 - 자원관리능력   정답 ③

10월 15일은 주말과 메인 행사 기간이 아니므로 홍보존 $30m^2$의 임대료는 $30 \times 17,000 = 510,000$원이다. 이때 10월 6일에 예약을 취소하는 경우 5. 예약·취소 규정에 따라 7~13일 전 취소이므로 이용료의 40%를 공제한 60%를 환불받을 수 있다. 따라서 환불받는 금액은 $510,000 \times 0.6 = 306,000$원으로 30만 원 이상이므로 옳지 않은 설명이다.

오답 체크

① 체험존 $24m^2$의 임대료는 $24 \times 25,000 = 600,000$원이고, 10월 10일은 주말과 메인 행사 기간이 아니므로 가산 비용이 없지만 10월 18일은 주말이면서 메인 행사 기간이므로 각각 10%씩 가산되어 총 20%의 비용이 가산된다. 따라서 두 날짜의 임대료의 차이는 $600,000 \times 0.2 = 120,000$원이므로 옳은 설명이다.

② 3. 기타 부대비용에 따르면 위생검사료는 50,000원이며 푸드존 운영 부스는 필수로 받아야함에 따라 체험존이나 홍보존을 예약하는 사람에 비해 반드시 5만 원의 추가 비용이 필요하므로 옳은 설명이다.

④ 전기 사용량을 15kWh로 신고했으나 실제로 24kWh를 사용했으므로 초과로 9kWh를 사용하였고 당일 추가 사용 시 초과금액에 20% 가산한 비용이 청구됨에 따라 총 전기 사용료는 $(10 \times 2,200) + (9 \times 3,800 \times 1.2) = 63,040$원으로 6만 원 이상이므로 옳은 설명이다.

22 직업기초 - 자원관리능력   정답 ②

- 임대료: 푸드존 $50m^2$의 일별 임대료 $(30 \times 12,000) + (20 \times 9,000) = 540,000$원이다. 축제 기간 14일 중 평일은 8일, 주말은 2일, 평일 메인 행사기간은 2일, 주말 메인 행사기간은 2일이고, 부스는 프리미엄 위치에 위치하고 있다. 가산 항목은 중복 적용되므로 평일 8일에는 10%, 주말 2일과 평일 메인 행사기간 2일에는 20%, 주말 메인 행사기간 2일에는 30%의 가산이 적용된다. 이에 따라 가산금을 포함한 총 임대료는 $(540,000 \times 8 \times 1.1) + (540,000 \times 4 \times 1.2) + (540,000 \times 2 \times 1.3) = 8,748,000$원이다.
- 전기 사용료: 일일 전기 사용량이 18kWh이므로 총 전기 사용량은 $\{(10 \times 2,200) + (3 \times 3,800)\} \times 14 = 467,600$원이다.
- 기타 부대비용: 푸드존은 위생검사가 필수이므로 위생검사료 50,000원과 수도 사용료 $10,000 \times 14 = 140,000$원을 합하면 총 190,000원이다.

따라서 지불해야 할 총 비용은 $8,748,000 + 467,600 + 190,000 = 9,405,600$원이다.

[23 - 24]

23 직업기초 - 조직이해능력   정답 ③

과장 기안 시에는 '기안자 → (협력부서 부장) → 해당부서 부장 → 본부장 → 전무 → 사장'의 순서로 결재한다. 이 과장은 브랜드전략팀의 과장이며, 협력부서는 재무팀, 구매팀, 정보보안팀으로 총 세 곳이므로 각 부서의 부장이 모두 결재선에 포함되어야 한다. 또한 전무가 휴가 중임에 따라 대결 절차에 따라 전무란은 비워 두고 본부장이 자신의 서명란에 '대결'이라고 표시하여 서명할 것임을 알 수 있다. 따라서 이 과장이 올린 결재문서에 결재하는 사람은 기안자(이 과장), 협력부서 부장 3명, 브랜드 전략팀 부장, 본부장, 사장으로 총 7명이다.

24 직업기초 - 조직이해능력   정답 ④

ⓒ 법무팀과 재무팀 부장의 협력을 받았지만 본부장 기안에는 규정상 협력부서 결재 단계가 존재하지 않으므로 협력부서 의견을 참조 첨부로만 붙이고 정식 결재선에 포함하지 않은 것은 적절하다.

ⓔ 중요 문서일 경우에는 대결 시 대행자의 사전 통보가 필요하므로, 부장에게 통보 후 '대결'한 것은 적절하다.

오답 체크

ⓐ 대리 기안 시에는 '기안자 → (협력부서 과장) → 해당부서 과장 → 해당부서 부장 → 본부장 → 전무 → 사장'의 순서로 결재해야 함에 따라, 협력부서가 있는 경우 반드시 7명의 결재가 필요하므로 적절하지 않다.

ⓒ 전결권자는 전결 후 사후 보고를 하여야 하므로 적절하지 않다.

[25 - 26]

25 직업기초 - 수리능력   정답 ③

2020년 E 국의 1인당 가계 금융자산액은 2024년 E 국의 1인당 가계 금융자산액과 2021~2021년 1인당 가계 금융자산액의 전년 대비 증가율을 이용하여 구할 수 있다. 2020년 대비 2024년 1인당 가계 금융자산액의 증가율은 $1.028 \times 1.023 \times 1.02 \times 1.027 ≒ 1.1\%$이다. 따라서 2020년 E 국의 1인당 가계 금융자산액은 $26.8 / 1.1 ≒ 24.4$만 달러로 26만 달러 미만이므로 옳은 설명이다.

오답 체크

① 각 국가의 인구가 동일하다면, 종류별 가계 금융자산액은 1인당 가계 금융자산액으로 비교할 수 있다. 2024년 B 국의 1인당 현금 및 예금의 규모는 $33.1 \times 0.523 ≒ 17.3$만 달러로 D 국의 1인당 주식 및 펀드와 보험 및 연금 규모의 합인 $28.4 \times (0.206 + 0.369) ≒ 16.3$만 달러보다 더 크므로 옳지 않은 설명이다.

② 2021~2024년 연도별 1인당 가계 금융자산액의 전년 대비 증가율의 평균은 A 국이 (3.4+4.2+3.0+2.7)/4 ≒ 3.3%, B 국이 (1.5+2.1+2.9+2.2)/4 ≒ 2.2%, C 국이 (3.3+2.8+2.1+3.1)/4 ≒ 2.8%, D 국이 (2.9+3.5+3.3+2.2)/4 ≒ 3.0%, E 국이 (2.8+2.3+2.0+2.7)/4 ≒ 2.5%, F 국이 (6.4+5.2+6.6+5.3)/4 ≒ 5.9%로 세 번째로 높은 국가는 D 국이므로 옳지 않은 설명이다.

④ 2021년 이후 A 국의 1인당 가계 금융자산액의 전년 대비 증감 방향은 증가, 감소, 감소로 이와 같은 국가는 D국 뿐이므로 옳지 않은 설명이다.

🕐 빠른 문제 풀이 Tip

① 33.1×52.3%와 28.4×57.5%의 크기를 비교하기 위해 증가율을 이용한다.
33.1은 28.4에서 4.7만큼 증가한 수치로 이는 28.4의 15% 이상이다. 또한 57.5는 52.3에서 5.2만큼 증가한 수치로 이는 52.3의 약 10%이다. 이에 따라 33.1×52.3%를 계산한 값이 28.4×57.5%를 계산한 값보다 큼을 알 수 있다.

26 직업기초 – 수리능력　　　　정답 ③

F 국의 인구를 x라고 하면, A 국의 인구는 $1.8x$이다. 이때 A 국의 주식 및 펀드 규모는 인구 × 1인당 가계 금융자산액 × 주식 및 펀드 구성비임에 따라 $1.8x × 49.5 × 0.457 ≒ 40.7x$만 달러이고, F 국의 현금 및 예금 규모는 $x × 23.9 × 0.438 ≒ 10.5x$만 달러이므로 F 국의 현금 및 예금 규모 대비 A 국의 주식 및 펀드 규모의 비는 $40.7x / 10.5x ≒ 3.9$이다.

[27 – 28]
27 직업기초 – 수리능력　　　　정답 ①

㉠ 2020년 대비 2024년에 어린이집 수가 줄어든 유형은 가정, 법인·단체, 민간, 사회복지법인이고, 2020년 대비 2024년 어린이집 수의 감소율은 가정이 {(23,632−19,656)/23,632}×100 ≒ 16.8%, 법인·단체가 {(868−771)/868}×100 ≒ 11.2%, 민간이 {(14,751−14,045)/14,751}×100 ≒ 4.8%, 사회복지법인이 {(1,439−1,392)/1,439}×100 ≒ 3.3%로 감소율이 가장 큰 유형은 가정이므로 옳지 않은 설명이다.

㉡ 2021년 이후 국·공립 어린이집 수의 전년 대비 증가량이 가장 큰 2024년에 전체 어린이집 수에서 민간 어린이집 수가 차지하는 비중은 (14,045/40,238)×100 ≒ 34.9%로 35% 미만이므로 옳지 않은 설명이다.

㉢ 전체 보육교직원에서 보육교사가 차지하는 비중은 2020년에 (212,332/301,719)×100 ≒ 70.4%, 2021년에 (218,589/311,817)×100 ≒ 70.1%, 2022년에 (229,116/321,067)×100 ≒ 71.3%, 2023년에 (229,548/321,766)×100 ≒ 71.3%, 2024년에 (235,704/330,217)×100 ≒ 71.4%로 매년 70% 이상이므로 옳은 설명이다.

㉣ 제시된 기간 중 어린이집 보육아동 수가 가장 많은 해는 2021년이고, 2021년의 유형별 어린이집 1개소당 보육아동 수는 국·공립이 159,241/2,489 ≒ 64.0명, 사회복지법인이 104,552/1,420 ≒ 73.6명, 법인·단체가 49,500/852 ≒ 58.1명, 민간이 775,089/14,822 ≒ 52.3명, 가정이 365,250/23,318 ≒ 15.7명, 협동이 3,774/149 ≒ 25.3명, 직장이 39,265/692 ≒ 56.7명으로 사회복지법인이 가장 많으므로 옳은 설명이다.

28 직업기초 – 수리능력　　　　정답 ②

민간 어린이집 수와 가정 어린이집 수의 합계는 2021년에 14,822+23,318 = 38,140개소이지만 그래프에서는 3.8만 개소보다 낮게 나타나므로 옳지 않은 그래프이다.

① 전체 어린이집 1개소당 보육교직원 수는 2020년에 301,719/43,770 ≒ 6.9명, 2021년에 311,817/43,742 ≒ 7.1명, 2022년에 321,067/42,517 ≒ 7.6명, 2023년에 321,766/41,084 ≒ 7.8명, 2024년에 330,217/40,238 ≒ 8.2명이므로 옳은 그래프이다.

③ 연도별 협동 어린이집 보육아동 수는 2020년에 3,226명, 2021년에 3,774명, 2022년에 4,127명, 2023년에 4,240명, 2024년에 4,508명이므로 옳은 그래프이다.

④ 법인·단체 어린이집 보육아동 수의 전년 대비 감소 인원은 2021년에 51,693−49,500 = 2,193명, 2022년에 49,500−46,858 = 2,642명, 2023년에 46,858−45,070 = 1,788명, 2024년에 45,070−43,400 = 1,670명이므로 옳은 그래프이다.

[29 – 30]
29 직업기초 – 수리능력　　　　정답 ②

㉡ 2020년 대비 2024년 감사실적 건수의 감소율은 경고가 {(25−9)/25}×100 = 64.0%, 주의가 {(52−39)/52}×100 = 25.0%, 시정명령이 {(231−107)/231}×100 ≒ 53.7%, 과태료가 {(137−92)/137}×100 ≒ 32.8%, 업무정지가 {(124−55)/124}×100 ≒ 55.6%, 기관경고가 {(271−171)/271}×100 ≒ 36.9%, 영업정지가 {(199−47)/199}×100 ≒ 76.4%로 영업정지가 가장 크므로 옳은 설명이다.

ⓒ 2021년 대비 2023년 처분 종류별 감사실적 건수의 감소량은 경고가 5건, 주의가 3건, 시정명령이 85건, 과태료가 104건, 업무정지가 50건, 기관경고가 11건, 영업정지가 118건으로 감소량이 세 번째로 작은 처분 종류는 기관경고이므로 옳은 설명이다.

오답 체크

ⓐ 감사횟수당 감사실적 건수는 2020년에 1,039 / 43 ≒ 24.2건, 2021년에 936 / 42 ≒ 22.3건, 2022년에 702 / 36 ≒ 19.5건, 2023년에 560 / 38 ≒ 14.7건으로 매년 감소하다가 2024년에 520 / 35 ≒ 14.9건으로 증가했으므로 옳지 않은 설명이다.

ⓔ 전체 감사실적에서 처분 원인이 소비자보호 위반인 감사실적의 비중은 2023년에 (45 / 560) × 100 ≒ 8.0%, 2024년에 (40 / 520) × 100 ≒ 7.7%로 2024년에 전년 대비 감소하였으므로 옳지 않은 설명이다.

⏱ 빠른 문제 풀이 Tip

ⓒ 2024년 감사실적 건수가 2020년 대비 절반 이상 감소한 경고, 업무정지, 영업정지를 비교한다.
먼저 업무정지는 영업정지에 비해 2020년 감사실적 건수는 작고, 2024년 감사실적 건수는 크므로 업무정지의 감소율은 영업정지의 감소율보다 작다. 또한 경고와 영업정지의 실적건수를 비교하기 위해 경고의 실적 건수에 8을 곱한다.
경고: 200(2020년) → 72(2024년)
영업정지: 199(2020년) → 47(2024년)
두 처분 종류의 2020년 실적 건수는 비슷하지만 2024년 실적건수는 영업정지가 더 작으므로 2020년 대비 2024년 감사실적 건수의 감소율이 가장 큰 처분 종류는 영업정지임을 알 수 있다.

30 직업기초 – 수리능력　　　　　정답 ②

2021년 처분 종류가 시정명령 또는 과태료인 감사실적 건수는 197 + 203 = 400건이며, 처분 원인이 회계·시장질서 결함인 감사실적 건수는 686건이다. 처분 종류가 시정명령 또는 과태료가 아닌 감사실적 건수는 936 − 400 = 536건이며, 해당 건수의 처분 원인이 모두 회계·시장질서 결함이라고 가정한다. 이때 적어도 686 − 536 = 150건은 처분 원인이 회계·시장질서 결함이면서 처분 종류가 시정명령 또는 과태료이다.
따라서 2021년 감사실적 중 처분 종류가 시정명령 또는 과태료이며, 처분 원인이 회계·시장질서 결함인 경우는 150건 이상이다.

[31 - 32]
31 직업기초 – 수리능력　　　　　정답 ②

통화의 가치는 외환시장에서 거래되는 가격인 매매기준율로 알 수 있다. 이때 7월 10일 대비 7월 17일에 통화 가치가 하락한 통화는 엔화와 뉴질랜드 달러뿐인데, 엔화의 통화가치 하락률은 {(936.99 − 936.82) / 936.99} × 100 ≒ 0.02%, 뉴질랜드 달러의 통화가치 하락률은 {(826.52 − 824.80) / 826.52} × 100 ≒ 0.21%이므로 7월 10일 대비 7월 17일에 통화가치 하락률이 가장 큰 것은 뉴질랜드 달러이므로 옳은 설명이다.

오답 체크

① 미화환산율은 달러 대비 다른 통화의 비율을 뜻하며, 달러 자체의 원화 가치는 매매기준율을 통해 알 수 있다. 미국 달러의 매매기준율은 7월 10일 1,372.50원에서 7월 17일 1,392.30원으로 상승함에 따라 7월 17일의 원화 대비 달러 가치는 10일 대비 높아졌으므로 옳지 않은 설명이다.

③ 미국 달러의 7월 17일의 현찰 살 때의 환율은 1,416.66원이고, 일주일 전인 7월 10일의 현찰 살 때의 환율은 1,396.51원이므로 7월 17일의 일주일 전 대비 환율 증가량은 1,416.66 − 1,396.51 = 20.15원이다. 7월 10일의 일주일 전 대비 환율 증가량이 이와 같다면 7월 3일의 현찰 살 때의 환율은 1,396.51 − 20.15 = 1,376.36원이고, 7월 17일의 현찰 팔 때의 환율은 1,367.94원이므로 미국 달러를 샀을 때의 가격이 더 높아 이득을 볼 수 없으므로 옳지 않은 설명이다.

④ 7월 10일 대비 7월 17일에 현찰 팔 때의 가격이 상승한 통화는 미국 달러, 유로, 파운드, 호주 달러 4개이고, 가격이 하락한 통화는 엔화와 뉴질랜드 달러 2개이므로 옳지 않은 설명이다.

32 직업기초 – 수리능력　　　　　정답 ③

7월 10일에 300 유로를 매입했다면 매입가는 300 × 1635.07 = 490,521원이고, 당일에 50 유로를 매도하고 17일에 나머지 250유로를 매도했다면 매도가는 50 × 1571.91 + 250 × 1581.48 = 78,595.5 + 395,370.0 = 473,965.5원이다.
따라서 이 투자로 인한 손실금액은 490,521 − 473,965.5 = 16,555.5원이다.

[33 - 34]
33 직업기초 – 수리능력　　　　　정답 ③

제시된 공장 중 생산완료량이 세 번째로 적은 C 공장의 X 방식에 의한 생산효율도는 (1,150.6 / 1,598.9) × 100 ≒ 72.0%로 75% 미만이므로 옳은 설명이다.

① X 방식은 생산완료량을 투입원자재량으로 나눈 값으로 구하고, Y 방식은 X 방식에서 분자와 분모 모두에서 동일한 재작업량을 뺀 값이므로 투입원자재량이 생산완료량보다 많다면 분자와 분모 중 분자의 값이 더 크게 줄어들 것임을 알 수 있다. 따라서 투입원자재량이 생산완료량보다 많다면 X 방식보다 Y 방식에서 생산효율도가 더 낮아지게 되므로 옳지 않은 설명이다.

② F 공장의 생산완료량은 E 공장보다 많지만, Y 방식에 의한 생산효율도는 F 공장이 $\{(1,740.1 - 142.3) / (2,305.8 - 142.3)\}$ $\times 100 ≒ 73.8\%$, E 공장이 $\{(1,605.7 - 198.7) / (1,876.4 - 198.7)\} \times 100 ≒ 83.9\%$로 F 공장이 E 공장보다 낮으므로 옳지 않은 설명이다.

④ 재작업량 = 1차 공정 불량품량 + 고객 클레임 회수품량임에 따라 재작업량에 고객 클레임 회수품량을 포함시키지 않는다면, Y 방식은 X 방식에서 분자와 분모 모두에서 동일한 재작업량을 뺀 값이므로 고객 클레임 회수품량을 포함했을 때보다 더 커지게 된다. 따라서 X 방식과 Y 방식에 의한 생산효율도 격차는 작아질 것이므로 옳지 않은 설명이다.

⏱ 빠른 문제 풀이 Tip

③ X 방식에 의한 생산효율도가 75% 미만이기 위해서는 생산완료량이 투입원자재량에서 투입원자재량의 1/4(25%)을 뺀 값보다 작아야 한다. C 공장의 투입원자재량은 1,598.9이므로 대략 1,600으로 계산한다. 이에 따라 생산완료량 1,150.6톤은 투입원자재량(= 1,600)에서 투입원자재량의 1/4(= 400)을 뺀 값인 1,200톤보다 작으므로 생산효율도가 75% 미만임을 알 수 있다.

34 직업기초 – 수리능력   정답 ③

B 공장의 X 방식에 의한 생산효율도는 $(1,550.2 / 2,215.3)$ $\times 100 ≒ 70.0\%$이고, Y 방식에 의한 생산효율도는 $\{(1,550.2 - 298.4) / (2,215.3 - 298.4)\} \times 100 ≒ 65.3\%$이다.
따라서 B 공장의 X 방식에 의한 생산효율도와 Y 방식에 의한 생산효율도의 차이는 $70.0 - 65.3 = 4.7\%$p이다.

[35 – 36]
35 직업기초 – 수리능력   정답 ②

㉠ X 시의 시내버스 중 가속제어에 대한 안전점검을 시행한 버스의 수는 596대이므로 가속제어에 대한 안전점검실시율은 $(596 / 627) \times 100 ≒ 95.1\%$이다. 따라서 X 시와 Y 시 모두 점검요소별 안전점검실시율은 가속제어, 제동압, 충격감지, 객실청결, 비상함, 소화기 순으로 높으므로 옳은 설명이다.

㉢ X 시의 시내버스 중 제동압에 대한 안전점검을 시행하면서 시내버스의 충격감지에 대한 안전점검까지 모두 받은 최대 시내버스 수는 충격감지에 대한 안전점검을 실시한 427대가 모두 제동압에 대한 검사를 받은 경우이다. 또한 최소 시내버스 수는 제동압에 대한 안전점검을 시행한 472대와 충격감지에 대한 안전점검을 받은 427대를 합했을 때 총 시내버스 수를 넘어서는 만큼은 두 검사를 모두 받았을 것이므로 $472 + 427 - 627 = 272$대이다. 따라서 제동압에 대한 안전점검을 시행하면서 시내버스의 충격감지에 대한 안전점검까지 모두 받은 시내버스 수는 최소 272대, 최대 427대이므로 옳은 설명이다.

㉡ 가속제어에 대한 안전점검실시율은 X 시가 $(596 / 627) \times 100$ $≒ 95.1\%$로 Y 시의 가속제어에 대한 안전점검 실시율인 92.0%보다 더 높으므로 옳지 않은 설명이다.

㉣ Y 시의 파견 기술인력 1명당 안전점검 실시 시내버스 수는 제동압이 $900 / 6 = 150$대, 가속제어가 $940 / 8 = 117.5$대, 소화기가 $153 / 1 = 153$대, 충격감지가 $767 / 5 = 153.4$대, 객실청결이 $644 / 3 ≒ 214.7$대, 비상함이 $489 / 2 = 244.5$대로 비상함이 가장 높으므로 옳지 않은 설명이다.

36 직업기초 – 수리능력   정답 ③

모든 버스는 1개 이상의 안전점검을 받으므로, 안전점검 실시 시내버스대수는 점검요소별로 중복될 수 있다. 따라서 Y 시의 시내버스 전체 대당 점검요소별 안전점검실시 시내버스대수 비중은 100%를 초과할 것이므로 옳지 않은 그래프이다.

① 시내버스 회사당 시내버스 평균 대수는 X시가 $627 / 9 ≒ 69.7$대이고, Y시가 $1,022 / 13 ≒ 78.6$대이므로 옳은 그래프이다.

② X시의 소화기에 대한 안전점검실시율은 22.2%이므로 안전점검 실시 시내버스 수는 $\{(22.2 \times 627)\} / 100 ≒ 139$대이고, 객실청결에 대한 안전점검실시율은 58.2%이므로 $\{(58.2 \times 627)\}$ $/ 100 ≒ 365$대이므로 옳은 그래프이다.

④ 점검요소별 X시와 Y시의 안전점검실시율 차이는 제동압이 $88.0 - 75.3 = 12.7\%$p, 가속제어가 $95.1 - 92.0 = 3.1\%$p, 소화기가 $22.2 - 15.0 = 7.2\%$p, 충격감지가 $75.0 - 68.1 = 6.9\%$p, 객실청결이 $63.0 - 58.2 = 4.8\%$p, 비상함이 $47.8 - 37.0 = 10.8\%$p이므로 옳은 그래프이다.

[37 - 38]

37 직업기초 - 정보능력 　　　　　　정답 ③

갑은 투자 성향이 공격형이고, 투자금액이 2,000만 원 이상이며, ESG 투자를 선호하지 않으므로 멀티에셋 2 펀드를 선택할 것이다. 이때 기본 연수익률은 4.5%이며, 투자금액이 3,000만 원 이상일 때 추가로 0.3%p의 우대수익률이 적용되므로 최종 연수익률은 4.5 + 0.3 = 4.8%가 된다. 따라서 투자기간을 1년으로 잡고 1년 뒤 환매한다면 최종 수령액은 42,000,000 × (1 + 0.048) = 44,016,000원이다.

38 직업기초 - 정보능력 　　　　　　정답 ②

을, 병, 정 각각의 최종 수령액은 다음과 같다.

· 을은 투자성향이 공격형이 아니고, 투자금액이 3,000만 원 이상이 아니므로 채권형 펀드를 선택할 것이다. 이때 기본 연수익률은 2.3%이며, 우대수익률 조건을 충족하지 못해 최종 연수익률은 2.3%이고, 환매 수수료 규정이 없으므로 12개월 뒤 환매한다면 최종 수령액은 29,000,000 × (1 + 0.023 × $\frac{12}{12}$) = 29,667,000원이다.

· 병은 투자성향이 공격형이고, 투자금액이 2,000만 원 이상이 아니므로 멀티에셋 1 펀드를 선택할 것이다. 이때 기본 연수익률은 4.0%이고, H은행 펀드 2종을 보유하고 있으므로 추가로 0.2%p의 우대수익률을 적용 받아 최종 연수익률은 4.2%이다. 멀티에셋 1 펀드는 1년 이내 환매 시 환매 수수료가 발생하므로 6개월 뒤 환매한다면 최종 수령액은 18,000,000 × (1 + 0.042 × $\frac{6}{12}$) × (1 − 0.005) = 18,286,110원이다.

· 정은 투자성향이 공격형이 아니고, 투자금액이 3,000만 원 이상이며, 온라인 투자를 선호하므로 주식형 1 펀드를 선택할 것이다. 이때 기본 연수익률은 6.0%이고, H 은행 온라인 전용 상품 첫 가입자이므로 추가로 0.5%p의 우대수익률을 적용 받아 최종 연수익률은 6.5%이다. 주식형1 펀드는 90일 이상 보유 시 환매 수수료가 발생하지 않으므로 18개월 뒤 환매한다면 최종 수령액은 33,000,000 × (1 + 0.065 × $\frac{18}{12}$) = 36,217,500원이다.

따라서 세 사람의 최종 수령액의 합계는 29,667,000 + 18,286,110 + 36,217,500 = 84,170,610원이다.

[39 - 40]

39 직업기초 - 정보능력 　　　　　　정답 ②

Y는 전세대출의 상환을 위해 거래 중이었으므로 대분류 코드는 대출 상환 오류인 LN이고, 한도 초과 오류 메시지가 발생했으므로 오류의 세부 유형을 나타내는 업무번호 코드는 4이다. 또한 대출 중 전세대출에 대한 거래였으므로 의미 I 코드는 3, 일시상환이므로 의미 II 코드는 3, 신고 후 심사 단계로 접수되었으므로 의미 III 코드는 3이다.

따라서 고객 Y에게 표시된 신고코드는 LN4333이다.

40 직업기초 - 정보능력 　　　　　　정답 ③

⊙ 모바일 뱅킹으로 800만 원을 이체하던 중 시스템 오류가 발생하여 즉시 해결되었다면, 대분류(이체·출금 오류 = TR) − 업무번호(시스템 오류 = 2) − 의미 I (모바일 뱅킹 = 1) − 의미 II (500만~1천만 = 3) − 의미 III (즉시=1)에 따라 TR2131이므로 옳은 설명이다.

② 온라인으로 120만 원 카드 결제를 진행하던 중 계좌 상태 오류가 발생하여 전액 환불 완료되었다면, 대분류(카드 결제 오류 = CD) − 업무번호(계좌 상태 오류 = 3) − 의미 I (온라인 뱅킹 = 2) − 의미 II (100만~500만 = 4) − 의미 III (전액 환불=3)에 따라 CD3243이므로 옳은 설명이다.

◎ ATM에서 6,000만 원 현금 출금을 시도하던 중 시스템 오류가 발생하여 조사 필요 단계로 접수되었다면, 대분류(이체·출금 오류 = TR) − 업무번호(시스템 오류 = 2) − 의미 I (ATM = 3) − 의미 II (5천만 원 이상 = 5) − 의미 III (조사 = 3)에 따라 TR2353이므로 옳은 설명이다.

> **오답 체크**

ⓒ 인터넷 뱅킹으로 2,000만 원을 이체하던 중 고객 입력 오류가 발생하여 즉시 해결되었다면, 대분류(이체·출금오류 = TR) − 업무번호(고객 입력 오류 = 1) − 의미 I (인터넷 뱅킹 = 2) − 의미 II (1천만~5천만 = 4) − 의미 III (즉시 = 1)에 따라 TR1241이므로 옳지 않은 설명이다.

ⓒ 자동이체로 50만 원 카드 결제를 시도하던 중 기타 오류가 발생하여 부분환불 처리되었다면, 대분류(카드 결제 오류 = CD) − 업무번호(기타 = 5) − 의미 I (자동이체 = 3) − 의미 II (30만~100만 = 3) − 의미 III (부분환불=2)에 따라 CD5332이므로 옳지 않은 설명이다.

41 직무수행 – 경제·경영 상식　　　정답 ④

관세가 부과되지 않은 가격은 P = 10이고, 수요 곡선 그래프에 해당 가격을 대입하면 Qd = 120 − 40 = 80이 된다. 따라서 국제시장이 개방된 상태에서 관세를 부과하지 않으면 쌀 소비량은 80이므로 옳은 설명이다.

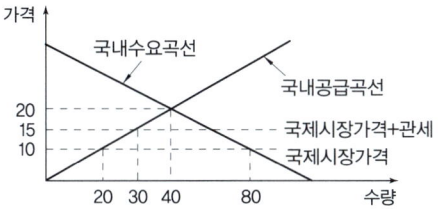

오답 체크

① 시장 개방 후 국제시장 가격은 10이다. 이 가격에서 국내 공급자는 20만큼 공급하고, 국내 수요자는 80만큼 소비하므로 수입량은 80 − 20 = 60이다.

② 시장 개방으로 국내 쌀 가격이 국제시장 수준으로 하락하면서 소비자는 이전보다 저렴한 가격에 더 많은 양을 소비할 수 있게 되어 소비자잉여가 확대된다. 하지만 국내 생산자는 국제경쟁에 노출되어 판매가격과 판매량이 모두 줄어들면서 생산자잉여가 줄어든다.

③ 시장 개방 후 5의 관세를 부과하면 쌀 소비량은 60이 된다.

42 직무수행 – 경제·경영 상식　　　정답 ②

규모에 대한 수익 체증이 나타나는 경우 모든 생산요소의 투입량이 2배 증가하면 생산량은 2배보다 많이 증가하며, 이는 투입량 증가율보다 산출량 증가율이 더 크다는 의미이므로 적절하지 않다.

43 직무수행 – 경제·경영 상식　　　정답 ③

(가) 햄버거의 가격탄력성 = 수요량 변화율 / 가격 변화율 = 6% / −15% = −0.4

(나) 햄버거 가격에 대한 샌드위치의 교차탄력성 = 샌드위치 수요량 변화율 / 햄버거 가격 변화율 = −9% / −15% = 0.6

(다) 햄버거의 가격이 하락했을 때 샌드위치의 수요량이 감소했으므로 대체재 관계이다.

44 직무수행 – 경제·경영 상식　　　정답 ②

쌀: A 국이 비교우위 (기회비용 1 / 4 < 4 / 5)
자동차: B 국이 비교우위 (기회비용 1.25 < 4)

구분	A 국	B 국
쌀의 기회비용	쌀 1톤 = 자동차 1/4대	쌀 1톤 = 자동차 4/5대
자동차의 기회비용	자동차 1대 = 쌀 4톤	자동차 1대 = 쌀 1.25톤

㉠ 자동차의 기회비용은 A 국이 B 국보다 크므로 적절하다.

㉣ A 국은 쌀에 있어서 비교우위를 가짐에 따라 자동차보다 쌀 생산에 특화하는 것이 유리하므로 적절하다.

오답 체크

㉡ 절대우위는 A 국이 쌀, B 국이 자동차에서 가지므로 교역이 발생한다.

㉢ 총 2시간이 주어져 있다고 가정하면, 특화 전에는 각국이 쌀 생산에 1시간씩 할당하여 총 30톤(A 국 20톤 + B 국 10톤)을 생산한다. 하지만 A 국이 쌀에 특화하여 2시간 모두 쌀 생산에 투입하면 40톤을 생산하게 되어 총생산량이 오히려 증가한다.

45 직무수행 – 경제·경영 상식　　　정답 ③

B 기업이 광고축소를 선택할 것으로 A 기업이 예상한다면, A 기업이 광고확대 선택 시 800의 이익이 될 것이고 A 기업이 광고축소 선택 시 600의 이익이 될 것이므로 A 기업은 광고확대를 선택하는 것이 합리적이다.

오답 체크

② 내쉬균형(광고확대, 광고확대)에서 총 이익은 800이지만, (광고축소, 광고축소)에서 총 이익은 1,150으로 더 크므로 파레토 최적이 아니다.

46 직무수행 – 경제·경영 상식　　　정답 ②

빅맥지수에 따른 시장환율 평가 수준은 구매력평가(PPP) 기준 환율이 실제 시장환율보다 높으면 해당 통화는 저평가, 낮으면 고평가되었다고 판단한다.

구분	대한민국	일본	호주
구매력환율 (현지 빅맥가격/ 미국 빅맥가격)	980KRW (= 4,900/5.00)	82JPY (= 410/5.00)	1.38AUD (= 6.90/5.00)
달러 대비 시장환율	1,340KRW	148JPY	1.48AUD
구매력환율 대비 시장환율 수준	저평가	저평가	저평가

따라서 대한민국 원화, 일본 엔화, 호주 달러는 모두 미 달러화 대비 저평가된 상태이다.

47 직무수행 – 경제·경영 상식 　　　정답 ③

기준금리 인상으로 예금금리가 상승하여 저축이 증가하는 효과가 발생하므로 적절하다.

오답 체크
① 긴축정책은 통화량을 축소시켜 유동성을 감소시키고, 유동성의 감소로 자산 가격은 하락 압력을 받는다.
② 금리 인상 시 채권 가격은 하락하지만 채권 수익률은 상승하여 채권 투자 매력도가 오히려 증가한다.
④ 금리 인상으로 외국 자본의 유입이 증가하고 자국 통화 강세로 환율이 상승하므로 수출 경쟁력은 오히려 약화된다.

🔍 더 알아보기
긴축적 통화정책은 기준금리 인상과 통화량 축소를 통해 경제 과열을 억제하는 정책이다.

48 직무수행 – 경제·경영 상식 　　　정답 ④

필립스곡선의 우상향 이동은 동일한 실업률에서 인플레이션이 상승하거나, 동일한 인플레이션에서 실업률이 증가하는 현상으로 이는 원유가 급등, 원자재 가격 폭등 등 공급 측면의 충격으로 발생하는 스태그플레이션을 의미한다.

오답 체크
① 기대인플레이션율 하락은 필립스곡선을 좌하향으로 이동시킨다.
② 확장적 재정정책은 총수요를 증가시켜 필립스곡선 상에서의 실업률 감소 및 인플레이션 상승 등의 이동을 유발하는 것으로, 곡선 자체의 이동을 야기하지 않는다.
③ 임금 상승률 둔화는 생산비용 감소로 이어져 필립스곡선을 좌하향 이동시킨다.

🔍 더 알아보기
필립스곡선은 실업률과 인플레이션의 상충 관계를 나타내는 곡선이다.

49 직무수행 – 경제·경영 상식 　　　정답 ④

그래프에서 AS(총공급)곡선이 왼쪽으로 이동한 것은 공급 능력이 감소했음을 의미한다. 공급능력 감소로 인해 물가 수준은 상승하고, 실질 GDP는 감소하며 이러한 현상은 비용인상 인플레이션의 전형적인 특징이다.

🔍 더 알아보기
수요견인 인플레이션은 AD곡선이 오른쪽으로 이동하여 물가 상승과 함께 실질 GDP도 증가하는 특징을 보인다.

50 직무수행 – 경제·경영 상식 　　　정답 ④

미국 연방준비제도는 평균 인플레이션 타겟팅 방식을 도입하면서, 물가상승률이 2%를 넘더라도 당분간 금리 인상과 같은 통화긴축 조치를 유보하겠다는 입장을 밝혔다. 이는 인플레이션 억제보다 고용 회복과 경기 부양을 우선시하겠다는 정책 방향으로, 파월 의장은 지속적인 저인플레이션이 경제에 더 큰 부정적 영향을 준다고 언급했으므로 선제적 금리 인상은 기사 내용과 반대되는 설명이다.

51 직무수행 – 경제·경영 상식 　　　정답 ③

통화량 대비 명목 GDP 비율의 하락은 통화당 생산되는 산출량이 줄고 있다는 의미가 아니라, 통화량 증가율이 명목 GDP 증가율보다 빠르다는 의미로 해석해야 한다. 따라서 물가 하락으로 인해 실질 구매력이 상승하고 있다는 설명은 해당 지표만으로는 판단할 수 없는 내용이며, 화폐의 실질 구매력은 인플레이션율(물가 변화율)에 의해 결정된다.

52 직무수행 – 경제·경영 상식 　　　정답 ③

기사에서 한국인 CEO들이 "한국인의 식문화와 맛 선호도를 정확히 파악"하고 "현지 출신 경영진이 해당 시장의 문화적 특성과 소비자 심리를 깊이 이해"한다고 언급되어 있으므로 현지 중심 HRM의 핵심 장점인 현지 적응성 증대를 보여주고 있다.

53 직무수행 – 경제·경영 상식 　　　정답 ①

국내에서도 판매하는 상품을 해외에서도 동일하게 하여 표준화된 제품을 판매하는 갑 기업은 '글로벌 전략'을 채택한 것으로 보아 ㉠에 위치한다.

오답 체크
② ㉡ 초국가 전략
③ ㉢ 국제화 전략
④ ㉣ 다국적 전략

🔍 더 알아보기
IR(Integration Responsiveness) 전략

현지 대응성 　　　　　　　　압력수준 글로벌 통합 압력수준	Low	High
High	글로벌 전략	초국가 전략
Low	국제화 전략	다국적 전략

- 국제화 전략: 본사 기술/역량 이전, 본사 주도 복제
- 다국적 전략: 시장별 맞춤화, 자회사에 큰 자율성
- 글로벌 전략: 표준화·중앙통제, 비용절감 중점
- 초국가 전략: 양면적 추구(효율+적응), 지식공유 강조

54 직무수행 – 경제·경영 상식   정답 ④

대형 광고판을 통한 홍보는 마케팅에 속하므로 '본원적 활동'에 해당한다.

오답 체크

① 원재료 조달은 '지원적 활동'에 해당한다.

② 인공지능 교육 프로그램은 인적자원관리에 속하므로 '지원적 활동'에 해당한다.

③ 해외 인재를 영입하는 것은 인적자원관리에 속하므로 '지원적 활동'에 해당한다.

🔍 더 알아보기

가치사슬의 본원적 활동과 지원 활동

본원적 활동	· 내부 물류(Inbound Logistics): 원자재·부품 입고, 재고관리 등 · 운영(Operations): 가공, 조립, 생산 공정 등 · 외부 물류(Outbound Logistics): 출하, 유통, 창고 등 · 마케팅 및 판매(Marketing & Sales): 제품/서비스 홍보, 판매 촉진, 광고, 가격 책정 등 · 서비스(Service): A/S, 고객지원, 유지보수 등
지원 활동	· 기업인프라(Firm Infrastructure): 기획, 회계, 재무, 경영관리, 법무 등 · 인적자원관리(Human Resource Management): 인사, 교육, 성과관리, 보상 등 · 기술개발(Technology Development): R&D, IT 시스템, 기술혁신 등 · 조달(Procurement): 외부 구매, 협력사 관리 등

55 직무수행 – 경제·경영 상식   정답 ③

사례의 서브웨이는 대량생산의 효율성과 맞춤화의 개별 요구를 결합한 생산 및 마케팅 방식인 '매스 커스터마이제이션'에 해당한다.

오답 체크

① 맞춤형 마케팅: 고객 개개인의 취향, 관심사, 행동, 인구통계학적 특성 등 다양한 데이터를 분석하여, 각 고객에게 최적화된 콘텐츠와 메시지를 제공하는 마케팅 전략

② 시장 세분화: 전체 시장을 소비자의 특성이나 욕구에 따라 여러 동질적인 집단(세분 시장)으로 나누는 과정

④ 니치 마케팅: 특정 소비자 집단이나 세분화된 필요를 중심으로 좁고 특화된 시장(틈새시장)에 집중하는 전략

56 직무수행 – 경제·경영 상식   정답 ④

재무활동 현금흐름은 현금 배당금 25,000원의 유출이므로, ㉣에 들어갈 금액은 25,000원이다. 이때 보유하고 있던 장기 차입금 30,000원이 단기 차입금으로 전환된 것은 단순 대체이므로 재무활동 현금흐름에 영향을 미치지 않는다.

오답 체크

① 영업활동 현금흐름은 매입채무 상환 (−)16,000원과 재고 자산 판매 (+)42,000원으로 총 (+)26,000원이다.

② 투자활동 현금흐름은 기계장치 매각 (+)28,000원이다.

🔍 더 알아보기

활동별 현금흐름의 구분

영업활동 현금흐름	재고자산의 취득 및 처분, 이자비용, 이자수익, 법인세비용 등
투자활동 현금흐름	유형자산, 무형자산 등의 취득 및 처분, 미수금 회수 등
재무활동 현금흐름	차입금의 차입 또는 상환, 배당지급, 자기주식 취득 및 처분 등

57 직무수행 – 경제·경영 상식   정답 ④

원재료의 평가손실은 취득원가 − 현행대체원가 = 389,000 − 375,000 = 14,000원이고, 제품의 평가손실은 취득원가 − 순실현가능가치 = 870,000 − 846,000 = 24,000원이다. 이때 취득원가가 순실현가능가치보다 작으므로 재공품의 평가손실은 0원이다.

따라서 K 사가 인식할 재고자산의 평가손실은 원재료의 평가손실+제품의 평가손실 = 14,000 + 24,000 = 38,000원이다.

🔍 더 알아보기

재고자산 평가손실

· 재고자산의 평가손실 = 취득원가 − 순실현가능가치
· 원재료의 평가손실 = 취득원가 − 현행대체원가
· 순실현가능가치 = 예상판매가격 − (추가 완성원가 + 판매비용)

58 직무수행 – 경제·경영 상식   정답 ②

새로운 건물을 짓기 위해 토지를 구입하고 사용 중인 건물을 철거하는 경우, 기존 건물 철거비용 및 철거 부산물 매각수익은 당기비용으로 인식한다.

따라서 새로운 토지의 취득원가는 신축 건물의 공사비 3,000,000원과 신축 건물의 취득세 및 등록세 250,000원의 합으로 총 3,250,000원이다.

59 직무수행 – 경제·경영 상식   정답 ②

FVOCI 금융자산을 보유하고 있는 기업일 경우 FVOCI 금융자산의 평가이익은 기타포괄손익에 포함되어 있을 것이므로 적절하지 않다.

오답 체크

① 법인세율 = 법인세비용 / 법인세비용차감전순이익 = 448,400 / 2,360,000 = 19%이다.

③ 매출액과 매출원가가 모두 한 가지 제품 10,000단위를 생산하여 발생한 것이고 해당 제품의 총고정비용이 800,000일 때, 매출총이익 = (10,000단위 × 단위당 공헌이익) – 총고정비용 = (10,000단위 × 단위당 공헌이익) – 800,000원 = 2,300,000원이므로 단위당 공헌이익 = 310원이다.

④ 평균재고자산이 465,000일때, 재고자산회전률 = 매출원가 / 평균재고자산 = 1,370,000 / 465,000원 = 2.95회이다.

60 직무수행 – 경제·경영 상식   정답 ④

외부에서 창출된 브랜드는 무형자산에 속하지만, 내부적으로 창출한 브랜드는 무형자산에 속하지 않는다.

오답 체크

① R 사가 인식할 무형자산은 신약 임상시험 + 신약 생산 전 시험공장 건설 및 가동 + 신약 특허 출원 및 상용화 준비 = 1,000,000 + 900,000 + 850,000 = 2,750,000원이다.

② 무형자산상각비는 2,750,000 / 5 = 550,000원이다.

③ 자료에서 연구단계에 해당하는 것은 '신약 효능 검증을 위한 기초 연구'이므로, 연구단계의 비용으로 인식할 금액은 800,000원이다.

🔍 더 알아보기

무형자산의 연구단계와 개발단계

연구단계	여러 대체안을 제안, 설계, 평가, 최종 선택하는 활동
개발단계	최종적으로 선정된 안을 설계, 제작, 시험하는 활동

61 직무수행 – 경제·경영 상식   정답 ①

유형자산 취득원가는 '매입원가 + 부대비용(운반비, 설치비, 취득세, 등록세 등)'이므로 취득세 및 등록세는 비용으로 인식하지 않고 건물의 취득원가에 포함한다. 따라서 건물 취득 시 납부한 취득세 및 등록세는 비용으로 인식하지 않으므로 적절하지 않다.

오답 체크

③ 건물의 20X1년도 감가상각비는 (10,000,000원 / 10년) × 9 / 12 = 750,000원이다.

62 직무수행 – 경제·경영 상식   정답 ③

· 기초 매출채권 300,000원 중 120,000원이 당기에 회수되었다.

   (차) 현금   120,000   (대) 매출채권   120,000

· 기초 매출채권 중 40,000원에 대하여 대손으로 처리하였다.

   (차) 대손충당금   40,000   (대) 매출채권   40,000

· 당기 중 매출채권 50,000원이 발생하였다.

   (차) 매출채권   50,000   (대) 매출   50,000

· 기말 매출채권의 20%를 대손충당금으로 설정하였다.

   – 기말 매출채권 = 기초 매출채권 – 당기 회수 – 대손 처리 + 당기 발생
     = 300,000 – 120,000 – 40,000 + 50,000 = 190,000원

   – 대손충당금 설정 = 190,000 × 20% = 38,000원

   (차) 대손상각비   38,000   (대) 대손충당   38,000

따라서 기말 대손충당금은 기초 대손충당금 – 매출채권의 대손처리 + 대손충당금 설정 = 100,000 – 40,000 + 38,000 = 98,000원이다.

63 직무수행 – 경제·경영 상식   정답 ②

특정 사항에 대해 제한적 예외를 두면서도, 전반적으로 재무제표가 공정하게 작성되었다고 판단한 경우 외부감사인은 한정의견을 표명할 것이므로 적절하다.

오답 체크

① 적정의견: 재무제표가 모든 중대한 측면에서 회계기준에 따라 공정하게 작성되었다고 평가될 경우

③ 의견거절: 감사인이 충분하고 적합한 감사증거를 얻지 못해 의견을 표명할 수 없다고 선언하는 것

④ 부적정의견: 재무제표 전체가 회계기준에 부합하지 않아 신뢰성을 상실했다고 평가될 경우

64 직무수행 – 경제·경영 상식   정답 ②

ⓒ, ⓔ은 이자 계산방식에 대한 적절한 설명이다.

오답 체크

ⓐ 기간이 길어질수록 이자 총액의 증가율이 변하는 것은 '복리'의 경우이다. 단리는 기간이 길어져도 이자 총액이 일정하다.

ⓑ 1년 시점에는 단리와 복리 모두 110만 원으로 동일하며, 1년 초과 시부터 복리 계산방식이 단리 계산방식보다 높은 미래가치를 나타낸다.

65 직무수행 – 경제·경영 상식   정답 ②

배당성장률을 g, 요구수익률을 k, 올해 배당금을 D1이라고 할 때, 주식의 현재가치는 $D_1 / (k-g)$임을 적용하여 구한다. 이때 요구수익률은 무위험이자율 + 베타계수 × (시장수익률 − 무위험이자율)이므로 3% + 1.2 × (11% − 3%) = 12.6%이며, 올해 배당금은 전년도 배당금(D_0) × (1 + g)이므로 800 × (1 + 0.08) = 864원이다. 이에 따라 주식의 현재가치(V_0)는 864 / (0.126 − 0.08) ≒ 18,782.6이다.

따라서 A 회사 주식의 현재가치는 약 18,783원이다.

66 직무수행 – 경제·경영 상식   정답 ②

수익률곡선 A (=금리불변)	유동성프리미엄으로 인한 우상향 기울기를 보여주는 상태이므로 특별한 금리 변동에 대한 기대가 없는 상태임을 알 수 있다.
수익률곡선 B (=금리하락)	유동성프리미엄은 항상 양의 값을 가지므로 수익률곡선은 장기채권일수록 만기수익률도 올라가는 우상향을 그려야 한다. 그러나 수익률곡선 B는 수평을 그리고 있으므로 유동성프리미엄을 상쇄할만큼 금리하락을 예상하고 있음을 알 수 있다.
수익률곡선 C (=강한 금리하락)	유동성프리미엄이 존재함에도 불구하고 우하향으로 나타나고 있으므로, 유동성프리미엄을 넘어서는 만큼의 금리하락이 예상되고 있음을 알 수 있다.

🔎 더 알아보기

유동성선호가설

공식	장기채권의 금리 = 만기까지 예상된 단기이자율의 평균 + 유동성프리미엄
유동성프리미엄	• 항상 양수(+): 장기채권 보유시 현재 유동성을 장기간 포기하는 것에 대한 대가가 필요하므로 추가 보상이 필요하고, 이것이 유동성프리미엄이다. • 만기가 길수록 증가: 1년물 < 2년물 < 3년물 순으로 프리미엄 증가

67 직무수행 – 경제·경영 상식   정답 ②

$NPV = \dfrac{120}{(1+0.2)} + \dfrac{144}{(1+0.2)^2} - 100 = 100$억 원이다.

68 직무수행 – 경제·경영 상식   정답 ④

EVA는 세후영업이익 − (가중평균자본비용 × 영업용 투하자본)이므로 EVA가 가장 높아지려면 가중평균 자본비용이 낮아져야 한다. 가중평균자본비용은 {타인자본비율 × 타인자본비용 × (1 − 법인세율)} + (자기자본비율 × 자기자본비용) = {타인자본비율 × 0.1 × (1−0.2)} + (자기자본비율 × 0.12) = (타인자본비율 × 0.08) + (자기자본비율 × 0.12)이다. 이때 타인자본비율에 '1 − 자기자본비율'을 대입하면, 가중평균자본비용 = {(1 − 자기자본비율) × 0.08} + (자기자본비율 × 0.12) = 0.08 − (자기자본비율 × 0.08) + (자기자본비율 × 0.12) = 0.08 + (자기자본비율 × 0.04)이므로 가중평균자본비용이 낮아지려면 자기자본비율이 낮아지고, 타인자본비율은 높아져야 한다.

따라서 자기자본비율이 가장 낮은 20%, 타인자본비율이 가장 높은 80%인 ④가 가장 적절하다.

🔎 더 알아보기

EVA(경제적 부가가치)

	세후영업이익 (NOPLAT)	세전영업이익 × (1 − 법인세율)
−	가중평균자본비용 (WACC)	{타인자본비율 × 타인자본비용 × (1 − 법인세율)} + (자기자본비율 × 자기자본비용)
×	영업용 투하자본 (IC)	영업활동에 투입된 자본
=	EVA	기업이 창출한 영업이익 중 자본비용을 차감한 잔여이익

69 직무수행 – 경제·경영 상식   정답 ②

직접 금융시장과 간접 금융시장을 적절하게 비교하고 있는 설명은 ⓐ, ⓒ 2개이다.

ⓐ 정부(자금수요자)가 금융기관이나 국민(자금공급자)으로부터 자금을 직접 조달하고 있으므로 직접 금융시장에 해당한다.

ⓒ 고객(자금공급자)에게 받은 보험료로 보험사(금융중개기관)가 국내 기업(자금수요자)을 대상으로 위험을 대신 부담하여 중개하고 있으므로 간전 금융시장에 해당한다.

ⓒ '간접 금융시장'은 직접 금융시장에 비해 안전성이 높지만 고수익을 기대하기 어렵다는 단점이 있다.

ⓔ 한 기업이 주식시장에서 신주를 발행하여 투자자에게 자금을 직접 조달하는 직접금융시장의 경우 자금거래에 대한 책임은 '자금 공급자'에게 있다. 금융기관이 자금 공급자와 수요자 사이에서 리스크를 관리하며 책임을 지는 경우는 간접금융시장의 경우이다.

70 직무수행 – 경제·경영 상식   정답 ①

ⓐ 신용보험 – 기업이 거래처의 신용위험(대금 미지급, 파산 등)에 대비해 손실을 보장받을 수 있는 보험이다. 보험에 가입한 기업이 거래처로부터 외상대금을 받지 못할 경우, 보험사가 일정 금액을 보상한다.

ⓑ 매출채권보험 – 판매자가 외상거래로 발생한 매출채권을 회수하지 못할 때 손실을 보상해주는 보험이다. 주로 중소·중견기업의 외상매출 거래에서 발생할 수 있는 신용위험에 대응하기 위해 사용된다.

ⓒ 생산물배상책임보험 – 생산물 취급업자(제조·판매·수입업체 등)가 자신이 제조·판매한 제품의 결함으로 인해 소비자나 제3자에게 신체상 또는 재산상 손해가 발생했을 때, 법적으로 부담해야 하는 손해배상금을 보상해주는 보험이다. 생산자의 배상책임 리스크를 관리하고, 소비자 피해 보상을 신속하게 처리할 수 있다.

ⓓ 운전자보험 – 운전자보험은 운전자가 교통사고를 내서 형사적 책임(형사합의금, 벌금 등)이나 민사적 배상 책임이 발생했을 때 보상해주는 보험이다. 주로 자동차를 운전하는 개인 또는 영업용 차량 운전자들이 많이 가입한다.

71 직무수행 – 경제·경영 상식   정답 125

한계소비성향(c)은 0.75, 세율(t)은 0.2이므로 정부지출승수는 다음과 같다.
$\Delta Y / \Delta G = 1 / 1 - c(1 - t) = 1 / 1 - 0.75(1 - 0.2) = 1 / 0.4 = 2.5$
따라서 정부지출이 50만큼 증가하면 균형국민소득은 50 × 2.5 = 125만큼 증가한다.

72 직무수행 – 경제·경영 상식   정답 400

가격상한제로 인한 사회적 잉여의 크기는 아래 표시한 삼각형의 크기와 같으며, 해당 크기만큼 사회적 잉여가 감소하였다.
따라서 가격상한제 시행으로 인해 감소하는 사회적 잉여의 크기는 1 / 2 × 20 × 40 = 400이다.

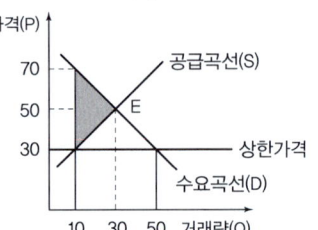

73 직무수행 – 경제·경영 상식   정답 126,000

· 20X1년 말 재고자산은 20X2년초 재고자산과 동일하다. 따라서 20X2년 초 재고자산이 30,000원 과소계상된 것은 20X2년 매출원가 역시 30,000원 과소계상되었음을 의미한다. 이에 20X2년 초 재고자산을 30,000원만큼 수정하면 20X2년 매출원가가 30,000원 증가하여 20X2년 순이익이 30,000원 감소한다.

· 20X2년 감가상각비가 28,000원 과대계상된 것은 20X2년 순이익이 28,000원 감소했음을 나타낸다. 해당 오류를 수정하면 20X2년 순이익이 28,000원 증가한다.

따라서 오류를 수정한 후 F 시가 다시 보고할 당기순이익은 128,000 – 2,000 = 126,000원이다.

🔍 더 알아보기

회계처리의 오류수정

· 손익계산서에 계상되는 수익 및 비용에 대한 오류를 수정하는 경우, 수정 이후 회계기간의 순이익에 미치는 영향은 없다.

· 재무상태표에 계상되는 자산 및 부채의 과대/과소계상에 대한 오류를 수정하는 경우, 수정 이후 회계기간에 자동조정 오류로 표시한다.

74 직무수행 – 경제·경영 상식   정답 825

각 주식별 기대수익률은 다음과 같다.

- A: (10% × 25%) + (8% × 50%) + (2% × 25%) = 7%
- B: (17% × 25%) + (13% × 50%) + (−10% × 25%) = 8.25%
- C: (−15% × 25%) + (10% × 50%) + (25% × 25%) = 7%
- D: (−10% × 25%) + (10% × 50%) + (20% × 25%) = 7%

지배원리에 의하면 위험이 동일한 투자대상들에서는 기대수익이 가장 높은 것을 선택한다.

따라서 기대수익률이 가장 우수한 주식은 B 주식이고 B 주식의 기대수익률은 8.25%이므로 100배수는 825이다.

🔍 더 알아보기

기대수익률

개별자산의 기대수익률	기대수익률[E(R)] = Σ확률 × 예상수익률
포트폴리오의 기대수익률	$R_p = w_x R_x + w_y R_y$ (단, $w_x + w_y = 1$)

75 직무수행 – 경제·경영 상식   정답 54.5

자산의 수익률은 변동요인별 민감도에 따른 수익률에 따라 달라진다.

따라서 실제 수익률은 기대수익률 + (민감도 1 × 요인 1의 변동치) + (민감도 2 × 요인 2의 변동치) + 개별자산의 체계적요인에 의한 변동치 = 50% + 1 × 3% + 1.5 × 3% − 3% = 54.5%이다.

정답

I 직업기초

p.136

01 의사소통능력	02 의사소통능력	03 의사소통능력	04 의사소통능력	05 의사소통능력	06 의사소통능력	07 문제해결능력	08 문제해결능력	09 문제해결능력	10 문제해결능력
④	③	③	④	②	④	③	②	④	①
11 문제해결능력	12 문제해결능력	13 문제해결능력	14 문제해결능력	15 문제해결능력	16 문제해결능력	17 자원관리능력	18 자원관리능력	19 자원관리능력	20 자원관리능력
④	③	②	②	④	②	④	①	③	③
21 자원관리능력	22 자원관리능력	23 조직이해능력	24 조직이해능력	25 수리능력	26 수리능력	27 수리능력	28 수리능력	29 수리능력	30 수리능력
③	③	③	②	③	④	②	①	①	①
31 수리능력	32 수리능력	33 수리능력	34 수리능력	35 수리능력	36 수리능력	37 정보능력	38 정보능력	39 정보능력	40 정보능력
③	①	③	①	④	④	②	④	③	①

II 직무수행

p.174

41 경제·경영 상식	42 경제·경영 상식	43 경제·경영 상식	44 경제·경영 상식	45 경제·경영 상식	46 경제·경영 상식	47 경제·경영 상식	48 경제·경영 상식	49 경제·경영 상식	50 경제·경영 상식
①	②	④	③	③	②	④	①	④	①
51 경제·경영 상식	52 경제·경영 상식	53 경제·경영 상식	54 경제·경영 상식	55 경제·경영 상식	56 경제·경영 상식	57 경제·경영 상식	58 경제·경영 상식	59 경제·경영 상식	60 경제·경영 상식
②	④	①	②	②	①	②	③	③	③
61 경제·경영 상식	62 경제·경영 상식	63 경제·경영 상식	64 경제·경영 상식	65 경제·경영 상식	66 경제·경영 상식	67 경제·경영 상식	68 경제·경영 상식	69 경제·경영 상식	70 경제·경영 상식
④	④	②	①	③	②	②	④	④	③
71 경제·경영 상식	72 경제·경영 상식	73 경제·경영 상식	74 경제·경영 상식	75 경제·경영 상식					
(A) A (B) C	(A) 유출 (B) 6,000	(A) 할증발행 (B) 110,305	23.75	10					

실력 점검표

제한 시간 내에 푼 문제 수	맞힌 문제 수	정답률
/75	/75	%

※ 정답률(%) = (맞힌 개수/전체 개수) × 100

[01 - 02]

01 직업기초 - 의사소통능력   정답 ④

윗글은 전반적으로 넥스트트레이드의 기술적 특성, 시장에 미치는 영향, 그리고 미래 발전 방향에 대해 설명하는 내용이므로 이 글의 제목으로 가장 적절한 것은 ④이다.

오답 체크

① 글에서 넥스트트레이드와 전통적 투자 방식의 차이점에 대해 서술하고 있으나 글 전체를 포괄할 수 없으므로 적절하지 않다.
② 글에서 넥스트트레이드의 우려점으로 알고리즘 트레이딩의 위험성을 서술하고 있으나 글 전체를 포괄할 수 없으므로 적절하지 않다.
③ 글에서 넥스트트레이드가 직면한 문제와 개발사의 해결 방안을 서술하고 있으나 글 전체를 포괄할 수 없으므로 적절하지 않다.

02 직업기초 - 의사소통능력   정답 ③

네 번째 단락에서 기술에 대한 과도한 의존은 투자자의 독립적 판단력을 약화시킬 위험이 있다고 했으므로 자동화된 시스템에 의존할 경우 오히려 투자자의 판단력이 약화될 수 있다. 따라서 넥스트트레이드의 자동화된 시스템을 활용함으로써 장기적인 투자 판단력을 향상할 수 있는 것은 아님을 알 수 있다.

오답 체크

① 두 번째 단락에서 알고리즘 트레이딩 기술은 개인의 투자 성향과 리스크 허용도에 맞춤화된 전략을 제공하며, 감정적 요소를 배제한 일관된 투자 실행을 가능하게 한다고 했으므로 적절한 내용이다.
② 두 번째 단락에서 실시간 뉴스와 소셜미디어 분석 기술은 각종 뉴스와 소셜미디어의 텍스트 데이터를 분석하여 시장 감정을 실시간으로 파악하고, 자연어 처리 기술을 활용하여 기업 관련 정보의 감성 분석과 영향력을 수치화함으로써 시장 반응을 예측한다고 했으므로 적절한 내용이다.
④ 두 번째 단락에서 넥스트트레이드 알고리즘 트레이딩 기술을 통해 분석된 데이터를 바탕으로 최적의 매매 시점과 포트폴리오를 자동으로 구성한다고 했고, 세 번째 단락에서 넥스트트레이드는 시장의 변동성이 큰 시기에도 안정적인 수익을 추구할 수 있도록 리스크 관리 기능을 강화하였다고 했으므로 적절한 내용이다.

[03 - 04]

03 직업기초 - 의사소통능력   정답 ③

(가) 문단에서 스크래핑(scraping) 기술에 기반한 방식은 보안 위험이 높고, 중요한 정보가 누락되는 경우가 빈번하며, 데이터 처리 과정에서 실시간성이 부족하여 신속한 대응이 어렵다는 문제가 지속적으로 제기되어 왔다고 했고, (라) 문단에서 데이터 제공 방식이 스크래핑에서 API로 전환됨에 따라 소비자는 더 정교하고 신뢰할 수 있는 정보 기반의 금융 추천, 맞춤 서비스를 제공받게 된다고 했다. 따라서 스크래핑 방식은 실시간성 부족과 보안 위험을 초래했지만, API 방식은 실시간 전송과 정확성 확보를 통해 이러한 문제를 개선했음을 알 수 있다.

오답 체크

① (나) 문단에서 금융 마이데이터 서비스로 통합된 데이터를 활용하면 자산관리 효율성이 향상되고, 고객 특성에 맞는 맞춤형 금융상품 추천이 가능해진다고 했으므로 적절한 내용이다.
② (라) 문단에서 API 방식은 사용자의 명시적이고 세부적인 동의 없이는 어떤 정보도 제공되지 않도록 설계되었다고 했으므로 적절한 내용이다.
④ (가) 문단에서 기존 핀테크 앱들도 자산 통합 관리 서비스를 제공해 왔지만, 이는 대부분 스크래핑(scraping) 기술에 기반해 작동했으며 사용자가 입력한 각 금융기관의 아이디, 비밀번호, 공인인증서 정보를 활용해 핀테크 업체가 해당 기관의 웹사이트에 대리 접속해 데이터를 가져오는 방식이었다고 했으므로 적절한 내용이다.

04 직업기초 - 의사소통능력   정답 ④

이 글은 금융 마이데이터 서비스의 배경, 개념, 작동 방식과 효과에 대해 설명하는 글이다.
따라서 '(다) 데이터 주권 개념의 배경 → (마) 마이데이터 개념 소개 → (나) 금융 마이데이터의 필요성과 효과 → (가) 기존 핀테크의 한계 → (라) 마이데이터의 API 방식과 효과' 순으로 연결되어야 한다.

[05 - 06]

05 직업기초 - 의사소통능력   정답 ②

㉠ 두 번째 단락에서 최근 많은 기업들이 비용 절감을 위해 확정급여형에서 확정기여형으로 전환하고 있는 추세라고 했으므로 옳지 않은 설명이다.

ⓔ 세 번째 단락과 네 번째 단락에 따르면 확정기여형과 개인형 퇴직연금 모두 가입자가 직접 자산을 운용하고 투자 성과에 따라 연금액이 결정되므로 금융시장 변동성에 대한 민감도에 본질적인 차이가 있다고 볼 수 없다. 두 제도 간 금융시장 변동성에 대한 영향 차이는 가입자가 선택한 투자 포트폴리오에 따라 결정되는 것이지 제도 자체의 특성으로 인한 것이 아니므로 옳지 않은 설명이다.

오답 체크

ⓛ 두 번째 단락에서 확정급여형은 퇴직 시점의 수령액이 미리 정해져 있어 근로자들이 예측 가능한 노후 재정 계획을 수립할 수 있는 안정적인 퇴직연금 옵션이라고 했으므로 옳은 설명이다.

ⓒ 세 번째 단락에서 확정기여형은 운용 실적에 따라 최종 연금액이 결정된다고 했고, 네 번째 단락에서 개인형퇴직연금은 투자 실적에 따라 수령액이 변동되어 원금 손실 위험이 존재한다고 했으므로 옳은 설명이다.

06 직업기초 – 의사소통능력 정답 ④

마지막 단락에서 세제 혜택과 수수료 구조도 중요한 선택 기준이 된다고 했으므로 옳지 않은 설명이다.

오답 체크

① 두 번째 단락에서 확정급여형은 퇴직 시점의 수령액이 미리 정해져 있어 노후자금의 안정성이 높지만 확정기여형과 개인형퇴직연금과 같이 투자 성과에 따라 수령액이 증가하지 않으므로 옳은 설명이다.

② 세 번째 단락에서 확정기여형은 근로자가 투자 위험을 부담한다고 했고, 네 번째 단락에서 개인형퇴직연금은 근로자 개인이 운용하는 계좌로 투자 실적에 따라 수령액이 변동되어 원금 손실 위험이 존재한다고 했으므로 옳은 설명이다.

③ 다섯 번째 단락에서 금융 기술의 발전으로 인해 맞춤형 투자 상품과 인공지능을 활용한 자산 관리 서비스가 등장하면서 개인별 투자 성향에 맞춘 운용이 가능해졌지만 투자 위험 관리와 금융 교육 부족 문제는 여전히 해결해야 할 과제라고 했으므로 옳은 설명이다.

[07 – 08]
07 직업기초 – 문제해결능력 정답 ③

직원 갑~무의 성과지표 점수 및 최종 점수는 다음과 같다.

구분	성과지표 점수	최종 점수
갑	$(96 \times 0.4) + (84 \times 0.6)$ $= 88.8$점	$88.8 + 84 + 91 + 3$ $= 266.8$점
을	$(87 \times 0.4) + (75 \times 0.6)$ $= 79.8$점	$79.8 + 95 + 89 + 3$ $= 266.8$점

병	$(91 \times 0.4) + (85 \times 0.6)$ $= 87.4$점	$87.4 + 92 + 82 + 2$ $= 263.4$점
정	$(86 \times 0.4) + (95 \times 0.6)$ $= 91.4$점	$91.4 + 80 + 89$ $= 260.4$점
무	$(85 \times 0.4) + (78 \times 0.6)$ $= 80.8$점	$80.8 + 92 + 94$ $= 266.8$점

을은 과장으로 승진한 지 4년 이상이므로 승진 후보자에 해당하지만 성과지표 점수가 79.8점으로 B 등급에 해당하므로 승진 대상자로 선정되지 않는다. 정은 대리로 승진한 지 3년 미만이므로 승진 후보자에 해당하지 않는다. 이에 따라 승진 후보자인 갑, 병, 무 중 최고점자는 최종 점수가 266.8점인 갑과 무이다. 이때 동점자 발생 시 현 직급 근속기간이 긴 직원 순으로 우선권을 부여한다고 했으므로 근속기간이 더 긴 무가 최종 승진 대상자로 선정된다. 또한, 동점자 발생 시 역량평가점수가 높은 순으로 우선권을 부여할 경우에도 무가 갑보다 역량평가점수가 높으므로 승진 대상자는 바뀌지 않는다.

오답 체크

① 정 대리는 현 직급 근속년수 조건을 충족하지 못해 승진 대상자에 해당하지 않으므로 옳은 설명이다.

② 승진 대상자로 선정되는 사람은 무이므로 옳은 설명이다.

④ 갑~무 중 성과지표가 A 등급인 직원은 갑, 병, 무로 총 3명이므로 옳은 설명이다.

08 직업기초 – 문제해결능력 정답 ②

성과지표 점수 산출 시 개인목표점수의 가중치가 40%, 부서목표점수의 가중치가 60%로 바뀌는 경우 직원 갑~무의 성과지표 점수 및 최종 점수는 다음과 같다.

구분	성과지표 점수	최종 점수
갑	$(96 \times 0.6) + (84 \times 0.4)$ $= 91.2$점	$91.2 + 84 + 91 + 3$ $= 269.2$점
을	$(87 \times 0.6) + (75 \times 0.4)$ $= 82.2$점	$82.2 + 95 + 89 + 3$ $= 269.2$점
병	$(91 \times 0.6) + (85 \times 0.4)$ $= 88.6$점	$88.6 + 92 + 82 + 2$ $= 264.6$점
정	$(86 \times 0.6) + (95 \times 0.4)$ $= 89.6$점	$89.6 + 80 + 89$ $= 258.6$점
무	$(85 \times 0.6) + (78 \times 0.4)$ $= 82.2$점	$82.2 + 92 + 94$ $= 268.2$점

정은 대리로 승진한 지 3년 미만이므로 승진 후보자에 해당하지 않는다. 이에 따라 승진 후보자인 갑, 을, 병, 무 중 최고점자는 최종 점수가 269.2점인 갑과 을이다. 이때 동점자 발생 시 현 직급 근속기간이 긴 직원 순으로 우선권을 부여한다고 했으므로 근속기간이 더 긴 을이 최종 승진 대상자로 선정된다.

[09 - 10]

09 직업기초 - 문제해결능력 정답 ④

'6)'에 따르면 청년 주택드림 청약통장 가입자가 주택청약에 당첨된 경우, 1회에 한하여 청약당첨주택의 계약금 납부목적으로 일부 금액을 인출할 수 있다. 또한 청약당첨 시 소득공제 추징 예상 금액을 제외한 범위 내에서만 인출 가능하며, 회차 내 금액을 분할하여 인출할 수 없으므로 옳지 않은 내용이다.

오답 체크

① '2)'에 따르면 가입대상은 만 19세 이상 만 34세 이하 무주택자로서 병역을 이행한 경우에는 최대 6년의 기간을 청년주택드림 청약통장 가입일 기준 현재 연령에서 빼고 계산한 연령이 만 34세 이하인 사람을 포함하므로 옳은 내용이다.

② '5)'에 따르면 소득공제 대상은 총급여액 7천만 원 이하의 근로소득이 있는 근로자로서 무주택 세대주 또는 무주택 세대주의 배우자이며, 연 300만 원 한도 내 납입금액의 40%인 120만 원에 대해 공제되므로 옳은 내용이다.

③ '4)'에 따르면 비과세 해택의 대상은 신규일 기준 무주택세대의 세대주 또는 세대주의 배우자로서 신규 직전 과세기간 총급여액 3,600만 원 이하인 근로소득자 또는 신규 직전 과세기간 종합소득과세표준에 합산되는 종합소득액 2,600만 원 이하인 자이면서 신규일로부터 2년 이상 계좌를 유지한 자이며, 이자소득 500만 원(납입금액 연 600만 원 한도)에 대하여 비과세를 적용하므로 옳은 내용이다.

10 직업기초 - 문제해결능력 정답 ①

청년 주택드림 청약통장의 이율은 가입 후 2년 이상 10년 이내는 연 4.5%이다. 단리 계산 시 첫 해 납입금 600만 원에 대해 3년간 이자는 600만 원 × 4.5% × 3 = 81만 원, 둘째 해 납입금 600만 원에 대해 2년간 이자는 600만 원 × 4.5% × 2 = 54만 원, 셋째 해 납입금 600만 원에 대해 1년간 이자는 600만 원 × 4.5% × 1 = 27만 원이다. 따라서 총 이자는 81 + 54 + 27 = 162만 원이므로 옳지 않은 설명이다.

오답 체크

② A는 무주택 세대주이고 총급여액이 3,600만 원 이하이므로 비과세 혜택 대상이다. 비과세 한도는 이자소득 500만 원(납입금액 연 600만 원 한도)이고 A가 3년간 수령할 이자는 162만 원임에 따라 전액 비과세되므로 옳은 설명이다.

③ A의 소득공제액은 연간 납입액 600만 원 중 300만 원에 40%를 적용한 120만 원이다. 소득공제로 인한 세액감소액은 소득공제액 × 소득세율(15%)임에 따라 실질적 세금 절감액은 120 × 0.15 = 18만 원이므로 옳은 설명이다.

④ 청년 주택드림 청약통장의 이율표에 따르면, 가입기간 2년 이상 10년 이내에는 연 4.5%의 우대금리가 적용된다. A는 3년간 통장을 유지하여 이 우대금리를 받을 수 있으므로 옳은 설명이다.

[11 - 12]

11 직업기초 - 문제해결능력 정답 ④

'5. 이자계산 방법'에 따르면 연체 이자 = 연체 이자율 × 연체 금액 × 연체 일수 / 365이다. 따라서 연체이자는 (4.0% + 3.0%) × 600,000,000 × (73 / 365) = 8,400,000원이므로 옳은 설명이다.

오답 체크

① '6. 중도상환 및 기타 조건'에 따르면 대출실행일로부터 1년 이내인 경우 중도상환수수료는 중도상환금액의 1.2%이다. 따라서 부과되는 중도상환수수료는 7.5억 원 × 0.012 = 0.09억 원=900만 원이므로 옳지 않은 내용이다.

② '5. 이자계산 방법'에 따르면 월별 이자는 대출원금에 연이율을 곱한 다음 12로 나누어 계산한다. 따라서 월별 이자는 (250,000,000 × 0.045) / 12 = 937,500원이므로 옳지 않은 내용이다.

③ '6. 중도상환 및 기타 조건'에 따르면 대출금액 1억 원 초과 10억 원 이하인 경우 인지세는 15만 원이며, 은행과 고객이 각 50%씩 부담하므로 고객 부담 인지세는 150,000 × 0.5 = 75,000원이므로 옳지 않은 내용이다.

12 직업기초 - 문제해결능력 정답 ③

설립 기간이 1년 미만인 B 기업은 지원 대상이 아니므로 제외한다. 고용 증가율은 A 기업이 {(520 - 450) / 450} × 100 ≒ 15.6%, C 기업이 {(400 - 350) / 350} × 100 ≒ 14.3%, D 기업이 {(100 - 85) / 85} × 100 ≒ 17.6%로 고용창출 우수기업에 해당하는 기업은 A와 D이다. 이에 따라 A 기업의 우대 금리는 고용창출 우수기업(0.3%p) + 수출 우수기업(0.2%p)+녹색경영 인증기업(0.2%p) = 0.7%p, C 기업의 우대 금리는 당행 주거래 기업(0.3%p) + 수출 우수기업 (0.2%p) + ESG 경영 인증기업(0.3%p) = 0.8%p, D 기업의 우대 금리는 고용창출 우수기업(0.3%p) + 벤처기업(0.2%p) = 0.5%p이다.
따라서 S 은행 중소기업 대출 금리지원 제도를 받을 수 있는 기업 중 최대 우대금리가 가장 높은 기업은 C 기업이다.

[13 - 14]

13 직업기초 - 문제해결능력 정답 ②

ⓒ 네 번째 단락에서 시장 상황에 따라 자펀드 간 자금 비중을 유연하게 조정하고, 리밸런싱을 통해 투자 위험을 관리할 수 있으며, 자펀드의 성과를 주기적으로 모니터링해 부진한 자펀드를 교체하는 방식으로 성과 관리도 체계적으로 이뤄진다고 했다. 따라서 자펀드 간의 수익률이 저조하면, 모펀드는 자산을 재조정하거나 해당 자펀드를 교체할 수 있으므로 옳은 설명이다.

© 네 번째 단락에서 국내 과세 체계에서는 모펀드와 자펀드 간 자금 이동은 과세 대상이 아니며, 투자자가 모펀드를 환매할 때에만 과세된다고 했으므로 옳은 설명이다.

㉠ 두 번째 단락에서 모펀드는 주식이나 채권 같은 기초자산에 직접 투자하지 않고 자펀드를 통해 간접적으로 투자한다고 했으므로 옳지 않은 설명이다.

㉣ 세 번째 단락에서 모펀드는 전체 자산 관리 및 투자 조정 서비스에 대한 보수를 받으며 보수는 낮은 편이고, 자펀드는 실제 자산 운용에 따른 보수를 받으며 자펀드 보수는 투자 대상과 운용 전략에 따라 다르게 책정된다고 했다. 따라서 모펀드의 보수가 아닌 자펀드 보수는 운용 전략에 따라 다르게 측정되며, 일반적으로 모펀드 보수가 자펀드보다 높게 책정되는지는 알 수 없다.

14 직업기초 – 문제해결능력 　　정답 ②

B의 투자 수익금을 계산하기 위해서는 모펀드가 투자한 자펀드별 수익률을 가중평균하여 모펀드 전체 수익률을 구해야 한다. 모펀드 수익률은 각 자펀드의 수익률을 해당 자펀드의 편입비중으로 가중평균하여 계산한다. 이에 따른 모펀드 수익률은 $(8\% \times 0.4) + (3\% \times 0.3) + (12\% \times 0.2) + (1\% \times 0.1) = 3.2 + 0.9 + 2.4 + 0.1 = 6.6\%$이다. 6개월 동안의 보수는 모펀드가 $50,000,000 \times 0.2\% \times (6 / 12) = 50,000$원, 자펀드가 $\{(0.8\% \times 0.4) + (0.5\% \times 0.3) + (1.2\% \times 0.2) + (0.3\% \times 0.1)\} \times 50,000,000 \times (6 / 12) = 185,000$원으로 총 보수비용은 235,000원이다.
따라서 순수익금 = 투자원금 × 모펀드 수익률 – 총보수비용임에 따라 $50,000,000 \times 0.066 - 235,000 = 3,065,000$원이다.

[15 - 16]
15 직업기초 – 문제해결능력 　　정답 ④

해외투자팀 지원자인 D, E, F의 2차 면접 점수는 모두 86.5점으로 동일하므로 옳은 설명이다.

① 채권운용팀 지원자의 1차 면접 점수는 A가 84점, B가 85.5점, C가 83.5점으로 B가 가장 높으므로 옳지 않은 설명이다.
② 최종 합격자는 서류 전형 마감일로부터 정확히 3주 후에 확인할 수 있으므로 옳지 않은 설명이다.

③ 채권운용팀 지원자 서류 평가 점수는 A가 $(82 \times 0.75) + (95 \times 0.25) = 85.25$점, B가 $(88 \times 0.75) + (80 \times 0.25) = 86$점, C가 $(90 \times 0.75) + (86 \times 0.25) = 89$점이고 해외투자팀 지원자 서류 평가 점수는 D가 $(92 \times 0.75) + (81 \times 0.25) = 89.25$점, E가 $(85 \times 0.75) + (90 \times 0.25) = 86.25$점, F가 $(82 \times 0.75) + (82 \times 0.25) = 82$점이다. 따라서 채권운용팀 지원자 서류 평가 점수의 평균은 $(85.25 + 86 + 89) / 3 = 86.75$점으로 해외투자팀 지원자 서류 평가 점수의 평균인 $(89.25 + 86.25 + 82) / 3 ≒ 85.8$점보다 높으므로 옳지 않은 설명이다.

16 직업기초 – 문제해결능력 　　정답 ②

지원자별 총점은 다음과 같다.

A	$(82 \times 0.3) + (95 \times 0.1) + (83 + 85 + 80 + 82) \times 0.15 = 83.6$점
B	$(88 \times 0.3) + (80 \times 0.1) + (85 + 86 + 88 + 84) \times 0.15 = 85.85$점
C	$(90 \times 0.3) + (86 \times 0.1) + (86 + 81 + 85 + 83) \times 0.15 = 85.85$점
D	$(92 \times 0.3) + (81 \times 0.1) + (81 + 83 + 84 + 89) \times 0.15 = 86.25$점
E	$(85 \times 0.3) + (90 \times 0.1) + (85 + 87 + 88 + 85) \times 0.15 = 86.25$점
F	$(82 \times 0.3) + (82 \times 0.1) + (90 + 88 + 87 + 86) \times 0.15 = 85.45$점

채권운용팀 지원자 A~C 중 총점이 가장 높은 사람은 B와 C이다. 이때 총점이 같은 경우 2차 면접 점수가 높은 사람이, 2차 면접 점수가 같은 경우 1차 면접 점수가 높은 사람이 우선 선발된다고 하였으므로 B와 C 중 2차 면접점수가 더 높은 B가 최종 합격한다. 해외투자팀 지원자 D~F 중 총점이 가장 높은 사람은 D와 E이다. 이때 D와 E의 2차 면접 점수가 같으므로 1차 면접 점수가 더 높은 E가 최종 합격한다.
따라서 채권운용팀은 B, 해외투자팀은 E가 최종 합격한다.

[17 - 18]
17 직업기초 – 자원관리능력 　　정답 ④

제10조 제2항에 따르면 연말 프로젝트 마감으로 인한 특별 경비는 최대 150만 원까지 A 등급으로 처리할 수 있다고 했으며, 제8조 제2항과 3항에 따르면 월별 정산 한도를 초과하지 않으면 A 등급은 실비의 100%를 정산받을 수 있다. 따라서 월별 정산 한도를 초과하지 않는 경우 연말 프로젝트 마감으로 인해 2024년 12월 10일에 발생한 150만 원의 특별 경비를 2024년 12월 15일에 청구한다면 총 150만 원을 받게되므로 옳은 내용이다.

① 제5조 제3항에 따르면 50만 원 이상의 지출은 부서장의 사전 승인이 필요하며, 200만 원 이상의 지출은 총무이사의 승인을 추가로 받아야 한다고 했다. 따라서 200만 원 미만인 150만 원의 예산에 대해서는 총무이사의 승인이 불필요하므로 옳지 않은 내용이다.

② 제7조 제3항에 따르면 경비 청구는 발생일로부터 30일 이내에 이루어져야 한다고 했다. 따라서 7월 20일에 발생한 B등급 지원 업무 경비 50만 원을 8월 25일에 청구한다면, 이는 30일을 초과하므로 정산을 받을 수 없으므로 옳지 않은 내용이다.

③ 제10조 제1항에 따르면 2024년 12월 15일 이후에 발생한 경비는 다음 연도 1월에 청구해야 한다고 했으므로 2024년 12월 25일에 발생한 사내 동호회 활동 경비 40만 원은 2025년 1월에 청구해야 하므로 옳지 않은 내용이다.

18 직업기초 - 자원관리능력　　　정답 ①

2월 김 과장이 청구한 경비의 등급별 사용금액 및 정산액은 다음과 같다.

· A 등급: A 등급 사용금액은 75 + 55 = 130만 원이다. 이에 따라 월 한도인 100만 원까지는 100% 정산되고, 초과분 30만 원은 90% 정산되므로 A 등급 정산액은 1,000,000 + 300,000 × 0.9 = 1,270,000원이다.

· B 등급: B 등급 사용금액은 32 + 25 = 57만 원이다. 이에 따라 월 한도 50만 원까지는 85% 정산되고, 초과분 7만 원은 75% 정산되므로 B 등급 정산액은 500,000 × 0.85 + 70,000 × 0.75 = 477,500원이다.

· C 등급: C 등급 사용금액은 20 + 38 = 58만 원이다. 이에 따라 월 한도인 30만 원까지는 60% 정산되고, 초과분 28만 원은 40% 정산되므로 C 등급 정산액은 300,000 × 0.6 + 280,000 × 0.4 = 292,000원이다.

따라서 2월의 총 정산액은 1,270,000 + 477,500 + 292,000 = 2,039,500원이다.

[19 - 20]
19 직업기초 - 자원관리능력　　　정답 ③

· 기본수수료: 골드 등급 VIP 고객의 경우 기본 수수료가 20% 할인되며, 연 6회 정기송금을 등록한 경우 기본 수수료가 10% 할인된다. 이때 할인 혜택이 중복되는 경우 할인율이 높은 혜택만을 적용하므로 20%를 적용한다. 따라서 USD 8,500을 인터넷뱅킹으로 송금할 경우 기본 수수료는 8,000 × 0.8 = 6,400원이다.

· 추가 수수료: 추가 수수료율은 0.15%가 적용되므로 추가 수수료는 8,500 × 0.0015 × 1,300 = 16,575원이다.

· 중계 은행 수수료: 기본 OUR 수수료는 USD 20이며, 수취 국가에 따른 추가 수수료는 USD 5이므로 총 중계 은행 수수료는 USD 25 = 25 × 1,300 = 32,500원이다.

따라서 총 송금 수수료 = 6,400 + 16,575 + 32,500 = 55,475원이다.

20 직업기초 - 자원관리능력　　　정답 ③

학생이 유학 자금 USD 6,000을 송금할 경우, 특별 프로모션에 따라 기본 수수료는 면제되지만 추가 수수료는 적용된다. 이에 따라 추가 수수료는 6,000 × 0.0015 × 1,300 = 11,700원이다. 따라서 총 수수료는 0원(기본 수수료) + 11,700원(추가 수수료) = 11,700원이므로 옳은 설명이다.

오답 체크

① USD 12,000을 송금하는 경우 추가 수수료는 송금액의 0.2%이다. 따라서 추가 수수료는 12,000 × 0.002 = USD 24 = 24 × 1,300 = 31,200원이므로 옳지 않은 설명이다.

② 플래티넘 등급 VIP 고객의 경우 기본 수수료가 30% 할인되며, 연 12회 정기송금을 등록한 경우 기본 수수료가 20% 할인된다. 이때 할인 혜택이 중복되는 경우, 할인율이 높은 혜택만을 적용하므로 30%를 적용한다. 따라서 USD 4,000을 인터넷뱅킹으로 송금할 경우, 기본 수수료는 8,000 × 0.7 = 5,600원이므로 옳지 않은 설명이다.

④ 인터넷뱅킹에 따른 기본 수수료는 8,000원이고, 신규 가입 첫 송금의 경우 기본 수수료의 50%가 할인된다. 따라서 기본 수수료는 8,000 × 0.5 = 4,000원이므로 옳지 않은 설명이다.

[21 - 22]
21 직업기초 - 자원관리능력　　　정답 ③

행사시간 외 준비 및 철수시간은 실제 이용시간의 20%까지 무료 제공되며 그 외에 시간에 대해서는 10분 초과당 해당 일자 이용 요금의 5%가 부과된다. 따라서 공휴일에 B 다목적홀을 5시간 이용할 때 준비 및 철수시간은 1시간까지만 무료로 제공되며 나머지 30분에 대해서는 추가요금이 발생한다. 따라서 10분 당 해당 일자의 이용 요금인 110,000 × 1.3 = 143,000원의 5%가 부과되므로 143,000 × 0.05 × 3 = 21,450원의 추가요금이 발생하므로 옳지 않은 내용이다.

오답 체크

① 부대시설을 당일에 추가 요청하면 20%의 할증료가 발생한다. 따라서 무선 마이크 2개와 빔프로젝터 1대를 당일 추가로 대여할 경우 이용 요금은 (20,000 + 30,000) × 1.2 = 60,000원이므로 옳은 내용이다.

② 주말에는 이용 요금의 30%가 가산된다. 따라서 A 다목적홀을 토요일에 140명이 2시간 이용할 경우 총 이용요금은 180,000 × 2 × 1.3 = 468,000원이므로 옳은 내용이다.

④ 사용예정일 7~13일 전 취소하는 경우 이용료의 40% 공제 후 환불된다. 따라서 평일에 C 다목적홀을 2시간 예약했으나 사용 예정일 10일 전에 취소하는 경우, 환불받는 금액은 이용료의 60%인 85,000 × 2 × 0.6 = 102,000원이므로 옳은 내용이다.

22 직업기초 – 자원관리능력 　　　　정답 ③

유 팀장의 첫 번째 말에 따르면 주말 바로 전날이 좋다고 했으므로 체육대회 날짜는 금요일인 7일과 14일중 하나이다. 5월 7일은 B와 C 다목적홀이 마감되었고 5월 14일은 A 다목적홀이 마감되었으므로 가능한 날짜와 홀 조합은 5월 7일의 A 다목적홀과 5월 14일의 B 또는 C 다목적홀이다. 이때, 5월 14일은 공휴일이므로 이용 요금의 30%가 가산된다. 또한, B 다목적홀과 C 다목적홀의 기본 인원은 각각 140명, 130명이다. 이에 따라 인원에 대한 추가요금은 B 다목적홀과 C 다목적홀이 각각 150,000원, 300,000원이다. 의자와 테이블은 기본 인원에 맞게 구비되어 있으므로 B 다목적홀과 C 다목적홀 이용 시 의자와 테이블을 추가로 대여해야 한다. 김 사원의 세 번째 말에 따르면 의자 5개당 테이블 하나가 필요하므로 B 다목적홀은 의자 10개와 테이블 2개, C 다목적홀은 의자 20개와 테이블 4개를 대여해야 한다. 이를 정리하면 아래와 같다.

다목적홀	이용일	시설 이용 요금	인원 추가 요금	부대시설 이용 요금	총 요금
A	5/7 (평일)	180,000 × 6 = 1,080,000원			1,080,000원
B	5/14 (공휴일)	110,000 × 1.3 × 6 = 858,000원	150,000원	3,000 × 10 + 10,000 × 2 = 50,000원	1,058,000원
C	5/14 (공휴일)	85,000 × 1.3 × 6 = 663,000원	300,000원	3,000 × 20 + 10,000 × 4 = 100,000원	1,063,000원

따라서 갑 기업이 이용하게 될 홀은 B 다목적홀이며, 총 이용 요금은 1,058,000원이다.

23 직업기초 – 조직이해능력 　　　　정답 ③

경영전략의 추진과정은 전략목표 설정, 환경분석, 경영전략 도출, 경영전략 실행, 평가 및 피드백 순으로 진행되므로 경영전략의 추진과정에 부합하는 조직 내 활동을 순서대로 나열한 것으로 적절한 것은 ③이다.

24 직업기초 – 조직이해능력 　　　　정답 ②

유기적 조직은 규제나 통제의 정도가 낮아서 변화에 따라 쉽게 변할 수 있고, 기계적 조직은 엄격한 위계질서가 존재한다. 따라서 조직이해능력에 관한 강의에 대한 대화 중 적절하지 않은 발언을 한 신입사원은 최 사원으로 총 1명이다.

[25 - 26]
25 직업기초 – 수리능력 　　　　정답 ③

A 국 FDI 유출액의 전년 대비 증가율은 2021년이 {(3,410 - 3,230) / 3,230} × 100 ≒ 5.6%, 2024년이 {(3,960 - 3,770) / 3,770} × 100 ≒ 5.0%로 2021년이 2024년보다 크므로 옳지 않은 설명이다.

오답 체크

① 제시된 기간 동안 FDI 유입액이 많은 순서에 따른 국가별 순위는 매년 A, B, C, D, E이므로 옳은 설명이다.
② 2020년 B 국의 FDI 순유입액은 1,810 - 1,450 = 360억 달러, 2023년 D 국의 FDI 순유입액은 1,060 - 940 = 120억 달러이다. 따라서 2020년 B 국의 FDI 순유입액은 2023년 D 국의 FDI 순유입액의 360 / 120 = 3배이므로 옳은 설명이다.
④ A~E 국의 FDI 유출액 합계는 2022년에 3,570 + 1,760 + 1,260 + 850 + 980 = 8,420억 달러, 2024년에 3,960 + 2,080 + 1,460 + 1,040 + 880 = 9,420억 달러로 2024년 A~E 국의 FDI 유출액 합계는 2년 전 대비 9,420 - 8,420 = 1,000억 달러 증가하였으므로 옳은 설명이다.

⏱ 빠른 문제 풀이 Tip

③ 분자와 분모의 증가율 차이를 비교하여 분수의 대소를 파악한다.

A FDI 유출액의 전년 대비 증가율은 2021년에 $\frac{180}{3,230}$, 2024년에 $\frac{190}{3,770}$이다. 190은 180 대비 10만큼 증가하였고, 이는 180의 10% 미만 증가하였음을 의미한다. 3,770은 3,230 대비 540만큼 증가하였고, 이는 3,230의 15% 이상 증가하였음을 의미한다. 이에 따라 분모의 증가율이 분자의 증가율보다 크므로 A 국 FDI 유출액의 전년 대비 증가율은 2021년이 2024년보다 큼을 알 수 있다.

26 직업기초 – 수리능력 　　　　정답 ④

2023년 A~E 국의 전체 FDI 유입액은 3,330 + 2,150 + 1,290 + 1,060 + 770 = 8,600억 달러이며, 국가별 FDI 유입액 비중은 A 국이 (3,330 / 8,600) × 100 ≒ 38.7%, B 국이 (2,150 / 8,600) × 100 = 25.0%, C 국이 (1,290 / 8,600) × 100 = 15.0%, D 국이 (1,060 / 8,600) × 100 ≒ 12.3%, E 국이 (770 / 8,600) × 100 ≒ 9.0%이므로 옳은 그래프이다.

오답 체크

① 2021년 D 국 FDI 유입액의 전년 대비 증가량은 920 - 865 = 55억 달러이지만 그래프에서는 60억 달러보다 높게 나타나므로 옳지 않은 그래프이다.

② 2022년 C 국의 FDI 순유입액은 1,090 – 1,260 = –170억 달러이지만 그래프에서는 –270억 달러로 나타나므로 옳지 않은 그래프이다.

③ 2023년 B 국 FDI 유출액의 전년 대비 증가율은 {(1,930 – 1,760) / 1,760} × 100 ≒ 9.7%이지만 그래프에서는 10% 보다 크게 나타나므로 옳지 않은 그래프이다.

[27 – 28]

27 직업기초 – 수리능력　　　　　정답 ②

기업대출 평균금리가 두 번째로 낮은 해는 2024년이다. 전체 기업대출 전자상거래 매출액에서 은행권 전자상거래 매출액이 차지하는 비중은 2023년에 {1,187.5 / (1,187.5 + 479.5)} × 100 ≒ 71.2%, 2024년에 {1,014.8 / (1,014.8 + 456.2)} × 100 ≒ 69.0%로 전년 대비 감소하였으므로 옳지 않은 설명이다.

오답 체크

① 2021년부터 2024년까지 기업대출의 평균금리는 가계대출의 평균금리보다 매년 높았으므로 옳은 설명이다.

③ 2022년 제2금융권 전자상거래 매출액의 전년 대비 증가액은 가계대출이 612.5 – 598.5 = 14조 원, 기업대출이 456.0 – 432.0 = 24조 원으로 가계대출이 기업대출보다 10조 원 더 적으므로 옳은 설명이다.

④ 2021년 가계대출과 기업대출의 전자상거래 매출액 합에서 은행권 전자상거래 매출액이 차지하는 비중은 {(1,024.0 + 980.0) / (1,024.0 + 598.5 + 980.0 + 432.0)} × 100 ≒ 66.0%이므로 옳은 설명이다.

28 직업기초 – 수리능력　　　　　정답 ①

제시된 기간 동안 가계대출과 기업대출의 평균금리 차는 2021년에 3.12 – 2.95 = 0.17%p, 2022년에 5.05 – 4.86 = 0.19%p, 2023년에 5.04 – 4.78 = 0.26%p, 2024년에 4.96 – 4.72 = 0.24%p로 2023년에 가장 크다. 따라서 2023년 제2금융권 가계대출 전자상거래 매출액은 제2금융권 기업대출 전자상거래 매출액의 625.3 / 479.5 ≒ 1.30배이다.

[29 – 30]

29 직업기초 – 수리능력　　　　　정답 ①

ⓒ 모든 소득분위에서 2024년 하반기 신용카드 사용액은 2024년 상반기 신용카드 사용액보다 크므로 옳은 설명이다.

오답 체크

ⓒ 3분위의 신용카드 사용액의 직전 분기 대비 증가액은 2024년 2분기가 124.2 – 111.3 = 12.9만 원, 2024년 1분기가 111.3 – 104.8 = 6.5만 원으로 2024년 2분기가 2024년 1분기의 12.9 / 6.5 ≒ 1.98배로 2배 미만이므로 옳지 않은 설명이다.

ⓒ 6분위의 분기별 평균 신용카드 사용액은 2023년에 (187.2 + 201.5 + 214.9 + 256.4) / 4 = 215만 원, 2024년에 (168.5 + 188.5 + 234.2 + 288.8) / 4 = 220만 원으로 2023년이 2024년보다 작으므로 옳지 않은 설명이다.

🕐 빠른 문제 풀이 Tip

ⓒ 분기별 신용카드 사용액의 평균은 분기별 신용카드 사용액의 합을 어림산으로 구하여 비교한다.
2023년 1분기의 사용액(187.2)과 2024년 2분기의 사용액(188.5)이 비슷하므로 해당 수치는 고려하지 않고 계산한다. 이에 따라 신용카드 사용액의 합은 2023년에 201 + 215 + 256 = 672만 원, 2024년에 167 + 234 + 289 = 690만 원으로 2024년이 2023년보다 더 큼을 알 수 있다.

30 직업기초 – 수리능력　　　　　정답 ①

2024년 4분기 신용카드 사용액이 세 번째로 많은 소득분위는 7분위, 다섯 번째로 많은 소득분위는 5분위이다. 2024년 4분기 신용카드 사용액의 전년 동분기 대비 증가율은 5분위가 {(290.5 – 264.5) / 264.5} × 100 ≒ 9.8%, 7분위가 {(438.2 – 415.6) / 415.6} × 100 ≒ 5.4%이다.
따라서 그 차이는 9.8 – 5.4 = 4.4%p이다.

[31 – 32]

31 직업기초 – 수리능력　　　　　정답 ②

전체 매출액에서 C 자동차의 매출액이 차지하는 비중은 2022년에 (16,429 / 57,737) × 100 ≒ 28.5%, 2023년에 (16,560 / 57,775) × 100 ≒ 28.7%, 2024년에 (16,640 / 59,050) × 100 ≒ 28.2%로 매년 30% 미만이므로 옳은 설명이다.

오답 체크

① 2023년 D 반도체의 당기순이익은 4,245 – (1,420 + 520 + 745 + 400) = 1,160억 원이므로 옳지 않은 설명이다.

③ 2024년 당기순이익의 전년 대비 증가폭은 A 전자가 1,655 – 1,420 = 235억 원, B 화학이 615 – 520 = 95억 원, C 자동차가 782 – 745 = 37억 원, D 반도체가 1,300 – 1,160 = 140억 원, E 금융이 432 – 400 = 32억 원으로 가장 큰 계열사는 A 전자이므로 옳지 않은 설명이다.

④ 2024년 D 반도체의 매출액은 59,050 − (18,595 + 9,045 + 16,640 + 5,270) = 9,500억 원이다. 이에 따라 2024년 매출액이 세 번째로 큰 계열사는 D 반도체이며, 2024년 자산수익률은 (1,300 / 10,480) × 100 ≒ 12.4%로 10% 이상이므로 옳지 않은 설명이다.

32 직업기초 – 수리능력 　　　　　　　정답 ①

2021년 당기순이익은 A 전자가 1,580 / 1.264 = 1,250억 원, B 화학이 500 / 1.25 = 400억 원, C 자동차가 690 / 1.5 = 460억 원, D 반도체가 590 / 1.2 = 492억 원, E 금융이 610 / 1.3 ≒ 469억 원으로 두 번째로 작은 계열사는 C 자동차이다. 따라서 C 자동차의 2024년 당기순이익률은 (782 / 16,640) × 100 ≒ 4.7%이다.

[33 – 34]
33 직업기초 – 수리능력 　　　　　　　정답 ③

취업률은 2021년에 {2,625 / (2,625 + 115)} × 100 ≒ 95.8%, 2022년에 (2,674 / 2,782) × 100 ≒ 96.1%, 2023년에 {(2,835 − 102) / 2,835} × 100 ≒ 96.4%, 2024년에 (2,762 / 2,890) × 100 ≒ 95.6%로 2024년에 전년 대비 감소하였으므로 옳지 않은 설명이다.

오답 체크
① 고용률은 2021년에 (2,625 / 4,280) × 100 ≒ 61.3%, 2022년에 (2,674 / 4,310) × 100 ≒ 62.0%로 2022년이 2021년 대비 62.1 − 61.3 ≒ 0.8%p 이상 높으므로 옳은 설명이다.
② 2023년 평균임금은 제조업이 382 / 1.032 ≒ 370.2만 원, 농림어업이 216 / 1.021 ≒ 211.6만 원으로 농림어업이 제조업의 (211.6 / 370.2) × 100 ≒ 57.2%로 60% 미만이므로 옳은 설명이다.
④ 건설업 취업자 수는 2023년에 248 / 1.025 ≒ 242만 명, 2024년에 248만 명으로 2023년 대비 2024년에 5만 명 이상 증가하였으므로 옳은 설명이다.

34 직업기초 – 수리능력 　　　　　　　정답 ①

2023년 경제활동참가율은 (2,835 / 4,350) × 100 ≒ 65.2%이지만 그래프에서는 65%보다 낮게 나타나므로 옳지 않은 그래프이다.

오답 체크
② 실업률은 2020년에 {(2,720 − 2,598) / 2,720} × 100 ≒ 4.5%, 2021년에 (115 / 2,625 + 115) × 100 ≒ 4.2%, 2022년에 (108 / 2,782) × 100 ≒ 3.9%, 2023년에 (102 / 2,835) × 100 ≒ 3.6%, 2024년에 (128 / 2,890) × 100 ≒ 4.4%이므로 옳은 그래프이다.
③ 비경제활동인구 = 15세 이상 인구 − 경제활동인구임을 이용하여 구한다. 이에 따라 비경제활동인구는 2020년에 4,250 − 2,720 = 1,530만 명, 2021년에 4,280 − (2,625 + 115) = 1,540만 명, 2022년에 4,310 − 2,782 = 1,528만 명, 2023년에 4,350 − 2,835 = 1,515만 명, 2024년에 4,380 − 2,890 = 1,490만 명이므로 옳은 그래프이다.
④ 2023년 산업별 취업자 수는 제조업이 874 / 0.982 ≒ 890만 명, 건설업이 248 / 1.025 ≒ 242만 명, 서비스업이 1,498 / 1.014 ≒ 1,477만 명, 농림어업이 98 / 0.961 ≒ 102만 명, 기타가 44 / 1.00 = 44만 명이므로 옳은 그래프이다.

[35 – 36]
35 직업기초 – 수리능력 　　　　　　　정답 ④

지방세 대비 국세의 비율은 2020년에 285.5 / 86.3 ≒ 3.31, 2021년에 344.1 / 99.8 ≒ 3.45, 2022년에 395.3 / 112.4 ≒ 3.52, 2023년에 372.6 / 115.1 ≒ 3.24, 2024년에 389.8 / 123.2 ≒ 3.16으로 가장 높은 연도는 2022년, 가장 낮은 연도는 2024년이다.

36 직업기초 – 수리능력 　　　　　　　정답 ④

2020년 대비 2024년 징수액의 증가율은 소득세가 {(134.7 − 83.7) / 83.7} × 100 ≒ 60.9%, 법인세가 {(96.5 − 62.2) / 62.2} × 100 ≒ 55.1%, 부가가치세가 {(87.2 − 52.4) / 52.4} × 100 ≒ 66.4%, 상속·증여세가 {(15.9 − 9.5) / 9.5} × 100 ≒ 67.4%이다.
따라서 기타를 제외한 국세 세목 중 2020년 대비 2024년 징수액의 증가율이 가장 높은 세목은 상속·증여세이다.

[37 – 38]
37 직업기초 – 정보능력 　　　　　　　정답 ②

알고리즘 순서도에 따르면 A의 초기값은 10, B와 C의 초기값은 0이며, C가 1씩 증가하면서 반복한다. 다음으로 C가 짝수이면 B에 C의 2배를 더하고, 홀수이면 B에 C를 더한다. C가 10보다 작으면 다시 C를 증가시키는 단계로 돌아간다. C가 10 이상이면 B를 출력하고 종료한다. 단계별 과정에 따른 B의 값은 다음과 같다.

단계	C	B
1단계	1(홀수)	$0 + 1 = 1$
2단계	2 (짝수)	$1 + 2 \times 2 = 5$
3단계	3 (홀수)	$5 + 3 = 8$
4단계	4 (짝수)	$8 + 4 \times 2 = 16$
5단계	5 (홀수)	$16 + 5 = 21$
6단계	6 (짝수)	$21 + 6 \times 2 = 33$
7단계	7 (홀수)	$33 + 7 = 40$
8단계	8 (짝수)	$40 + 8 \times 2 = 56$
9단계	9 (홀수)	$56 + 9 = 65$
10단계	10 (짝수)	$65 + 10 \times 2 = 85$

따라서 최종적으로 출력되는 결과값은 85이다.

38 직업기초 – 정보능력 정답 ②

C는 짝수인가에 대한 판단에 따른 처리 내용이 서로 바뀌는 경우 C가 짝수이면 B에 C를 더하고, 홀수이면 B에 C의 2배를 더한다. 단계별 과정에 따른 B의 값은 다음과 같다.

단계	C	B
1단계	1(홀수)	$0 + 1 \times 2 = 2$
2단계	2 (짝수)	$2 + 2 = 4$
3단계	3 (홀수)	$4 + 3 \times 2 = 10$
4단계	4 (짝수)	$10 + 4 = 14$
5단계	5 (홀수)	$14 + 5 \times 2 = 24$
6단계	6 (짝수)	$24 + 6 = 30$
7단계	7 (홀수)	$30 + 7 \times 2 = 44$
8단계	8 (짝수)	$44 + 8 = 52$
9단계	9 (홀수)	$52 + 9 \times 2 = 70$
10단계	10 (짝수)	$70 + 10 = 80$

따라서 최종적으로 출력되는 결과값은 80이다.

[39 - 40]
39 직업기초 – 정보능력 정답 ③

코드 번호는 제품 유형이 에어컨으로 AC, 불량 유형이 외관손상으로 03, 수리 유형이 부품교환으로 AD, 처리 단계가 완료로 3, 일자가 20250711, 일련번호가 05임에 따라 2025년 7월 11일에 외관손상으로 인하여 부품교환으로 다섯 번째에 접수하여 처리가 완료된 에어컨의 코드 번호는 AC03AD32025071105이므로 적절하다.

① 2025년 7월 9일에 접수한 냉장고의 처리 단계 코드 번호는 1임에 따라 코드 번호는 FR02CL120250709041이므로 적절하지 않다.

② 복수의 항목에 해당하는 경우에는 가장 번호가 큰 것으로 표기하므로 2025년 7월 10일에 소음 및 외관손상으로 인한 세탁기의 불량 유형 코드 번호는 불량유형 코드는 03이다. 따라서 코드 번호는 WM03CL220250710003이므로 적절하지 않다.

④ 2025년 7월 12일에 유상수리로 접수한 에어컨의 수리 유형 코드 번호는 CL임에 따라 코드 번호는 AC02CL220250712011이므로 적절하지 않다.

40 직업기초 – 정보능력 정답 ①

코드 번호는 제품 유형이 냉장고로 FR, 불량 유형이 작동불능으로 01, 수리 유형이 무상수리로 RP, 처리 단계가 접수로 1, 일자가 20210425, 일련번호가 03임에 따라 2021년 4월 25일에 작동불능으로 인하여 무상수리로 세 번째에 접수한 냉장고의 코드 번호는 FR01RP120210425503이므로 제품 불량 및 AS 처리 정보와 코드 번호가 올바르게 짝지어진 것은 ①이다.

② 2023년 11월 14일에 소음으로 인하여 부품교환으로 접수하여 처리 완료된 세탁기의 불량 유형 코드 번호는 02, 수리 유형 코드 번호는 AD, 처리 단계 코드 번호는 3임에 따라 코드 번호는 WM02AD320231114404이므로 적절하지 않다.

③ 2024년 9월 17일에 외관손상으로 인하여 유상수리로 접수를 한 에어컨의 불량 유형 코드 번호는 03, 수리 유형 코드 번호는 CL, 처리 단계 코드 번호는 1임에 따라 코드 번호는 AC03CL120240917061이므로 적절하지 않다.

④ 2022년 5월 26일에 접수하여 점검 중인 세탁기의 처리 단계 코드 번호는 2임에 따라 코드 번호는 WM02CL220220526011이므로 적절하지 않다.

41 직무수행 – 경제·경영 상식 정답 ①

㉠ 불확실한 상황에서의 기대효용과 동일한 효용을 주는 확실한 소득 수준을 의미하는 확실성 등가이다.
㉡ 위험을 감수하는 대가로 요구하는 추가 보상으로, 기대소득과 확실성 등가의 차이로 정의되는 위험 프리미엄이다.
㉢ 작업환경의 위험성이나 불쾌함에 대한 보상으로 지급되는 임금 프리미엄을 의미하는 헤도닉 임금이다.

42 직무수행 – 경제·경영 상식　　　정답 ②

B 기업은 상대방의 전략에 관계없이 항상 Q = 3을 선택하는 것이 유리한 우월전략을 가지고 있다. A 기업이 Q = 3을 선택하면 B 기업은 18보다 더 큰 이윤을 얻을 수 있는 Q = 3, A 기업이 Q = 8을 선택해도 B 기업은 15보다 더 큰 이윤을 얻을 수 있는 Q = 3이 최적이다. 따라서 A 기업은 8을, B 기업은 3을 선택하는 우월전략균형이 존재하므로 적절한 설명이다.

오답 체크

① B 기업이 Q = 3을 선택할 때 A 기업의 최적 반응은 25보다 큰 이윤을 얻을 수 있는 Q = 8을 선택하는 것이고, A 기업이 Q = 8을 선택할 때 B 기업의 최적 반응은 15보다 큰 이윤을 얻을 수 있는 Q = 3을 선택하는 것이므로 내쉬균형은 A 기업이 Q = 8, B 기업이 Q = 3을 선택하는 것이다.

③ A 기업의 최적 전략은 B 기업의 선택에 따라 달라진다. B 기업은 Q = 3을 선택하면 A 기업은 Q = 8을 선택하고, B 기업이 Q = 8을 선택하면 기업 A는 Q = 3을 선택하므로 A 기업에게는 우월전략이 존재하지 않는다.

④ A 기업이 어떤 전략을 선택하든 B 기업은 항상 Q = 3을 선택하는 것이 최적이므로 B 기업에게 우월전략이 존재한다.

43 직무수행 – 경제·경영 상식　　　정답 ④

생산가능곡선이 원점에 대해 볼록한 형태이므로 노트북 생산을 늘릴수록 포기해야 하는 스마트폰 수량은 점진적으로 증가하므로 적절하지 않은 설명이다.

44 직무수행 – 경제·경영 상식　　　정답 ③

갑 국의 스마트폰 상대가격은 2/8자동차이고, 을 국의 스마트폰 상대가격은 3/15자동차이므로 을 국이 스마트폰에 대해 비교우위에 있으므로 적절하지 않다.

45 직무수행 – 경제·경영 상식　　　정답 ③

· 갑: $MU_x/P_x = 15/5 = 3$, $MU_Y/P_Y = 30/15 = 2$이고 $3 > 2$이다. 따라서 X 재의 1원당 한계효용이 더 크므로 X 재 소비를 늘리고 Y 재 소비를 줄여야 한다.

· 을: $MU_x/P_x = 8/5 = 1.6$, $MU_Y/P_Y = 24/15 = 1.6$이고 $1.6 = 1.6$이므로 현재 효용극대화를 달성하고 있다.

🔎 더 알아보기

· 효용극대화 조건: $MU_x/P_x = MU_Y/P_Y$

46 직무수행 – 경제·경영 상식　　　정답 ②

수요함수와 공급함수가 같아지는 지점에서 균형가격이 형성되므로 $800 - 8P = 200 + 10P$, $P = 15$이다. 정부가 가격을 12로 규제할 경우 이를 수요함수에 대입하면 $Q_D = 800 - 30 × 12 = 440$이고 공급함수에 대입하면 $Q_S = 200 + 10 × 12 = 320$이다. 따라서 규제가격에서 초과수요의 크기는 $440 - 320 = 120$이므로 적절하지 않다.

47 직무수행 – 경제·경영 상식　　　정답 ④

스마트폰의 소득탄력성이 1.8이므로 소득 20% 증가할 경우 수요량 증가율은 $1.8 × 20\% = 36\%$이므로 적절하지 않다.

🔎 더 알아보기

· 수요의 가격탄력성 = X 재 수요량의 변화율(%) / X 재 가격의 변화율(%)

· 수요의 교차탄력성 = X 재 수요량의 변화율(%) / Y 재 가격의 변화율(%)

· 수요의 소득탄력성 = X 재 수요량의 변화율(%) / 소득의 변화율(%)

48 직무수행 – 경제·경영 상식　　　정답 ①

㉠ 금리 인상: 경기 과열과 인플레이션 상황에서는 긴축 통화정책이 필요하므로 기준금리를 인상하여 통화량을 줄이고 경제 활동을 둔화시킨다.

㉡ 금리 인하: 디플레이션과 불황 상황에서는 완화 통화정책이 필요하므로 기준금리를 인하하여 유동성을 공급하고 경제 활동을 촉진한다.

49 직무수행 – 경제·경영 상식　　　정답 ④

(가)는 누진세, (나)는 비례세에 해당한다. 비례세는 동일한 세율을 적용하지만, 저소득층에게는 상대적으로 큰 부담이 되고 고소득층에게는 상대적으로 작은 부담이 되어 조세의 역진성을 나타낸다. 따라서 누진세에 비해 소득 재분배 효과가 제한적이다.

50 직무수행 – 경제·경영 상식　　　정답 ①

㉠ IS곡선이 완만하다는 것은 투자가 이자율 변화에 민감하게 반응한다는 의미이다. 이자율이 조금만 상승해도 민간투자가 크게 감소하므로 정부지출로 인한 이자율 상승 시 구축효과가 크게 나타난다.

ⓒ LM곡선이 가파르다는 것은 화폐수요가 이자율에 둔감하고 소득에 민감하다는 뜻이다. 소득 증가 시 화폐수요가 크게 늘어나 이자율이 급격히 상승하므로 정부지출이 민간투자를 크게 위축시켜 구축효과가 커진다.

ⓓ 경제가 완전고용 상태에 근접할수록 추가적인 정부지출이 실질 생산 증대보다는 물가 상승과 이자율 상승을 유발한다. 이때 정부지출의 긍정적 효과는 제한되고 민간투자 위축으로 인한 구축효과가 더 크게 나타난다.

51 직무수행 – 경제·경영 상식　　　정답 ②

20X2년도의 실질GDP는 재화의 당해년도 생산량과 기준년도 단가를 곱한 값의 총합인 $120 \times 8,000 + 62 \times 15,000 + 180 \times 1,000 = 2,070,000$원이다.

오답 체크

① 20X1년도의 명목GDP는 재화의 당해년도 생산량과 단가를 곱한 값의 총합인 $100 \times 8,000 + 50 \times 15,000 + 150 \times 1,000 = 1,700,000$원이다.

③ 20X2년도의 명목GDP는 재화의 당해년도 생산량과 단가를 곱한 값의 총합인 $120 \times 9,000 + 62 \times 18,000 + 180 \times 800 = 2,340,000$원이다.

④ GDP 디플레이터는 명목GDP를 실질GDP로 나눈 후 100을 곱한다. 따라서 $(2,340,000 / 2,070,000) \times 100 = 1.1304 \times 100 = 113.0$이다.

🔍 더 알아보기
· GDP 디플레이터 = (명목 GDP / 실질 GDP) × 100

52 직무수행 – 경제·경영 상식　　　정답 ④

아르헨티나는 위기 이전까지 페소화를 달러화와 1:1로 고정하는 고정환율제도와 자본 이동 자유화 정책을 동시에 추진했으므로 A 정책 조합을 선택했다. 그러나 트릴레마의 법칙에 따라 독립적 통화정책 수행 능력은 제약받을 수밖에 없었고, 경기침체 상황에서 확장적 통화정책이 효과적으로 작동하지 못하면서 결국 2001년 외환보유액 고갈로 고정환율제도를 포기하게 되어 안정적 환율 유지라는 정책 목표를 상실했다.

53 직무수행 – 경제·경영 상식　　　정답 ①

원화 약세(= 달러 강세) 상황에서 미국 주식에 투자한 국내 투자자들은 달러로 받은 수익을 원화로 환전할 때 환차익을 얻을 수 있으므로 적절하다.

오답 체크

② 원화 약세로 인해 달러로 결제하는 원유 수입 시 더 많은 원화가 필요함에 따라 수입업체의 매입 부담은 증가하므로 적절하지 않다.

③ 원화 약세는 해외 여행 경비 부담을 증가시킨다. 유로화 환전 시에도 달러를 경유하여 부담이 커지므로 적절하지 않다.

④ 원화 약세로 인해 해외 투자 시 더 많은 원화가 필요함에 따라 한국 기업의 해외 투자는 오히려 위축될 가능성이 높으므로 적절하지 않다.

54 직무수행 – 경제·경영 상식　　　정답 ②

A 팀원	의욕 높음 + 능력 낮음 = 설득형 → 구체적 지시와 함께 설득과 격려를 통한 동기부여 제공
B 팀원	의욕 낮음 + 능력 낮음 = 지시형 → 구체적인 지시와 감독 필요
C 팀원	의욕 높음 + 능력 높음 = 위임형 → 권한 위임으로 자율성 보장
D 팀원	의욕 낮음 + 능력 높음 = 참여형 → 의사결정 참여로 동기 회복

따라서 리더십 수명주기 이론에 따라 팀원의 리더십 스타일이 바르게 연결된 것은 ②이다.

🔍 더 알아보기
허쉬와 블랜차드의 수명주기 이론

유형	부하	리더
지시형	의욕 낮음 + 능력 낮음	높은 과업지향 + 낮은 관계지향
설득형	의욕 높음 + 능력 낮음	높은 과업지향 + 높은 관계지향
참여형	의욕 낮음 + 능력 높음	낮은 과업지향 + 높은 관계지향
위임형	의욕 높음 + 능력 높음	낮은 과업지향 + 낮은 과업지향

55 직무수행 – 경제·경영 상식　　　정답 ②

보상관리에 대한 을, 정의 설명은 적절하다.
· 을: 선택적 복리후생(=카페테리아 복리후생)은 임금인상의 경우보다 동일한 비용 대비 더 높은 실질적 가치를 제공한다.
· 정: 정보정확성, 수정가능성, 대표성, 도덕성은 절차공정성을 판단하는 특성으로 적절하다. 절차공정성은 보상을 결정하는 절차가 모두 공정하게 이루어졌는지를 뜻한다.

오답 체크
· 갑: 퇴직금, 유급휴가 제도 또한 법정 복리후생 제도에 해당한다.

- 병: 동종업계의 임금수준을 조사하여 벤치마킹하고, 기업의 임금 수준에 반영하여 G 기업의 보상체계의 경쟁력을 제고하는 것은 '외부공정성'에 해당한다. 내부공정성이란 비교대상이 기업 내에 있어 종업원 간의 보상격차가 적절한가를 비교하는 것으로, 임금체계에 반영되는 개념이다.
- 무: 경영진과 직원들에게 특정 기간 동안 미리 정해진 가격으로 회사 주식을 구매할 수 있는 권리를 제공하는 보상 시스템은 '스톡옵션 제도'이다. 초기에는 최고경영진을 대상으로 한 성과 인센티브 방식으로 도입되었지만, 현재는 일반 직원들까지 포함하여 활용 범위가 확대되고 있다.

56 직무수행 – 경제·경영 상식   정답 ①

사외적립자산은 사외적립자산의 공정가치 + 추가적립자산 + 순이자 + 재측정이익 – 지급액임을 적용한다. 이때, 순이자는 사외적립자산의 공정가치에 20X1년 초 퇴직급여채무의 할인율을 곱한 값이다. 이에 따라 시외적립자산은 250,000 + 480,000 + 25,000 + 60,000 – 800,000 = 15,000원이다.

확정급여채무는 확정급여채무의 현재가치 + 당기근무원가 + 순이자 – 지급액임을 적용한다. 이때, 순이자는 확정급여채무의 현재가치에 20X1년 초 퇴직급여채무의 할인율을 곱한 값이다. 이에 따라 확정급여채무는 320,000 + 600,000 + 32,000 – 800,000 = 152,000원이다.

따라서 20X1년 말 순확정급여부채는 확정급여채무에서 사외적립자산을 뺀 152,000 – 15,000 = 137,000원이다.

57 직무수행 – 경제·경영 상식   정답 ②

(A): 두 개 이상의 독립된 기업이 공동의 사업 목적을 달성하기 위해 자본, 기술, 인력 등을 출자하여 별도의 법인이나 사업체를 새로 설립하거나, 주요 사업을 공동으로 진행하는 경영 형태인 '합작투자'와 관련된 사례이다.

(B): 서로 다른 기업이 자신들의 기술 또는 지식을 공유하고, 공동 연구개발·기술 교환·특허 공유·공동 생산 등을 통해 특정 목표를 달성하는 협력 관계인 '기술 제휴'와 관련된 사례이다.

오답 체크

- 기능별 제휴: 기업이 지분 참여 없이 특정 기능 영역(연구개발, 생산, 마케팅, 기술, 유통 등)에서 협력하는 전략적 제휴이다.
- 생산 제휴: 두 개 이상의 기업이 생산 활동에서 협력하여, 공동으로 제품을 생산하거나 생산 능력, 설비, 기술, 노하우 등을 공유하는 전략적 제휴이다.

58 직무수행 – 경제·경영 상식   정답 ③

'언택트 마케팅'은 키오스크, 챗봇, VR 등과 같은 비대면 디지털 채널로 고객과의 접촉을 최소화 또는 차단한 채 상품 또는 서비스를 제공하는 전략이다. 사례에서 소개된 스타벅스의 '사이렌 오더', 패스트푸드 업계의 키오스크 도입, 뷰티 브랜드 이니스프리의 '혼자 볼게요' 바구니 등은 모두 고객과의 접촉을 최소화하는 언택트 마케팅의 사례에 해당하므로 적절하다.

오답 체크

① 넛지 마케팅: 소비자의 자유를 보장하면서도 행동과 선택에 심리적, 환경적으로 은근히 영향을 주어 원하는 행동을 유도하는 마케팅 전략
② 바이럴 마케팅: 브랜드나 제품에 대한 정보가 소비자들 사이에서 자발적으로 빠르고 폭발적으로 확산되도록 유도하는 마케팅 전략
④ 밈 마케팅: 인터넷 밈(이미지, 문구, 영상 등 온라인 유행 문화요소)을 재가공하여 재미와 공감, 자연스러운 브랜드 친밀도 상승을 유도하는 마케팅 전략

59 직무수행 – 경제·경영 상식   정답 ③

EPS는 당기순이익을 주식수로 나눈 값이므로 20X2년 EPS는 2,500억 원 / 2억 주 = 1,250원이고 20X1년 EPS는 2,000억 원 / 2억 주 = 1,000원이다.
따라서 EPS 증가액은 1,250 – 1,000 = 250원이다.

오답 체크

① 자기자본은 총자산에서 총부채를 뺀 값이므로 A 기업의 20X2년 자기자본은 50 – 15 = 35조 원이다.
② 시가총액(기업가치)은 주가에 주식수를 곱한 값이므로 현재 주가 기준으로 계산한 A 기업의 전체 기업가치는 40만 원 × 2억 주 = 80조 원이다.
④ 전년 동기 대비 매출액 증가율은 {(8 – 6) / 6} × 100 ≈ 33.3%로 전년 동기 대비 당기순이익 증가율인 {(2,500 – 2,000) / 2,000} × 100 = 25.0%보다 높다.

60 직무수행 – 경제·경영 상식   정답 ③

ⓒ 동일한 투자기간 가정에 대한 설명이다.
ⓔ 완전시장 가정에 대한 설명이다.

오답 체크

ⓐ 모든 투자자는 동일한 정보와 분석방법을 사용하여 증권을 평가하며, 각 증권의 미래 기대수익률과 위험에 대해 동일한 예측을 한다.
ⓑ 완전히 위험이 없는 무위험자산은 존재하며, 모든 투자자는 동일한 무위험이자율로 제한 없이 자금을 차입하거나 대출할 수 있다.

CAPM 모형의 가정

- 평균·분산 기준의 가정
- 동일한 투자기간의 가정
- 완전시장의 가정
- 무위험자산의 존재 가정
- 균형시장의 가정
- 동질적 미래예측의 가정

---

61 직무수행 – 경제·경영 상식   정답 ④

일반 예금 금리보다 높은 수준의 중금채의 발행을 늘리면 이자비용이 증가하므로 적절하다.

오답 체크

① 중금채는 정부가 허가한 '특수채'이다. 국채는 정부가 발행하는 채권이며, 특수채는 공공기관 및 특별법에 의한 기관에서 발행하는 채권이다. IBK기업은행 또한 중소기업 중소기업 지원을 위해 만들어진 국책은행으로 기타공공기관에 속한다.

② 중금채는 정부 신용도와 동일한 수준으로 안전자산에 속한다.

③ 중금채는 채권이기 때문에 예금자보호 대상 상품이 아니다.

---

62 직무수행 – 경제·경영 상식   정답 ④

구분	20X1년 초	증가(+)	감소(-)	20X1년 말
기계장치	60,000	① 200,000	③ 130,000	130,000
감가상각누계액	(12,000)	② (20,000)	④ (8,000)	(24,000)

- 기계장치 A 구입

  (차) 기계장치 A   ① 200,000   (대) 현금   200,000

- 기계장치 A의 감가상각비

  (차) 감가상각비   20,000[1)]   (대) 감가상각누계액 ② 20,000

  1) 200,000원 / 10년 = 20,000원

- 기계장치 B 매각

  (차) 현금   140,000   (대) 기계장치 B   ③ 130,000

      감가상각누계액   ④ 8,000   유형자산 처분이익   18,000

따라서 투자활동 순현금흐름은 유출 200,000원(기계장치 A 구입) – 유입 140,000원(기계장치 B 매각) = 유출 60,000원이다.

---

63 직무수행 – 경제·경영 상식   정답 ②

A 사의 재고자산 구입은 전액 매입채무를 통해 이루어지므로 당기 중 재고자산 매입액은 당기 매입채무 발생액과 같다. 따라서 매입채무 발생액은 355,000원이다.

기초 재고자산		당기 매입 재고자산		매출원가		기말 재고자산
120,000원	+	355,000	=	360,000	+	115,000원

=

기초 매입채무		당기 발생 매입채무		매입채무상환		기말 매입채무
63,000원	+	355,000	=	200,000	+	218,000원

오답 체크

① A 사의 매출원가 = 600,000 × 60% = 360,000원

③ 재고자산 매입액 = (매출원가 + 기말 재고자산) – 기초 재고자산 = (360,000 + 115,000) – 120,000 = 355,000원

④ 매입채무 상환액 = (기초 매입채무 + 당기 발생 매입채무) – 기말 매입채무 = (63,000 + 355,000) – 218,000 = 200,000원

재고자산

기초상품 재고액 + 당기상품 매입액 = 매출원가(판매한 상품) – 기말상품 재고액

---

64 직무수행 – 경제·경영 상식   정답 ①

- 20X0년 감가상각비 = 3,000,000 × 0.451 × 6/12 = 676,500원
- 20X0년 말 장부가액 = 3,000,000 – 676,500 = 2,323,500원
- 20X1년 감가상각비 = 2,323,500 × 0.451 ≒ 1,047,899원
- 20X1년 말 장부가액 = 2,323,500(20X0년 말 장부가액) – 1,047,899 = 1,275,601원

따라서 20X2년 감가상각비는 1,275,601 × 0.451 ≒ 575,296원이다.

---

65 직무수행 – 경제·경영 상식   정답 ③

- 토지의 취득원가 = 1,200,000원
- 복구비용의 현재가치 = 200,000 × 0.4224 = 84,480원

따라서 폐기물처리시설의 취득원가는 토지의 취득원가와 복구비용의 현재가치를 더한 1,200,000 + 84,480 = 1,284,480원이다.

복구비용의 회계처리

유형자산의 취득시점 또는 사용한 결과로 부지를 복구하는데 소요될 것으로 추정되는 복구비용은 현재가치로 할인하여 취득원가에 포함하고 복구충당부채로 인식한다.

66 직무수행 – 경제·경영 상식   정답 ②

제품 A, B, C의 제조원가를 계산하면 다음과 같다.

- A의 제조원가 = 120,000원 × 15% = 18,000원 = @90원 ×
  A → A = 200개
- B의 제조원가 = 120,000원 × 60% = 72,000원 = @80원 ×
  B → B = 900개
- C의 제조원가 = 120,000원 × 25% = 30,000원 = @150원
  × C → C = 200개

따라서 R사의 총수익은 (200개 × @150원) + (900개 ×
@200원) + (200개 × @190원) = 248,000원이다.

67 직무수행 – 경제·경영 상식   정답 ②

- 보통주 100주를 유상증자 시 자본금 500,000원(= 100주
  × 5,000원), 주식발행초과금 150,000원(= 100주 ×
  (6,500원 – 5,000원))이 증가한다.
- 주식배당을 실시하면 차변에 이익잉여금, 대변에 자본금이
  계상되므로 자본 총계에는 영향이 없다. (자본 내에서의 이
  동임)
- 유형자산 재평가잉여금 50,000원은 기타포괄이익이므로 자
  본이 증가한다.
- 20X1년 자본 변동 = 500,000원 + 150,000원 + 50,000원
  = 700,000원

따라서 20X1년 말 자본 총액은 20X1년 초 자본 총액과 20X1
년 자본 변동의 합인 2,500,000원 + 700,000원 = 3,200,000
원이다.

68 직무수행 – 경제·경영 상식   정답 ④

콜옵션은 주식가격이 행사가격보다 클 때 행사하며, 풋옵션은
주식가격이 행사가격보다 작을 때 행사한다. 행사하지 않은 경
우에는 손익이 실현되지 않으므로, 해당 구간에서는 기대가격을
0원으로 본다. 또한 옵션의 기대가격은 만기주가와 행사가격을
비교하여 구하므로 현재주가는 고려하지 않는다.

- 만기 시 콜옵션 기대가격 = 25% × 0원 + {50% × (15만 원 –
  10만 원)} + {25% × (30만 원 – 10만 원)} = 75,000원
- 만기 시 풋옵션 기대가격 = {25% × (10만 원 – 5만 원)} +
  50% × 0원 + 25% × 0원 = 12,500원

🔍 더 알아보기

옵션의 내재가치

- $Call = Max[0, S_T - X]$
  (S_T = 만기시점의 기초자산가격, X = 행사가격)
- $Put = Max[0, X - S_T]$
  (S_T = 만기시점의 기초자산가격, X = 행사가격)

69 직무수행 – 경제·경영 상식   정답 ④

시장 베타만을 사용하여 자산의 위험을 측정하는 것은 CAPM
의 특징이며, APT에서 베타는 시장 베타뿐만 아니라 특정 공통
요인에 대한 민감도를 나타내므로 적절하지 않다.

오답 체크

③ 단일 요인 차익거래 가격결정이론에서의 차익거래 해소 조건

$$\frac{E(R_A) - R_f}{\beta_A} = \frac{E(R_B) - R_f}{\beta_B}$$

$$= \frac{5\% - 1\%}{0.4} = \frac{6\% - 1\%}{\beta_B}$$

$$\therefore \beta_B = 0.5$$

70 직무수행 – 경제·경영 상식   정답 ③

금융상품 A는 '콜옵션'이며, 콜옵션 보유자의 최대 손실은 지불
한 프리미엄으로 제한되어 김대리의 최대손실은 2,000원으로
제한되므로 적절한 설명이다.

오답 체크

① 김 대리는 미래 특정 시점에 정해진 가격으로 '살 수 있는 권리'를
   구매했으므로 해당 금융상품은 콜옵션에 해당한다.

② 갑 회사 주가가 55,000원 초과일 때 금융상품 A에 대한 권리를
   행사하는 것이 유리하다. 콜옵션은 기초자산가격이 행사가격보
   다 클 때 행사하며, 기초자산가격과 행사가격의 차이만큼 이익을
   본다.

④ 3개월 후 갑 회사 주가가 40,000원으로 하락한 경우, 김 대리의
   손실은 2,000원이다. 김 대리는 기초자산가격이 행사가격보다
   작을 때는 권리를 행사하는 것이 더 불리하므로 행사하지 않으
   며, 손실은 금융상품 A의 가격인 옵션 프리미엄 2,000원뿐이다.

71 직무수행 – 경제·경영 상식   정답 (A) A   (B) C

(A) 국제 원자재 가격 급등 → AS곡선 좌측 이동 (A)

국제 원자재 가격이 급등하면 국내 기업들의 생산비가 상
승하고, 이는 총공급 축소로 이어진다. 따라서 총공급곡선
은 좌측으로 이동하게 되며, 이는 A방향의 균형 이동을 의
미한다.

(B) 기준금리 인상 → AD곡선 좌측 이동 (C)

중앙은행이 기준금리를 인상하면 시중금리가 올라가고, 이로 인해 가계의 소비와 기업의 투자가 위축된다. 이는 총수요를 감소시키며, 총수요곡선은 좌측으로 이동하게 된다. 따라서 새로운 균형은 C방향으로 이동한다.

🔍 **더 알아보기**

총공급곡선은 각 물가수준에서 기업이 생산하는 총공급량을 나타내며, 이는 생산비용, 노동력, 자본, 기술력 등에 영향을 받는다.
총수요곡선은 소비, 투자, 정부지출, 순수출 등 실질 GDP에 대한 수요를 나타내는 곡선이다.

72 직무수행 – 경제·경영 상식

정답 (A) 유출 (B) 6,000

자료의 재무상태표 중 영업활동 현금흐름에 영향을 미치는 계정의 증감내역은 다음과 같다. 이때, 자산의 건물과 토지, 자본의 자본금과 자본잉여금은 영업활동 현금흐름에 영향을 주지 않는 계정이다.

계정명		전기	당기	증감	20X1년 말
자산	매출채권	50,000	55,000	+5,000	
	재고자산	25,000	23,000	−2,000	
	선급비용	5,000	6,000	+1,000	
	총계	–	–		+4,000
부채	매입채무	30,000	35,000	+5,000	
	미지급비용	11,000	6,000	−5,000	
	선수금	16,000	14,000	−2,000	
	총계	–	–		−2,000

자산과 부채의 변동은 영업활동 현금흐름에 다음과 같은 영향을 미친다.
1. 자산의 증가: 영업활동 현금흐름 유출(−)
2. 자산의 감소: 영업활동 현금흐름 유입(+)
3. 부채의 증가: 영업활동 현금흐름 유입(+)
4. 부채의 감소: 영업활동 현금흐름 유출(−)
이에 따라 자산의 4,000원 증가는 영업활동 현금흐름을 4,000원 유출시키고, 부채의 2,000원 감소는 영업활동 현금흐름을 2,000원 유출시킨다.
따라서 영업활동 현금흐름은 자산 증가로 인한 현금 유출 4,000원과 부채 감소로 인한 현금 유출 2,000원을 더한 6,000원 유출이다.

🔍 **더 알아보기**

영업활동 현금흐름의 증가와 감소
재무상태표의 차변 계정이 증가하면 영업활동 현금흐름이 감소하고, 차변 계정이 감소하면 영업활동 현금흐름이 증가한다. 반면 대변 계정이 증가하면 영업활동 현금흐름이 증가하고, 대변 계정이 감소하면 영업활동 현금흐름이 감소한다.

73 직무수행 – 경제·경영 상식

정답 (A) 할증발행 (B) 110,305

(A) 사채 발행 시 표시이자율보다 시장이자율이 더 높은 경우 액면금액보다 발행금액이 더 커지기 때문에 '할증발행'이다.
(B) 20X1년 초 사채 장부금액 = (1,500,000 × 0.7938) + {(1,500,000 × 12%) × 2.5771} = 1,654,578원
따라서 20X1년 이자비용은 1,654,578 × 8% × (10/12) ≒ 110,305원이다.

74 직무수행 – 경제·경영 상식

정답 23.75

무성장 배당평가모형을 따르는 경우 재투자하지 않고 순이익 전액을 배당한다고 가정하기므로 1주당 가치를 다음과 같이 구한다.

· 1주당 가치 = 주당배당액 / 자기자본비용
  25,000원 = 10,000원 / 자기자본비용
  → 자기자본비용 = 40%
· 가중평균자본비용
  = {타인자본비율 × 타인자본비용 × (1 − 법인세율)} + {자기자본비율 × 자기자본비용}
  = {200억 원/400억 원 × 10% × (1 − 25%)} + {200억 원/400억 원 × 40%}
  = 3.75% + 20% = 23.75%
따라서 A 기업의 가중평균자본비용은 23.75%이다.

75 직무수행 – 경제·경영 상식

정답 10

최적 실물투자금액은 투자수익률이 시장수익률을 넘어서는 투자안에만 투자했을 때 도달할 수 있다. 시장수익률(10%) 이상인 투자안은 투자안 1, 투자안 4, 투자안 5이다.
따라서 최적 실물투자금액은 1.3억 원 + 3.4억 원 + 5.3억 원 = 10억 원이다.

취업교육 1위 해커스 합격생이 말하는
금융권 최종합격의 비법!

[1위] 주간동아 2024 한국고객만족도 교육(온·오프라인 취업) 1위

IBK 기업은행 합격생
김○○

해커스의 강의 커리큘럼이 너무 만족스러웠습니다.

저는 의사소통에서 시간을 많이 잡아먹었습니다.
윤종혁 선생님이 알려주시는 방법으로 시간을 최대한 단축하고,
최수지 선생님의 수업을 통해 독해의 질을 높여 NCS 실력이 확실히 증가한 것이
느껴졌습니다.
실제로 기업은행 시험에 임하면서 **해커스 문제집에서 나온 유형들**을 마주하였고,
그 결과 정말 어렵다고 소문났던 시험이었는데 막힘없이 풀어나갔습니다.
특히 **김동민 선생님**의 자원관리 문제가 정말 숫자만 바꾸고 냈다 싶을 정도로
비슷한 유형들이 여럿 있었습니다.

우리은행 합격생
김○○

해커스 덕분에 취업에 성공하여 감사합니다.

은행·금융권 0원 365일 환급반 수업을 수강했습니다.
자기소개서는 최대한 저를 솔직하고 담백하게 담아내는 데 집중했습니다.
자기소개서에서 막히는 부분이 있으면 꼭 **심연은 쌤의 '한 번에 합격하는**
금융권 자소서' 강의를 참고했습니다!
면접 전반적인 과정에서 **조은희 쌤 면접 강의**가 면접 경험이 얼마 없는 저에게
면접 복장, 준비사항, PT면접 전략 등을 알려주어 큰 도움이 됐습니다.
취준은 멘탈 싸움이 가장 큰 비중을 차지하고, 멘탈을 잘 지키다보면 언젠가는 됩니다.
해커스가 그렇게 만들어줄 거예요.

상담 및 문의전화
인강 02.537.5000 / 학원 02.566.0028

금융권 합격생들이 들은
그 강의, 바로 확인하기 ▶